高等职业教育经济贸易类专业系列教材

国际贸易实务

主　编　罗兴武

副主编　徐媛媛　薛梦哲

　　　　黄仙姜　王怡静

参　编　李浩妍　刘颖君

机 械 工 业 出 版 社

本书以虚拟的浙江远大进出口公司的业务交易为线索，以工作流程为主线，进行布篇立项，以例释理。本书分为四个模块，首先从国际贸易的语言——国际贸易术语入手，然后介绍交易磋商与订立合同，再学习进出口合同条款，以及履行进出口合同。四个模块具体又分解成国际贸易术语、进出口交易磋商与订立合同等九个项目，每个项目包括"情境导入""学习目标""知识支撑""实训项目"和"能力迁移"五个组成部分，注重学生学习能力的培养。本书中生动的项目情境使得繁杂、抽象的外贸业务学习变得更为轻松、愉悦。

　　本书既可以作为高等职业教育国际经济与贸易、商务英语、报关与国际货运及其他相关专业的课程教材或参考用书，也可以作为外贸业务员职业资格证等考试的辅导用书，对涉外型企事业单位从事外贸业务的管理人员、操作人员也有较高的参考价值。

图书在版编目（CIP）数据

国际贸易实务 / 罗兴武主编. —北京：机械工业出版社，2021.9（2024.7 重印）
高等职业教育经济贸易类专业系列教材
ISBN 978-7-111-68549-4

Ⅰ. ①国… Ⅱ. ①罗… Ⅲ. ①国际贸易—贸易实务—高等职业教育—教材 Ⅳ. ① F740.4

中国版本图书馆 CIP 数据核字（2021）第 121202 号

机械工业出版社（北京市百万庄大街 22 号　邮政编码 100037）
策划编辑：董宇佳　　责任编辑：董宇佳　何　洋
责任校对：张　力　　封面设计：鞠　杨
责任印制：常天培
固安县铭成印刷有限公司印刷
2024 年 7 月第 1 版第 2 次印刷
184mm×260mm・16.75 印张・392 千字
标准书号：ISBN 978-7-111-68549-4
定价：49.80 元

电话服务　　　　　　　　网络服务
客服电话：010-88361066　机　工　官　网：www.cmpbook.com
　　　　　010-88379833　机　工　官　博：weibo.com/cmp1952
　　　　　010-68326294　金　书　网：www.golden-book.com
封底无防伪标均为盗版　机工教育服务网：www.cmpedu.com

Preface 前言

　　我国自 2001 年 12 月加入世界贸易组织（WTO）以来，更大范围、更深程度地融入经济全球化，降低关税，下放外贸经营权，贸易便利化程度和透明度不断提升，产品竞争力逐年提高。2001 年，我国进出口贸易总额只有 5 097 亿美元，占世界贸易总额的比重为 4%。2013 年，我国进出口贸易总额达到 4.16 万亿美元，跃居世界第一位，占世界贸易总额的比重上升到 12%。近年来，在国际市场不景气、世界贸易深度下滑的背景下，虽然贸易总量有所下降，但我国货物贸易进出口额仍稳居世界第一，商业结构进一步优化，国际市场份额进一步扩大，2020 年前 10 个月占世界贸易总额的比重为 12.8%。

　　为了适应我国对外贸易的快速发展和国际市场竞争的客观要求，我国迫切需要培养大批熟悉国际贸易规则、掌握国际贸易专业知识及专业技能的高素质实用型人才。本书以理论"必需、够用"为度，以注重实务与操作为原则，针对高等职业教育国际经济与贸易专业的教学特点和教学要求，结合《国家中长期教育改革和发展规划纲要（2010—2020）》精神和现行外贸最新的做法，由富有外贸实践和教学经验的教师编写而成，以满足各高职院校国际经济与贸易专业学生和外贸工作者的需求。

　　本书具有以下几个特点：

　　（1）以工作流程为主线。以虚拟的浙江远大进出口公司的业务交易为线索进行布篇立项，以例释理。全书分为四个模块。首先从国际贸易的语言——国际贸易术语入手，然后介绍交易磋商与订立合同，再学习进出口合同条款，以及履行进出口合同。

　　（2）项目导向，任务驱动，以职业能力为本位。四个模块又分解成九个项目，每个项目包括"情境导入""学习目标""知识支撑""实训项目"和"能力迁移"五个组成部分，注重学生学习能力的培养。

　　（3）校企合作开发。本书的编写得到了杭州高瑞科贸有限公司金晓泽总经理的大力支持，并为部分项目的编写提供了有益的建议。

　　（4）提供多样化的配套教学素材。本书栏目丰富，项目开头列出"应知目标"和"应会目标"，具体内容有"思考""小贴士""案例"，项目结束前有"实训项目""应知考核"和"应会考核"。选用本书的授课教师可免费获得项目中的习题解答、优质课件和考试参考试卷等完整的教学解决方案。

　　在编写中，充分注意到现行外贸实践中一些最新惯例和做法。例如，绪论中结合中国统计年鉴、中国海关网、Alphaliner 报告等发布的最新对外贸易数据，介绍了国际贸易前沿问题；项目一结合最新的《2010 年国际贸易术语解释通则》编写了国际贸易术语；项目四结合集装箱在世界贸易总运输量中占比高的特点，对集装箱运输做了重点介绍；项目五结合中国人民保险公司的 2009 年版《海洋运输货物保险条款》、英国伦敦保险业协会的 2009 年版《协会货物条款》，介绍了进出口货物运输保险。

　　本书由浙江财经大学工商管理学院副教授、浙江经济职业技术学院物流技术学院教授罗兴武老师担任主编，负责全书的统稿。编写分工如下：罗兴武老师编写了绪论以及项目6～9；浙江经济职业技术学院王怡静老师和宁波城市职业技术学院李浩妍老师编写了项目1、项目3；福州对外经济贸易职业技术学院黄仙姜老师编写了项目2；浙江经济职业技术学院薛梦哲老师编写了项目4；江苏省连云港工贸高等职业技术学校徐媛媛老师和浙江工贸职业技术学院刘颖君老师编写了项目5、项目10。此外，杭州高瑞科贸有限公司金晓泽总经理为本书编写提供了大量素材和建议，特表感谢！

　　本书既可以作为国际贸易、商务英语、报关与国际货运及其他相关专业的课程教材或参考用书，也可以作为外贸业务员职业资格证等考试的辅导用书，对涉外型企事业单位从事外贸业务的管理人员、操作人员也有较高的参考价值。

　　本书在编写过程中参阅、借鉴了大量的国内外文献，并以参考文献的形式列出，在此向其作者们致以衷心的感谢！此外，机械工业出版社的编辑们为本书的出版做了大量的工作，在此特向他们表示衷心的感谢！

　　由于时间仓促，加之编者水平有限，书中难免存在疏漏、错误和不足之处，恳请读者及各位同行批评、指正。主编罗兴武老师的电子邮件地址为 chet168@126.com，欢迎读者来函交流。

　　本书配有电子课件等教师用配套教学资源，凡使用本书的教师均可登录机械工业出版社教育服务网 www.cmpedu.com 下载。咨询可致电：010-88379375，服务 QQ：945379158。

编　者

二维码索引

目录 Contents

绪论

　　国际贸易是指世界各国或地区之间货物、服务和技术的交换活动，包括货物贸易、服务贸易和技术贸易三大内容。其中，货物贸易（货物进出口）是最早、最基本的国际贸易内容，直至目前，仍是国际贸易的最主要构成部分，也是各国间经济往来最主要的表现形式。自 1978 年改革开放以来，我国对外贸易发展迅速。随着 2001 年我国成功加入世界贸易组织（WTO），对外贸易对经济增长的作用日益明显，对外贸易依存度快速增长，2002 年突破 50%，2006 年达到 67% 的高点。此后受我国经济转型、内外需结构调整以及国际金融危机的影响，进出口增速回落，但对外贸易依存度仍集中在 40% ～ 50%。这意味着我国经济发展和就业水平很大程度上与对外贸易相关。2018 年和 2019 年的贸易数据显示，我国对外贸易在总量上出现少有的下跌态势，主要原因包括外需低迷、大宗商品价格下跌、传统比较优势削弱等。然而，中国对外贸易质量不断提升，增速仍然好于其他主要经济体，且外贸结构逐步升级，贸易对就业和财政收入的贡献依旧。2009—2019 年我国的对外贸易发展情况如图 0-1 所示。

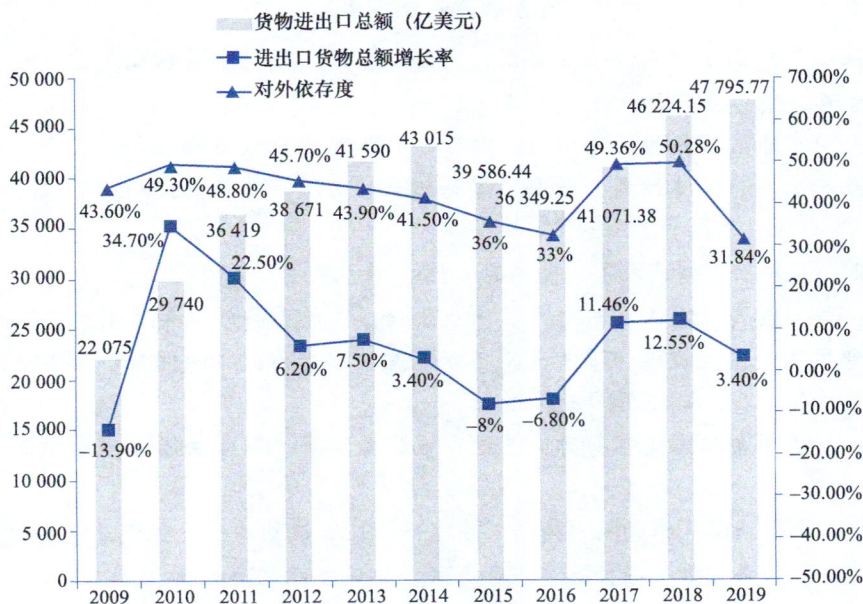

图 0-1　2009—2019 年我国对外贸易发展情况

根据加入 WTO 的承诺，我国于 2004 年全面放开外贸经营权。2004 年 7 月 1 日起施行的《中华人民共和国对外贸易法》对外贸经营者的范围做了重大修改，规定自然人、法人和其他组织依法登记后，均可以从事货物和技术的进出口贸易。外贸从业门槛的降低，进一步推动了我国外贸事业的发展，给更多的企业、个人提供了在世界市场上大展宏图的机会。然而，要成功地在国际市场上做交易，必须掌握相关的专业知识。

国际贸易实务是一门主要研究国际货物买卖的具体过程、相关活动及商务运作的学科，是国际经贸类专业学生必修的一门专业基础课程。

0.1　国际货物贸易的特点

国际货物贸易属商品交换范围，与国内贸易在性质上并无不同；但由于它是在不同国家或地区间进行的，所以与国内贸易相比具有以下特点：

（1）国际货物贸易涉及不同国家或地区，在政策措施、法律体系、语言文化、社会习俗方面可能存在差异和冲突，所涉及的问题远比国内贸易复杂。

（2）国际货物贸易的交易数量和金额一般较大，运输距离较远，履行时间较长，因此交易双方承担的风险远比国内贸易要大。

（3）国际货物贸易容易受到交易双方所在国家的政治经济形势、双边关系及国际局势变化等因素的影响。

（4）国际货物贸易除了交易双方外，还需运输、保险、银行、商检、海关等部门的协作、配合，过程较国内贸易要复杂得多。

小贴士

商务洽谈礼仪与禁忌

东南亚：与东南亚商人洽谈业务时，忌跷二郎腿，或将鞋底朝向对方。否则，必会引起对方反感，交易会当即告吹。

中东：中东地区阿拉伯国家的商人往往在咖啡馆里洽谈贸易。与他们会面时，宜喝咖啡、茶或清凉饮料，忌饮酒、吸烟、谈论妇女、拍照，也不要谈论中东政局和国际石油政策。

俄罗斯：在与俄罗斯商人洽谈贸易时，切忌称呼对方"俄国人"。

英国：与英国商人洽谈贸易时，有三条忌讳：①忌系条纹领带（因为条纹领带可能使人联想到军队或学生校服领带）；②忌以王室的家事为谈话的笑料；③不要用"英格兰人"来称呼英国人，而要用"不列颠人"。

法国：与法国商人洽谈贸易时，忌过多地谈论私事。因为法国人不喜欢谈及家庭及个人隐私。

南美：赴南美洲做生意的人，为了入乡随俗，在洽谈贸易的过程中，宜穿深色服装，谈话宜亲热并且距离靠近一些，忌穿浅色服装，忌谈当地政治问题。

德国：德国商人很注重工作效率。因此，同他们洽谈贸易时，忌闲聊或节外生枝。

德国北部地区的商人重视自己的头衔，当你同他们热情握手、称呼其头衔时，他们会格外高兴。

　　瑞士：若给瑞士的公司寄信，收信人应写公司的全称，而不要写公司工作人员的名字。因为如果收信人不在，此信将永远也不会被打开。瑞士人崇拜老字号的公司。如果你的公司是1895年之前成立的，那么你应该在工作证或名片上特别强调出来。

　　美国：与美国商人洽谈交易时，不必过多地握手与客套，贸易谈判可直截了当地进入正题，甚至从吃早点时即可开始。

　　芬兰：与芬兰商人洽谈时，应重视行握手礼，应多称呼其"经理"之类的职衔。谈判地点多在办事处，一般不在宴会上。谈判成功之后，芬兰商人往往会邀请你赴家宴与洗蒸汽浴。这是一种很重要的礼节。应邀赴宴时，忌迟到，且不要忘记向女主人送上5朵或7朵（忌双数）鲜花。在主人正式敬酒之前，客人不宜先行自饮。在畅谈时，忌谈当地的政治问题。

0.2　国际货物买卖合同的基本内容

　　国际货物买卖合同是营业地在不同国家的当事人之间为买卖一定货物所达成的协议，是当事人双方各自履行约定义务的依据，也是一旦发生违约行为时，进行补救、处理争议的法律文件。为此，一项有效的合同必须具备必要的内容，否则就会使当事人在履行义务，进行违约补救或处理争议时遇到困难。有些内容如未做规定，还会导致合同无效。一般来说，进出口贸易合同应具备以下五个方面的基本内容：

　　（1）货物的品名、品质、数量和包装。

　　（2）货物的价格，通常包括货物的单位价格和总价，或确定价格的方法，有时还规定有关价格调整的条款。

　　（3）卖方的义务，主要是如何交付货物、移交与货物有关的单据和转移货物的所有权。

　　（4）买方的义务，主要是如何支付货物价款和收取货物。

　　（5）争议的预防与处理，主要包括商品检验检疫、索赔、不可抗力和仲裁等事项的规定。

0.3　进出口贸易合同适用的法律

　　2001年12月11日，我国成为世界贸易组织的成员，标志着我国的对外开放进入了一个新的阶段，也意味着我国的对外贸易活动必须按国际贸易的"游戏规则"进行。因此，我们对国际贸易的惯例、条约、法规都要有充分的理解。

　　进出口贸易合同适用的法律，概括起来有以下三种。

0.3.1　国内法

　　国内法（Domestic Law）是指由国家制定或认可并在本国主权管辖范围内生效的法律。进出口买卖合同必须符合国内法，即符合某个国家制定或认可的法律。由于进出口买卖合同的当事人所在的国家不同，而不同的国家往往对同一问题的有关法律规定不一致，因而一旦发生争议引起诉讼，就会产生究竟应适用哪一国法律解决争议的问题。为了解决这种法律冲突，通常采用国内法中规定的冲突规范的方法。涉外合同的当事人没有选择的，适用与合同有最密切联系的国家的法律。

0.3.2　国际贸易惯例

国际贸易惯例（International Trade Practice）也是进出口买卖合同应当遵循的重要法律规范。国际贸易惯例是国际贸易法的主要渊源之一，它是指在国际贸易的长期实践中逐渐形成的一些有较为明确和固定内容的贸易习惯和一般做法。国际贸易惯例通常是由国际性组织或商业团体制定的有关国际贸易的成文的通则、准则和规则。

国际贸易惯例不是法律，它对当事人没有普遍的强制性，只有当事人在合同中规定加以采用时，才对当事人有法律约束力。例如，国际商会制定的《国际贸易术语解释通则》《跟单信用证统一惯例》和《托收统一规则》就是被世界上绝大多数国家的贸易商和银行广泛使用的国际贸易惯例。

0.3.3　国际条约

进出口买卖合同的订立和履行必须符合当事人所在国缔结或参加的与合同有关的双边或多边的国际条约。国际条约是两个或两个以上主权国家为确定彼此的政治、经济、贸易、文化、军事等方面的权利和义务而缔结的诸如公约、协定、议定书等各种协议的总称。目前与我国对外贸易有关的国际条约，主要是我国与其他国家缔结的双边或多边的贸易协定、支付协定、贸易议定书，以及我国缔结或参加的有关国际贸易、海运、陆运、空运、商标、工业产权、知识产权、仲裁等方面的协定或公约。其中，自1988年1月1日起正式生效的《联合国国际货物销售合同公约》（the United Nations Convention on Contracts for the International Sale of Goods，CISG）是与我国进行货物进出口贸易关系最大、最重要的一项国际条约。

我国在1986年12月11日核准《联合国国际货物销售合同公约》时，做了两项保留：①关于公约适用范围的保留。我国认为，该公约的适用范围应仅限于营业地分处于不同缔约国的当事人之间所订立的货物买卖合同，不应扩大至与非缔约当事人所签订的货物买卖合同。②关于合同形式的保留。我国认为，订立、更改或终止国际货物买卖合同均应采取书面形式。但2013年1月我国政府正式通知联合国秘书长，撤回对《联合国国际货物销售合同公约》所做"不受公约第十一条及与第十一条内容有关的规定的约束"的声明，并且该撤回已正式生效。这意味着销售合同现在不再受限于书面形式。

> **小贴士**
>
> ### 我国国际贸易主管及相关机构
>
> **1．国际贸易主管机构**
>
> 《中华人民共和国对外贸易法》规定，国务院对外贸易主管部门，即商务部（网址：http://www.mofcom.gov.cn）主管全国对外贸易工作。

2．从事国际贸易管理的相关政府机构

（1）国家外汇管理局（网址：http://www.safe.gov.cn），对外汇收支、买卖、借贷、转移，以及国际结算、外汇汇率和外汇市场等实行管制。

（2）中国海关总署（网址：http://www.customs.gov.cn），主要履行通关监管、税收征管、加工贸易和保税监管、海关统计、海关稽查、打击走私、口岸管理等职责。

（3）外交部（网址：http://www.fmprc.gov.cn），督导中国驻外机构及其工作人员的工作。

（4）国家税务总局（网址：http://www.chinatax.gov.cn），组织实施国家的税收征收管理，办理进出口商品的税收及出口退税业务。

3．从事国际贸易管理的相关其他机构

（1）中国国际贸易促进委员会（网址：http://www.ccpit.org）。中国国际贸易促进委员会（简称中国贸促会）是由我国经济贸易界有代表性的人士、企业和团体组成的全国民间对外经贸组织，成立于1952年5月。

中国贸促会的宗旨是：遵循中华人民共和国的法律和政府的政策，开展促进对外贸易、利用外资、引进外国先进技术及各种形式的中外经济技术合作等活动，促进中国同世界各国、各地区之间的贸易和经济关系的发展，增进中国同世界各国人民及经贸界之间的了解与友谊。

（2）进出口商会。我国各类进出口商会主要对商会所属的行业和会员企业给予协调、指导、咨询和服务。

目前，我国境内已经设立的进出口商会包括中国纺织品进出口商会（网址：http://www.ccct.org.cn）、中国机电产品进出口商会（网址：http://www.cccme.org.cn）、中国轻工工艺品进出口商会（网址：http://www.cccla.org.cn）、中国五矿化工进出口商会（网址：http://www.cccmc.org.cn）、中国医药保健品进出口商会（网址：http://www.cccmhpie.org.cn）、中国食品土畜进出口商会（网址：http://www.cccfa.org.com）。

（3）中国出口信用保险公司（网址：http://www.sinosure.com.cn）。中国出口信用保险公司（简称中国信保）是我国唯一承办政策性信用保险业务的金融机构，于2001年12月18日成立，资本来源为出口信用保险风险基金，由国家财政预算安排。

中国信保的主要任务是积极配合国家外交、外贸、产业、财政和金融等政策，通过政策性出口信用保险手段，支持货物、技术和服务等的出口，特别是高科技、附加值大的机电产品等资本性货物出口，支持中国企业向海外投资，为企业开拓海外市场提供收汇风险保障，并在出口融资、信息咨询和应收账款管理等方面为企业提供快捷、便利的服务。

（4）中国进出口银行（网址：http://www.eximbank.gov.cn）。中国进出口银行成立于1994年，是我国外经贸支持体系的重要力量和金融体系的重要组成部分。

中国进出口银行的主要职责是贯彻执行国家产业政策、外经贸政策、金融政策和外交政策，为扩大我国机电产品、成套设备和高新技术产品进出口，推动有比较优势的企业开展对外承包工程和境外投资，促进对外关系发展和国际经贸合作，提供政策性金融支持。

（5）中国国际经济贸易仲裁委员会（网址：http://www.cietac.org.cn）。中国国际经济贸易仲裁委员会是以仲裁的方式，独立、公正地解决契约性或非契约性的经济贸易等争议的常设商事仲裁机构。

0.4   进出口贸易的基本业务程序

我国进出口贸易的业务程序一般分为四个阶段：交易前的准备阶段、交易磋商和订立合同阶段、履行合同阶段及业务善后工作阶段。其中，交易前的准备阶段是交易磋商能否顺利进行的保证，也是履行合同的基础；而交易磋商和订立合同阶段是能否达成协议和确定双方权利、义务与责任的关键阶段；履行合同阶段则事关买卖双方按照合同条款履行自己的权利和义务；业务善后工作和订立合同阶段事关进出口收付汇、争议与索赔等。

0.4.1   交易前的准备阶段

交易前的准备阶段包括国情调研、商品市场调研、客户调研、广告宣传和商标注册等工作。进出口企业在调研的基础上制定进出口商品经营方案。

0.4.2   交易磋商和订立合同阶段

在交易磋商和订立合同阶段，从事交易的各方需与对方就合同条件进行磋商。交易磋商可通过当面谈判、交换函电或电子数据交换进行，一般要经过询盘、发盘、还盘、接受等环节。合同条款的内容包括商品品名、品质、数量、包装、价格、装运、支付方式、检验检疫、索赔、不可抗力和争议的处理办法等。

0.4.3   履行合同阶段

1. 进口业务的履行程序

它包括开立信用证、租船或订舱（CIF 或 CFR 价）、催装、投保、审单、付款、买汇赎单、货到后报关（缴纳关税）、商检、提货或拨交、验收、索赔等环节。

2. 出口业务的履行程序

它包括催证、审证、备货、托运、商检、报关、发运、制单结汇等环节。

0.4.4   业务善后工作阶段

业务善后工作是进出口业务程序不可或缺的一部分。它不仅包括资料归档及有可能产生的争议与索赔，更重要的是，对于出口还包括出口收汇核销、出口退税，对于进口还包括进口付汇核销。

出口贸易业务程序和进口贸易业务程序分别如图 0-2 和图 0-3 所示。

出口准备工作

- 熟悉商品 市场调研
- 寻找国外客户 选择国内供应商

磋商签约工作

- 询盘
- 客户资信调查 贸易障碍调查 出口报价核算 向供应商询价
- 发盘 还盘
- 接受与出口签约

出口履约工作

- 结算方式
- 后 T/T 前 T/T 收到对方电汇款 L/C 催证→审证→改证 D/P 或 D/A
- 签订内定合同
- 备货生产
- 委托货代订舱
- 向商检机构报检 送货 向外汇管理局领取出口收汇核销单
- 报关
- 装船
- 投保
- 制单、审单
- ① L/C、D/P、D/A：向银行交单收汇
  ② 前 T/T：向进口商寄单
  ③ 后 T/T：向进口商寄单收汇

出口善后工作

- 争议与索赔 资料归档 出口收汇核销
- 出口退税

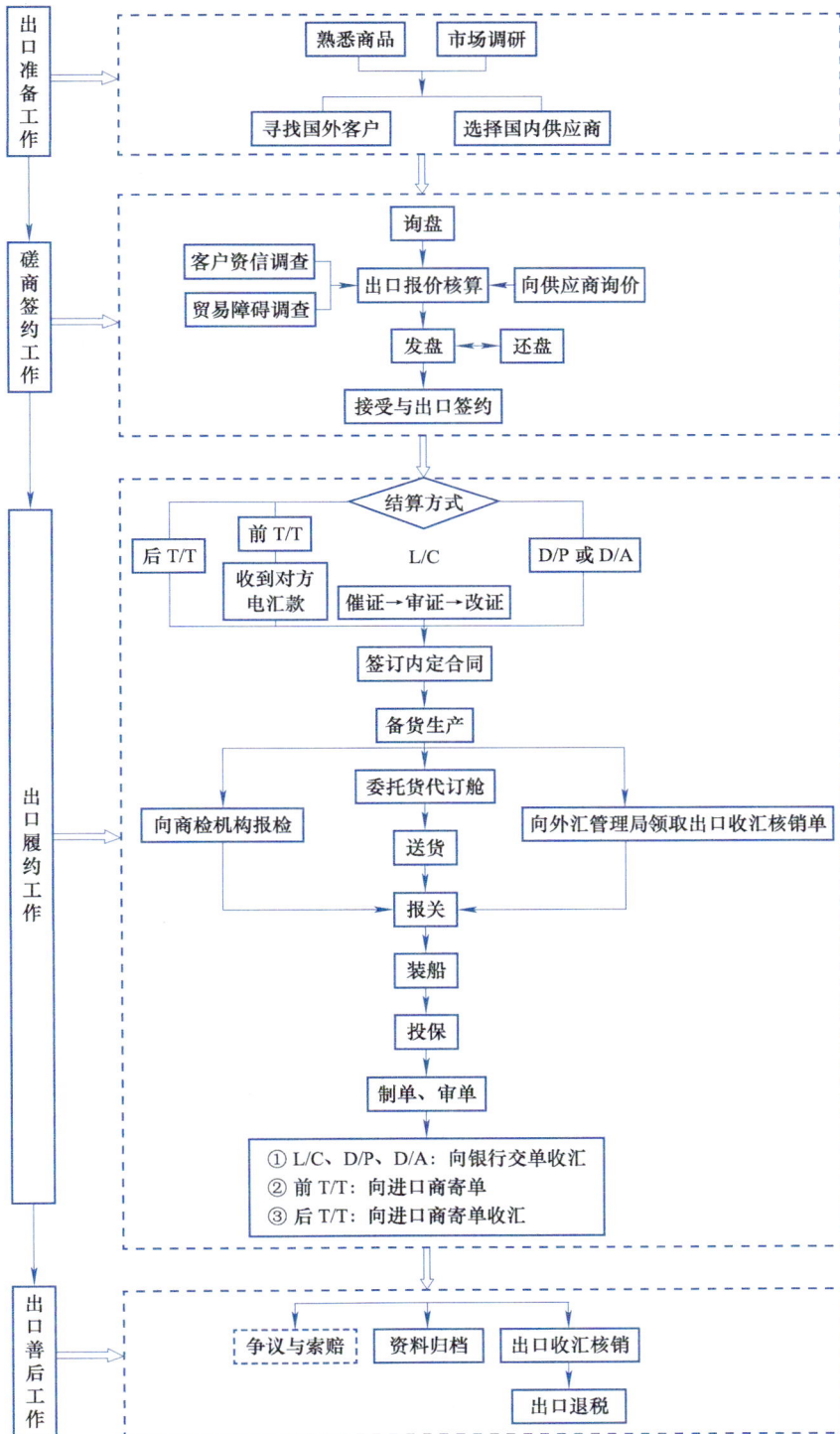

图 0-2 出口贸易业务程序（按 CIF 术语成交）

进口准备工作

| 熟悉商品 | 了解市场 |

| 选择国外客户 | 寻找国内经销商 |

磋商签约工作

| 询盘 | → | 发盘 |

| 进口价格核算 | ← | 还盘 |

| 接受与进口签约 |

进口履约工作

办理进口批件

付款方式

| 后 T/T | 前 T/T | L/C | D/P 或 D/A |

| | 向对方电汇款 | 申请开证 | |

租船订舱

发装船指示

收到装运通知

投保

① L/C、D/P: 向银行付款赎单
② D/A: 承兑汇票后取单
③ 前 T/T: 收到客户寄单
④ 后 T/T: 收到客户寄单后付款

接货

报检

报关

进口善后工作

入库

| 争议与索赔 | 资料归档 | 进口付汇核销 |

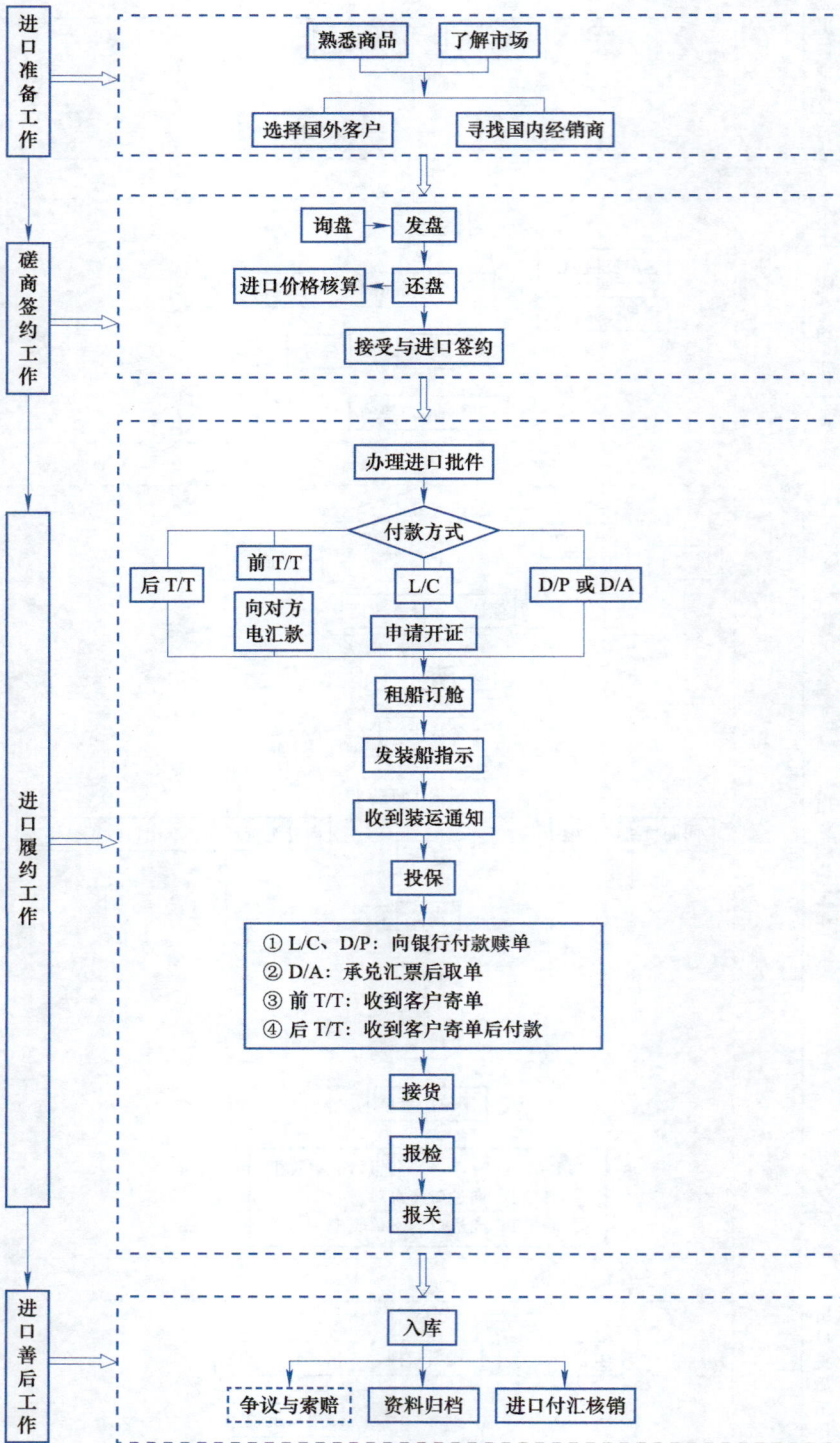

图 0-3 进口贸易业务程序（按 FOB 术语成交）

0.5　跨境电子商务

0.5.1　跨境电子商务的定义

跨境电子商务（Cross-border Electronic Commerce，简称跨境电商）是指分属不同国家或地区的交易主体，通过电子商务平台达成交易、进行支付结算，并通过跨境物流送达商品、完成交易的一种国际商业活动。

跨境电商按交易流向可分为出口和进口两种类型。在我国，跨境出口主要是指跨境电子商务零售出口。根据国务院办公厅（转发）《关于实施支持跨境电子商务零售出口有关政策的意见》（国办发〔2013〕89号），跨境零售是指我国出口企业通过互联网向境外零售商品，主要以邮寄、快递等形式送达的经营行为，即跨境电子商务的企业对消费者出口（B2C）。而我国出口企业与外国批发商和零售商通过互联网线上进行产品展示和交易，线下按一般贸易等方式完成的货物出口，即跨境电子商务的企业对企业出口（B2B），本质上仍属传统贸易，本书中暂不阐述。根据海关总署公告2014年第12号，增列海关监管方式代码"9610"，全称"跨境贸易电子商务"。

跨境电子商务零售进口主要有直购进口和网购保税进口模式。保税跨境电子商务是指我国境内个人或电子商务企业在经海关认可的电子商务平台实现跨境交易，并通过海关特殊监管区域或保税监管场所进出的电子商务零售方式。也就是说，企业先将境外商品以货物形式报关存放于保税区，消费者通过网络平台下单后，商品以个人物品方式申报，直接从境内保税区快递到消费者手中。根据海关总署公告2014年第57号，增列海关监管方式代码"1210"，全称"保税跨境贸易电子商务"。

0.5.2　跨境电商的主要第三方平台

1. 速卖通

速卖通（AliExpress）是阿里巴巴旗下面向全球市场打造的跨境电商出口平台，覆盖全球220个国家和地区，支持18种语言站点，经营范围包括服装配饰、箱包鞋类、精品珠宝、婚纱礼服、家用电器、母婴玩具、运动娱乐、3C数码等31个大类（见图0-4）。速卖通成立于2010年4月，卖家免费注册入驻，通过支付宝国际账户进行担保交易，并使用国际快递发货，被广大用户称为"国际版淘宝"。

从2016年4月初开始，速卖通对商家、物流、服务进行了全面升级。平台要求所有商家必须以企业身份入驻速卖通，且按经营大类收取技术服务年费。2017年1月1日起，速卖通平台启动全行业商标化，新发产品的"品牌属性"必须选择商标。这意味着未来商家准入标准将是双重标准：企业身份和品牌。

2. 敦煌网

敦煌网（DHgate）成立于2004年，是国内首个为中小企业提供B2B网上交易的网站，也是最早定位于"小额外贸B2B批发"的跨境电子商务平台（见图0-5）。卖家可免注册入驻，平台采取佣金制，在买卖双方交易成功后收取一定费用。

相较 B2C 海外购物平台，敦煌网模式更趋向于 B2B2C，服务小额外贸批发，再由批发商将商品销往最终消费者。目前，敦煌网已经实现 140 多万名国内供应商在线、拥有 4 000 多万种商品、遍布全球 230 个国家和地区以及 1 000 万名买家在线购买的规模。每小时约有 10 万名买家实时在线采购，每 1.6s 产生一张订单。

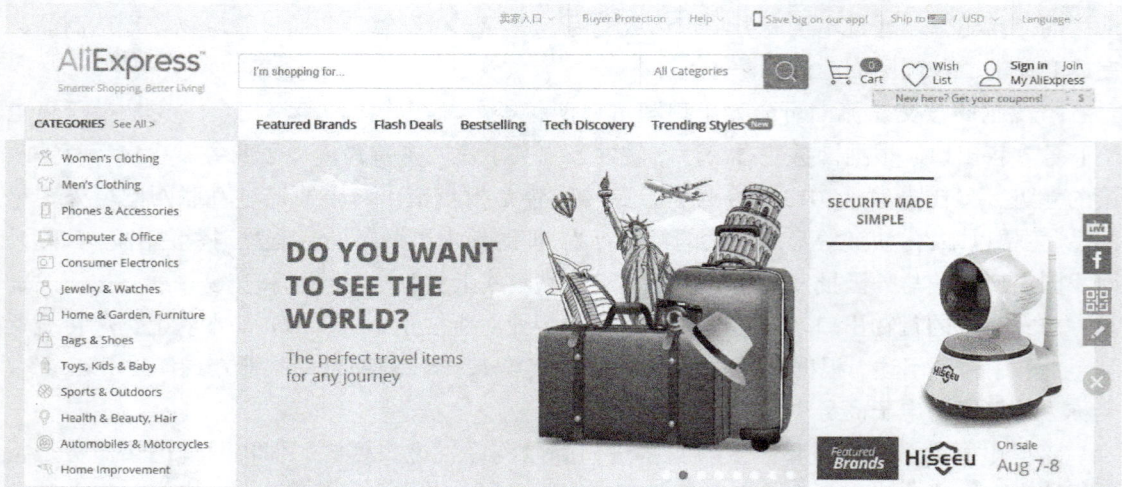

图 0-4　速卖通首页

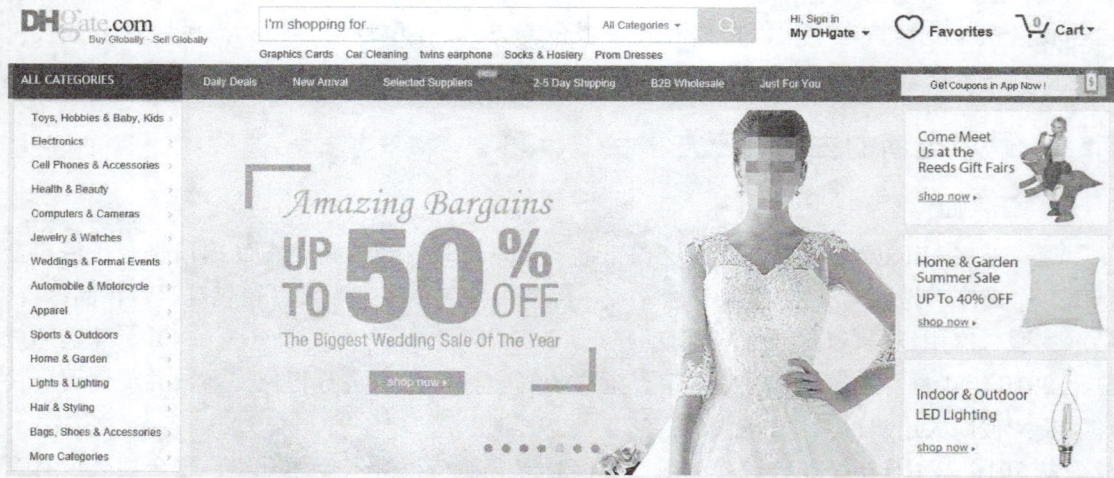

图 0-5　敦煌网首页

3. 亚马逊

亚马逊（Amazon）是美国最大的一家网络电子商务公司，成立于 1995 年，一开始只经营书籍和影像制品的网络销售业务，1997 年转变其定位，致力于成为全球最大的网络零售商，现在已成为全球商品品种最多的网上零售平台和全球第二大互联网企业（见图 0-6）。2000 年，亚马逊在美国开放了第三方平台（Marketplace），首次允许其他卖家入驻。2012 年，亚马逊在中国启动"全球开店"项目，卖家可在北美、欧洲、日本三大地区 10 个站点销售商品。品牌价值评估机构 Brand Finance 发布的 2020 年全球品牌价值 500 强榜单中，亚马逊排名第一；2020 年 BrandZ 最具价值全球品牌 100 强榜单中，亚马逊名列第一位。

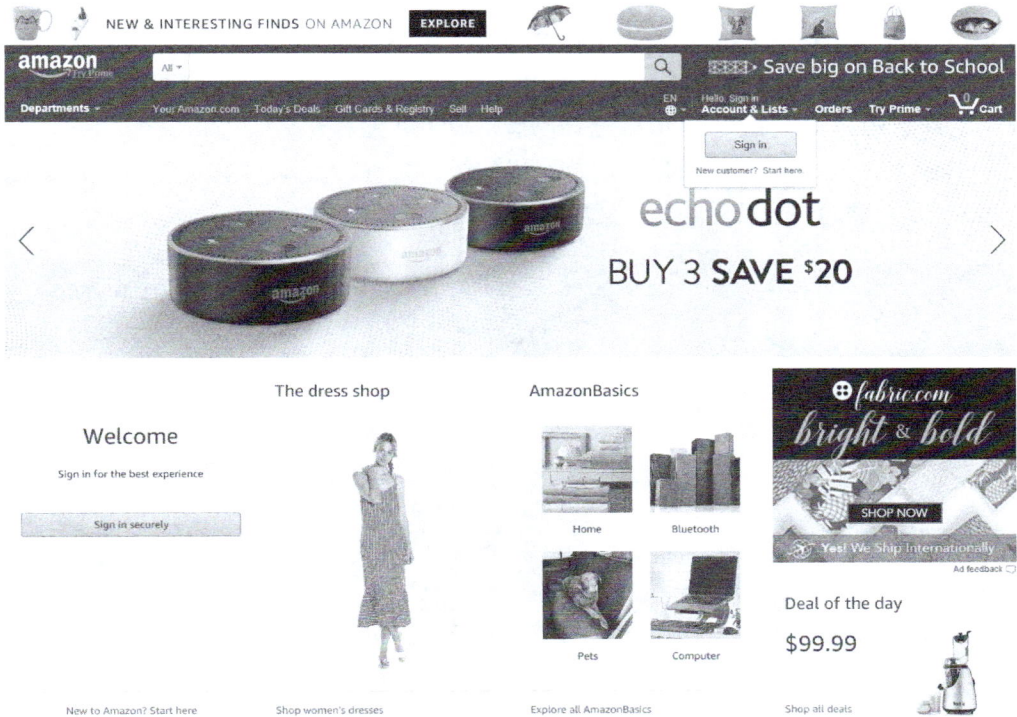

图 0-6　亚马逊首页

相比其他平台，亚马逊在我国市场起步较晚，但严格的卖家监管体系和成熟的仓储物流服务使其跨境业务发展迅速。平台在产品质量、产品安全、销售品类、知识产权、店铺关联等方面根据不同地区的法律和市场要求设立明确的规则，如若违规，很可能导致账号被封。商家根据自身条件选择注册"Sell as a Professional"（专业卖家）或"Sell as an Individual"（个人卖家）。专业卖家每月付费 39.99 美元；个人卖家无须每月付费，而按出售产品每件支付 0.99 美元佣金。

在全球配送方面，亚马逊自建仓库推出亚马逊物流服务（Fulfillment by Amazon，FBA）。卖家发送商品至亚马逊海外运营中心，顾客订购后，由亚马逊对商品进行捡货包装且提供快捷配送，并使用当地语言提供顾客服务及退换货服务。费用方面，卖家需要支付相对较高的 FBA 仓储配送费用，但亚马逊的优质物流保证可大幅提升顾客满意度和后台绩效，并能提升商品的浏览量、曝光率和转化率，而且可触及优质亚马逊 Prime 级会员顾客。

4. eBay

eBay（易贝）创立于 1995 年 9 月，是其创始人奥米迪亚（Omidyar）为女友寻购酷爱的 Pez 糖果盒而建立的一个拍卖网站。令人意想不到的是，eBay 非常受欢迎，逐渐发展成现今这样一个可让全球网民买卖物品的线上拍卖及购物网站（见图0-7）。2003年6月，eBay斥资1.8亿美元收购C2C平台易趣，从此进入中国电子商务领域。后因本土化不足被淘宝夺走市场，但未因此退出中国，而是转型B2C跨境电子商务，开创了该项业务的先河，并早在2009年即达到9亿美元的年交易额。2018年7月，eBay终止了与长期支付伙伴PayPal（贝宝）的合作，宣布与后者的竞争对手苹果公司和Square达成新的伙伴关系；开始接受苹果支付，并通过与Square的新协议，为用户提供高达10万美元的商业贷款。2020年7月，eBay名列福布斯2020全球品牌价值100强第65位。

在eBay平台上，卖家发布商品通过两种模式："一口价"和"拍卖"。平台针对每笔拍卖收取一定金额的刊登费，并在成交后收取一定比例的佣金。

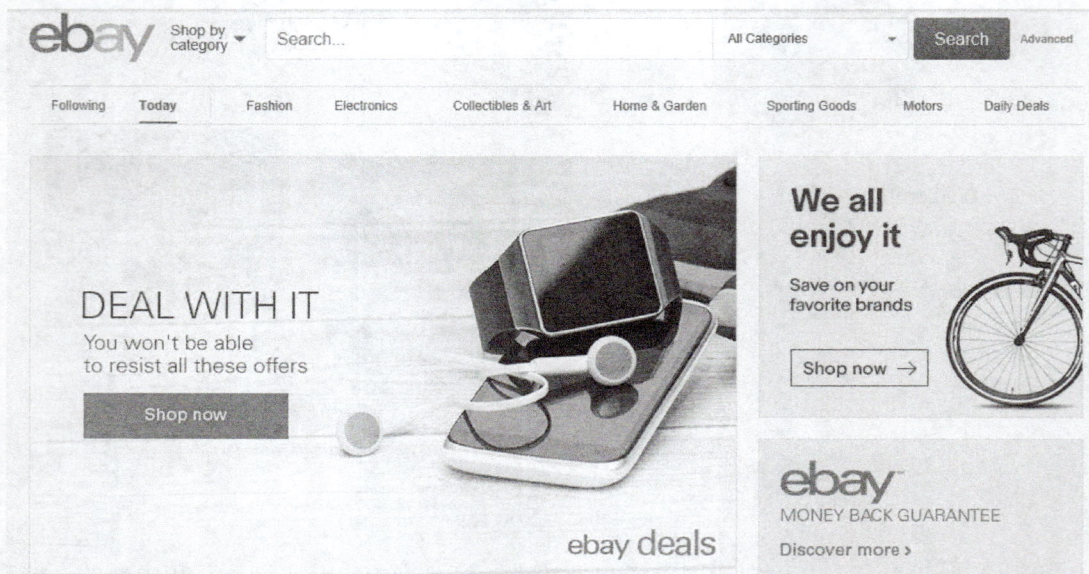

图0-7　eBay首页

5. Wish

Wish是一款专注于移动端App的B2C跨境电商平台（见图0-8），2011年年底在美国硅谷由加拿大人彼得·舒尔泽斯基（Peter Szulczewski）和来自中国的张晟（Danny Zhang）联合创立。两位创始人皆毕业于加拿大滑铁卢大学，并曾在全球顶尖公司从事技术工作。Wish成立之初仅作为图片社交平台，根据算法向用户推送精美图片。2013年3月Wish加入商品交易功能，并在同年实现了超过1亿美元成交额。2018年，Wish累计向全球超过3.5亿名消费者供应了超过2亿款商品，月活跃用户超过9000万人，活跃商户有12.5万家，日出货量峰值达到200万单，订单主要来自美国、加拿大、欧洲等全球各地。2020年8月，Wish以750亿元人民币市值位列《2020胡润全球独角兽榜》第22位。

与主流跨境平台的品类浏览、搜索及促销模式不同，Wish主要通过关联推荐向不同用户展示适应其偏好的商品。例如，当一个新用户登录时，App会推荐一些大众商品，此后即会根据用户的人口统计特征、购买行为和收藏夹向其展示对应的产品，以此带来碎片化需求。

图 0-8　Wish 移动端首页

0.5.3　跨境物流

1. 邮政物流

邮政网络覆盖全球 200 多个国家和地区，是所有物流渠道中范围最广、清关速度最快的。得益于万国邮政联盟，且有国家税收补贴，邮政物流的价格十分低廉。我国跨境电商业务中约有 50% 的包裹通过中国邮政系统流通。

第三方物流

（1）中国邮政大包、小包。

中国邮政大包：主要是指中国邮政航空大包。对时效性要求不高而重量稍重的货物，可选择使用此方式发货。相对于国际快递来说，中国邮政大包服务有绝对的价格优势。（具体资费、体积及重量限制请参考官方网站）

中国邮政小包：又称"中邮小包""航空小包"，是指通过邮政系统寄往国外的小包裹（重量在 2kg 以内）。根据是否可跟踪查询，中国邮政小包可分为平邮小包和挂号小包。（具体资费、体积及重量限制请参考官方网站）

（2）邮政速递物流跨境电商产品。中国邮政速递物流股份有限公司针对跨境电子商务发展需要，整合邮政速递物流网络优势资源，与主要电商平台合作推出国际及台港澳电子商务业务。邮政速递物流跨境电商产品有 e 邮宝、e 速宝。同时，邮政速递物流还推出了中邮海外仓（跨境电商出口）和中邮海外购（跨境电商进口）一站式综合物流解决方案。

e 邮宝（ePacket）是邮政速递物流为适应跨境电商轻小件物品寄递需要推出的经济型国际速递业务，利用邮政渠道清关，进入合作邮政轻小件网络投递。单件限重 2kg，主要路向参考时效 7 ～ 15 个工作日。但是 e 邮宝暂不受理延误、丢失、破损、查验等附加服务，不建议邮寄价值较高的商品。（计费标准请参考官方网站）

e速宝是邮政速递物流针对跨境电商卖家的商业渠道物流解决方案，须详细申报物品明细、税则号、申报价值和重量。在内部处理、转运清关、落地配送、尺寸规格标准等各方面均有更高要求，全程可查询，参考时效 7 ～ 12 个工作日。（计费标准请参考官方网站）

（3）EMS。EMS 全称"全球邮政特快专递"（Worldwide Express Mail Service），它是由万国邮联管理的国际邮件快递服务，在我国境内是由中国邮政提供的一种快递服务。该业务在海关、航空等部门均享有优先处理权，价格比较合理，但速度比商业快递稍慢。（官方网站：http://www.ems.com.cn）

2. 国际商业快递

国际商业快递通过自建的物流网络、强大的信息服务系统为跨境电商行业提供快速、优质的寄送服务，同时价格也比较昂贵。国际上四大常用商业快递分别是 DHL（敦豪航空货运公司）、FedEx（联邦快递）、TNT 和 UPS（美国联合包裹运送服务公司）。根据所在国家、地区及包裹的大小不同，各快递公司在价格、时效上都有区别（见表 0-1）。

表 0-1　国际四大常用商业快递

国际四大常用商业快递	总部	优缺点	网站
DHL	德国	时效 2 ～ 4 天，21kg 以上大货有价格优势，在美国、欧洲有较强的清关能力	http://www.dhl.com
FedEx	美国	21kg 以上大货发往东南亚国家有价格优势	www.fedex.com
TNT	荷兰	在西欧地区有时效和价格优势，欧洲 3 天内送达	www.tnt.com
UPS	美国	时效 2 ～ 4 天，美国 48h 内送达；美国专线、北美特惠有优势	www.ups.com

3. 专线物流

建立跨境专线的优势主要是节约成本。物流公司通过集合运往同一目的地的货物从而降低客户运输成本，所以专线公司一般发车的时间不确定，货满车走。专线物流在时效性上不如商业快递，但比邮政包裹快很多，价格也是介于两者之间。在我国，提供专线物流服务的公司有燕文物流、中环运国际物流、永利通达国际物流等。

4. 海外仓

近年来，许多卖家为了提高客户体验，在产品销售目的地国家或地区建立海外仓库。一般这类商家提前将货物从本国出口，通过海运、空运等形式储存到海外仓库进行分拣、仓储，客户通过网络下单后，商品即从目的地仓库包装并配送至客户，大大缩短了送达时间，且能为客户提供便捷的退换货服务。

0.5.4　跨境支付

在跨境电子商务中，跨境平台体现了交易信息的流向，跨境物流体现了产品的流向，跨境支付则体现了货款的流向。跨境支付应解决消费者安全、便捷地付款，卖家稳妥收汇、结汇的问题。在 B2C、C2C 领域，主要使用线上支付方式，如 PayPal、国际支付宝（Escrow）等第三方支付工具应用广泛。PayPal 账户能接收全球 203 个国家和地区买家的付款，而消费者可以选择最常用的信用卡、借记卡或银行账户等多种方式支付。国际支付宝（Escrow）是速卖通平台的主要支付工具，其服务模式和国内支付宝相似。

模块一
Module 1
国际贸易的语言

在国际货物买卖中，买卖双方在交易磋商和合同订立过程中，一般都需要使用贸易术语来确定双方在交接货物方面的部分合同义务。鉴于贸易术语是交易磋商和订立买卖合同中所不可缺少的专门用语，因而可称之为"对外贸易的语言"（the Language of Foreign Trade）。每个进出口贸易从业人员都必须对其有充分的了解，以便在实际业务中正确运用，从而维护企业和国家的经济利益。

国际货物贸易的交易双方分处两国，在卖方交货和买方接货的过程中，必然涉及许多问题，办理许多手续，如运输、保险、进出口清关等。在这期间，货物可能会遭遇各种风险而受到损失。因此，买卖双方在洽谈交易、订立合同时，需要对以下问题做出明确的规定：

1. 卖方在什么时间、什么地方、什么情况下完成交货义务？
2. 货物发生损坏或灭失的风险何时由卖方转移给买方？
3. 由谁办理货物自出口地至进口地的运输？谁负担运费？
4. 由谁办理货物运输过程中的保险？谁负担保险费？
5. 由谁办理货物的进出口清关工作？谁负担相应税费？
6. 买卖双方需要交接哪些有关的单据？

上述问题是每一笔交易都要明确的，但如果在每笔交易中买卖双方都对这些问题逐一磋商，势必耗费大量的时间和费用，影响交易的效率。于是，贸易术语——对外贸易的语言便产生了。

国际贸易术语
International trade terms

情境导入（Lead-in Situation）

↘ 情境

浙江远大进出口公司向新加坡 SAL 贸易有限公司出口香料 15t，对外报价为每吨 2 500 美元 FOB 宁波，装运期为 10 月，集装箱装运。我方 10 月 16 日收到买方的装运通知，为及时装船，公司业务员于 10 月 17 日将货物存于宁波码头仓库，不料货物因当夜仓库发生火灾而全部灭失，以致货物损失由我方承担。

↘ 分析

在该笔业务中，我方的做法有何不当之处？

我方做法的不当之处在于，不应选择 FOB 术语成交，而应选择 FCA 术语成交。本情境采用集装箱运输，若采用 FCA 术语成交，相比采用 FOB 术语成交有以下好处：①可以提前转移风险；②可以提早取得运输单据；③可以提早交单结汇，提高资金的周转率；④可以减少卖方的风险责任。这样，我方不仅不用承担案例中的风险，还可以提早取得运输单据，提早交单结汇。所以，本情境应以 FCA 术语成交为宜。

那么，什么是 FOB 和 FCA？国际贸易中贸易术语的国际惯例有哪些？常用的贸易术语有哪些？

学习目标（Learning Aims）

↘ 应知目标

了解有关国际贸易术语的国际惯例及《2010 年国际贸易术语解释通则》（简称《2010 通则》）中的 11 种贸易术语；重点掌握 6 种常用的贸易术语：FOB、CFR、CIF、FCA、CPT 和 CIP 的基本内容及这 6 种贸易术语在实际应用中应注意的问题。

↘ 应会目标

掌握国际贸易术语的正确表达方式和方法；掌握国际贸易交易中价格条款的正确书写方法。

·知识支撑（Knowledge Support）

1.1　贸易术语的含义

国际贸易的单价往往较国内贸易单价复杂，举例对比如下：

国内贸易报价：每千克　15 元

报价组成为：计量单位　单位价格金额　计价货币

国际贸易报价：每千克　15 美元　CIF 纽约

英译为：USD15 per kilogram CIF New York

报价组成为：计量单位　单位价格金额　计价货币　贸易术语

由此可见，国际贸易报价一般包括四项内容：计量单位、单位价格金额、计价货币和贸易术语，比国内贸易报价要多一项内容，即贸易术语。

贸易术语（Trade Terms）又称价格术语或交货条件，它是用一个简短的概念或字母缩写来说明价格的构成及买卖双方有关责任、费用和风险（Responsibilities，Costs，and Risks）的划分，以确定买卖双方在交接货物过程中应尽的责任和义务。例如"装运港船上交货"或用英文字母表示的"FOB"，就具有特定的责任、费用和风险的归属要求。

"责任"是指因交货地点不同而产生的租船订舱、装货、卸货、投保、申请进出口许可、报关等项事宜；"费用"是指因货物的移动而产生的运杂费、保险费、仓储费、港口使用费等；"风险"是指由于各种原因导致货物被盗、串味、锈蚀、水渍、灭失等危险。

由于贸易术语确定了买卖双方的部分合同义务，在磋商和订立合同时，采用了某种贸易术语，如 FOB 或 CIF，使该合同具有一定的特征，从而可分别称之为"FOB 合同"或"CIF 合同"。

1.2　有关贸易术语的国际贸易惯例

国际贸易惯例虽然不是法律，但一经采用则对当事人有法律约束力。目前，国际上有较大影响的关于贸易术语的惯例主要有以下三种。

1.2.1　《1932 年华沙 - 牛津规则》

《1932 年华沙 - 牛津规则》（Warsaw-Oxford Rules 1932）是国际法协会专门为解释 CIF 合同而制定的，共 21 条。这一规则对于 CIF 合同的性质，买卖双方所承担的风险、责任和费用的划分及所有权转移的方式等问题都做了比较详细的解释（见表 1-1）。

表 1-1　《1932 年华沙 - 牛津规则》下 CIF 的规定

贸易术语	英文全称	术语解释
CIF	Cost，Insurance and Freight	卖方必须在合同规定时间或期限内，在装运港将货物装到船上（load the goods on the vessel）；承担货物装上船之前损坏或灭失的风险，负担运费和保险费；提供"已装船"提单和保险单

1.2.2　《1990 年美国对外贸易定义修订本》

《1990 年美国对外贸易定义修订本》（Revised American Foreign Trade Definitions 1990）

是由美国 9 个商业团体制定的。它最早于 1919 年在纽约制定，原名为《美国出口报价及其缩写条例》（The U.S.A Export Quotations and Abbreviations）；1941 年，美国第 27 届全国对外贸易会议对该条例进行了修订。这一修订本经美国商会、美国进口商协会和全国对外贸易协会所组成的联合委员会通过，由全国对外贸易协会予以公布。1990 年，根据贸易形式的发展再次修订，更名为《1990 年美国对外贸易定义修订本》。该修订本中所解释的贸易术语共有 6 种，见表 1-2。

表 1-2　《1990 年美国对外贸易定义修订本》中的 6 种贸易术语

贸易术语	术语名称	术语解释
EX	Ex Point of Origin 产地交货	卖方必须在规定的日期或期限内，在原产地双方约定的地点，将货物置于买方处置之下，并负担一切费用和风险，直至买方提取货物之时为止
FOB	Free on Board	FOB（…named inland carrier at named inland point of departure）"在指定内陆发货地点的指定内陆运输工具上交货"
		FOB（…named inland carrier at named inland point of departure）freight prepaid to（named point of exportation）"在指定内陆发货地点的指定内陆运输工具上交货，运费预付到指定的出口地点"
		FOB（…named inland carrier at named inland point of departure）freight allowed to（named point）"在指定内陆发货地点的指定内陆运输工具上交货，减除至指定地点的运费"
		FOB（…named inland carrier at named point of exportation）"在指定出口地点的指定内陆运输工具上交货"
		FOB Vessel（…named port of shipment）"指定装运港船上交货"
		FOB（…named inland point in country of importation）"在指定进口国内陆地点交货"
FAS	Free alongside Ship（…named port of shipment） 船边交货（指定装运港）	卖方必须在规定的日期或期限内，将货物交至买方指定的船边、船上装货吊钩可及之处，或交至买方或买方所指定或提供的码头；承担货物交至上述地点为止的一切费用和风险
CFR	Cost and Freight（…named port of destination） 成本加运费（指定目的地）	卖方必须安排运输，支付至目的地的运费，取得已装船提单；承担货物交至船上为止的任何灭失或损坏的风险
CIF	Cost，Insurance and Freight（…named port of destination）成本、保险费加运费（指定目的地）	卖方必须安排运输、保险事宜，支付至目的地的运费、保险费，取得已装船提单和保险单据，承担货物交至船上为止的任何灭失或损坏的风险
DEQ	DEQ（Delivered Ex Quay） 目的港码头交货	卖方必须安排运输和保险事宜，负担海运费、保险费、目的港卸货费、进口报关费及进口税费等；承担货物运至进口港卸至码头允许该货物停留期限届满时为止的任何灭失或损坏的风险（实质性交货）

这个规则在美国、加拿大、墨西哥等美洲国家被广泛采用，由于它的解释与国际商会的《国际贸易术语解释通则》有一定的差异。因此，与美洲国家进行交易时应加以注意。

1.2.3　《2010 年国际贸易术语解释通则》

《国际贸易术语解释通则》缩写形式为 INCOTERMS，它是国际商会（International

Chamber of Commerce，ICC）为了统一对各种贸易术语的解释而制定的，最早产生于 1936 年，后来为适应国际贸易业务发展的需要，国际商会先后于 1953 年、1967 年、1976 年、1980 年、1990 年和 2000 年进行了 6 次修订。现行的《2010 年国际贸易术语解释通则》简称《2010 通则》（或称《Incoterms 2010》）是国际商会根据近 10 年来形势的变化和国际贸易发展的需要，在《2000 通则》（或称《Incoterms 2000》）的基础上修订产生的，并于 2011 年 1 月 1 日起生效。《2010 通则》按适用的运输方式将 11 个贸易术语分为两组：第一组是适用于任何运输方式或多种运输方式的 7 个贸易术语；第二组是适用于海运和内陆水运的 4 个贸易术语（见表 1-3）。

《2010 通则》对《2000 通则》的修订主要有以下方面：

（1）将《2000 通则》中规定的 13 个术语修订为 11 个。《2010 通则》删除 DAF（边境交货）、DES（目的港船上交货）、DDU（未完税交货）3 个术语，并替代以新增术语 DAP（目的地交货）。同时，删除 DEQ（目的港码头交货）并替代以新增术语 DAT（运输终端交货）。

（2）改变了《2000 通则》的分组，不再按 E、F、C、D 分组，而是根据运输方式分为两组：适用于任何运输方式或多种运输方式的 7 个贸易术语：EXW、FCA、CPT、CIP、DAT、DAP、DDP；适用于海运和内陆水运的 4 个贸易术语：FAS、FOB、CFR、CIF。

（3）改变了 FOB、CFR、CIF 三个术语的风险划分界限，即将以"越过船舷"为界变更为以货物"装上船"（placed on board）为界。

（4）正式规定国际贸易术语可用于国内货物买卖合同。以前国际贸易术语只适用于货物跨越国界的货物买卖合同，《2010 通则》正式明确国际贸易术语同样适用于国内货物买卖合同。

根据近 10 年国际贸易领域的变化，《2010 通则》在电子信息效力、码头作业费用分摊及安检通关等方面也做了更新，实际操作性和指导性进一步增强。然而，值得注意的是，"通则"只是国际惯例，并不具有法律约束力。同时，《2010 通则》实施以后，《2000 通则》仍可使用。在交易中，买卖双方应在合同中明确交易依照哪种贸易术语及惯例。

表 1-3　《2010 年国际贸易术语解释通则》（《Incoterms 2010》）

分组	术语名称	中文含义
第一组 适用于任何运输方式或多种运输方式 （All Types of Transportation）	EXW（Ex Works）	工厂交货
	FCA（Free Carrier）	货交承运人
	CPT（Carriage Paid to）	运费付至目的地
	CIP（Carriage and Insurance Paid to）	运费和保费付至
	DAT（Delivered at Terminal）	目的地或目的港的集散站交货
	DAP（Delivered at Place）	目的地交货
	DDP（Delivered Duty Paid）	完税后交货
第二组 适用于海运和内陆水运 （Water Transport）	FAS（Free alongside Ship）	船边交货
	FOB（Free on Board）	船上交货
	CFR（Cost and Freight）	成本加运费
	CIF（Cost，Insurance and Freight）	成本、保险费加运费

《Incoterms 2010》中各贸易术语买卖双方的权利和义务见表 1-4。

表1-4 《Incoterms 2010》买卖双方的权利和义务一览表

术语	运输手续	保险手续	出口手续	进口手续	风险转移点	交货性质
EXW	买方	买方	买方	买方	商品生产或储存地	实际性交货
FCA	买方	买方	卖方	买方	装运地货交承运人	象征性交货
CPT	卖方	买方	卖方	买方	装运地货交承运人	象征性交货
CIP	卖方	卖方	卖方	买方	装运地货交承运人	象征性交货
DAT	卖方	卖方	卖方	买方	进口国指定目的地的指定运输终端	实际性交货
DAP	卖方	卖方	卖方	买方	进口国指定目的地	实际性交货
DDP	卖方	卖方	卖方	卖方	进口国指定目的地	实际性交货
FAS	买方	买方	卖方	买方	装运港船边	象征性交货
FOB	买方	买方	卖方	买方	指定装运港船上	象征性交货
CFR	卖方	买方	卖方	买方	指定装运港船上	象征性交货
CIF	卖方	卖方	卖方	买方	指定装运港船上	象征性交货

小贴士

关于"交货"

需要特别注意的是，"交货"（Delivery）这个词在《Incoterms 2010》中有两种不同的含义。首先，"交货"一词被用来判断卖方何时完成其交货义务；其次，"交货"也被用于买方受领或接收货物的义务。《2010通则》将重点放在卖方的交货义务上，按其交货性质不同，把11种贸易术语分为实际性交货和象征性交货两大类。

实际性交货（Physical Delivery）的贸易术语是卖方必须在合同指定地点把货物交由买方控制，才算是完成交货任务。在此条件下，装运单据不能代替货物，卖方必须在指定地点把卖出的实物交给买方。如EXW、DAT、DAP、DDP术语均属此类。

象征性交货（Symbolic Delivery）的贸易术语有一个共同特点，即凭单交货、凭单付款。采用这类贸易术语时，卖方只要在合同规定的时间和地点，将货物装上运往指定目的地的运载工具，取得合同规定的装运单据并提交给买方，就算完成了交货义务，哪怕是交给第一承运人，仍算是完成了交货，买方应在收到装运单据时付款。也就是说，买方凭单付款而不是凭实际交货付款，尽管实际上买方购买的是货物，但在形式上，买方购买的是单据，只要卖方按照货物买卖合同的规定提交齐全、正确、及时的单据，买方就必须付款赎单。FCA、CPT、CIP、FAS、FOB、CFR、CIF术语都属此类。《Incoterms 2010》11种贸易术语的交货点（风险点）如图1-1所示。

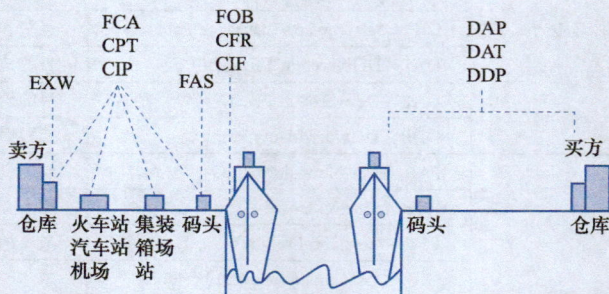

图1-1 《Incoterms 2010》11种贸易术语的交货点（风险点）

1.3　6 种主要贸易术语及其应用

在国际贸易中，经常使用的主要贸易术语为 FOB、CFR 和 CIF，即装运港交货的 3 种常用贸易术语。近年来，随着集装箱运输和国际多式联运业务的发展，FCA、CPT 和 CIP 贸易术语（向承运人交货的 3 种贸易术语）的使用也日渐增多。

1.3.1　FOB 术语及其应用

FOB 全称为 Free on Board（…named port of shipment），即装运港船上交货（……指定装运港）。

1. 买卖双方基本义务的划分

按国际商会对 FOB 的解释，买卖双方各自承担的责任见表 1-5。

表 1-5　FOB 术语下买卖双方责任划分一览表

分类	卖方	买方
常规责任	负责在合同规定时间和指定港口将货物装上指定的船只，并给予买方及时、充分的通知（交货）	收取按合同规定交付的货物，并负责按合同规定支付价款（收货、付款）
	办理货物出口所需的海关手续，取得出口许可证或其他核准书（证件、手续）	办理货物进口所需的海关手续，取得进口许可证或其他核准书（证件、手续）
	提供交货凭证、运输单据或起同等作用的电子信息（单据）	接受与合同相符的单据（单据）
共同责任	负担货物在装运港装上船为止的一切费用和风险（费用和风险）	负担货物在装运港装上船以后的一切费用和风险（费用和风险）
主要责任	提供发票、运输单据或其他证明等	负责租船或订舱，支付运费，并给予卖方关于船名、装船地点和要求交货时间的充分通知
		负责办理保险并支付保险费

2. FOB 术语的变形

按照 FOB 定义，卖方应负责支付货物装上船前的一切费用，而买方应负责货物上船以后的一切费用。大宗商品按 FOB 条件成交时，买方通常采用租船运输。由于船方通常不负担装卸费用，因此买卖双方容易在装船费用由谁负担的问题上产生争议。为此，买卖双方订立合同时，应在 FOB 后另列有关装船费用由谁负担的具体条件及责任，这就导致了 FOB 的一些变形。常见的几种 FOB 术语的变形及装货费规定见表 1-6。

表 1-6　FOB 术语的变形及装货费规定

FOB 术语的变形	装货费规定
FOB Liner Term（FOB 班轮条件）	装货费由支付运费的一方（即买方）承担
FOB Under Tackle（FOB 吊钩下交货）	卖方将货物置于轮船吊钩可及之处，从货物起吊开始的装货费用由买方负担
FOB Stowed（FOB 包括理舱）	卖方负责将货物装入船舱并支付理舱费在内的装货费用
FOB Trimmed（FOB 包括平舱）	卖方负责将货物装入船舱并支付平舱费在内的装货费用

3. 使用 FOB 术语应注意的问题

（1）"装上船"的要求和风险转移。卖方及时将货物装上船，是 FOB 术语的要素（Essence）。按《Incoterms 2010》规定，FOB 合同的卖方必须及时在装运港将货物"交至船上"（Deliver on Board）或"装上船"（Load on Board）。其交货点（Point of Delivery）为船上。当货物在装运港装到船上时，货物灭失或损坏的风险从卖方转移至买方。

（2）船货衔接。按照 FOB 含义，买方应负责租船订舱并将船期、船名及时通知对方，而卖方负责在规定期限内将货物装上买方指定的船上。但是，如果买方不按期派船，卖方有权撤销合同和要求赔偿损失，或有权代买方租船装运，或凭装运地仓库单代替提单索取货款。如果未经卖方同意，船只提前到达，则卖方不负责支付空舱费（Dead Freight）或滞期费（Demurage）；相反，如果买方按期派船，而卖方未能及时备货按期装船，则卖方应支付由此造成的滞期费和空舱费。

在 FOB 条件下，有时买方可能委托卖方代其租船订舱，但这仅属委托代办性质，卖方可以同意也可以不同意。如果卖方租不到船只或订不到舱位，其风险由买方自负，买方无权向卖方提出赔偿损失或撤销合同。

（3）《1990 年美国对外贸易定义修订本》对 FOB 术语解释与《Incoterms 2010》对 FOB 术语解释的差异。《1990 年美国对外贸易定义修订本》将 FOB 术语分为 6 种，其解释及运用与《Incoterms 2010》的解释及运用有明显的差异，其中只有"指定装运港船上交货"，即 FOB Vessel（…named port of shipment）与《Incoterms 2010》解释的 FOB 术语相近。然而，两者在费用负担等方面仍有很大不同，主要表现在两个方面，见表 1-7。

表 1-7　FOB 术语解释差异对照表

《1990 年美国对外贸易定义修订本》	《Incoterms 2010》
FOB Vessel（…named port of shipment）	Free on Board（…named port of shipment）
买方付费，卖方协助买方取得出口所需证件	卖方办理货物出口所需证件和手续
买方负担出口税额和其他税费	卖方负担一切出口税费

> **思考**
>
> **资料**：我方从美国购进棉花一批，合同价格规定为每公吨 1 450 美元 FOB 纽约。我方受载货轮驶抵纽约（New York）港后，通知对方装货，但对方要求我方负担从纽约港内仓库至装上船的一切费用。
>
> **请问**：我方应如何处理？为什么？

1.3.2　CFR 术语及其应用

CFR 全称为 Cost and Freight（…named port of destination），即成本加运费（……指定目的港）。这一术语以前业务上常用"C&F"表示，《1990 通则》将其改为 CFR。它也是国际贸易中常用的贸易术语。

1. 买卖双方基本义务的划分

按照《Incoterms 2010》的解释，卖方承担的基本义务是在合同规定的装运港和规定的期限内，将货物装上船，并及时通知买方。货物在装上船时，风险即从卖方转移至买方。CFR 与 FOB 条件下，卖方的责任除负担运输及其费用外，其他完全一样。对买方来说，要负责从装运港至目的港（或目的地）的货运保险并支付保险费。

2．CFR 术语的变形

大宗商品按 CFR 术语成交并采用租船运输时，卸货费究竟由何方负担，买卖双方应在合同中明确规定，可在 CFR 术语后加列表明卸货费由谁负担的具体条件，见表 1-8。

表 1-8　CFR 术语的变形及卸货费规定

CFR 术语的变形	卸货费规定
CFR Liner Terms（CFR 班轮条件）	卸货费由支付运费的一方（即卖方）负担
CFR Ex Ship's Hold（CFR 舱底交货）	买方负担将货物从舱底起吊卸到码头的费用
CFR Ex Tackle（CFR 吊钩下交货）	卖方负担将货物从舱底吊至船边或驳船上卸离吊钩为止的费用
CFR Landed（CFR 卸到岸上）	卖方负担将货物卸到目的港岸上的费用，包括驳船费用和码头费

3．使用 CFR 术语应注意的问题

按照 CFR 术语成交，需要特别注意的问题是：卖方在货物装船之后，必须及时向买方发出装船通知，以便买方办理投保手续。

在 CFR 条件下，由卖方负责租船订舱，而买方自办保险。如果卖方不及时发出装船通知，买方就无法及时办理保险手续，甚至可能漏保。因此，卖方应于装船前和装船时及时用电信方式向买方发出装船通知。根据有关货物买卖合同的适用法律，卖方对因遗漏或不及时向买方发出装船通知而使买方未能及时办妥货运保险所造成的后果，承担违约责任。由此可见，尽管在 FOB 和 CIF 条件下，卖方装船后也应向买方发出通知，但 CFR 条件下的装船通知却具有更为重要的意义。

> **思考**
>
> **资料：**我方某公司按 CFR 术语与英国 A 客户签约成交，合同规定保险由买方自理。我方于 10 月 15 日凌晨 1 点装船完毕，受载货轮于当日下午起航。因 10 月 15 日、16 日是周末，我方未及时向买方发出装船通知。17 日上班收到买方急电称，货轮于 16 日下午 4 点遇难沉没，货物灭失，要求我方赔偿全部损失。
>
> **请问：**我方是否应该赔偿？为什么？

1.3.3　CIF 术语及其应用

CIF 全称为 Cost，Insurance and Freight（…named port of destination），即成本、保险费加运费（……指定目的港）。虽然在 CIF、CFR 术语后需注明目的港的名称，但它仍和 FOB 一样，是装运港交货的贸易术语。

1．买卖双方基本义务的划分

CIF 相对于 CFR 来说，卖方不仅办理运输，而且应办理保险，其他义务完全一样。在 CIF 术语下，当货物在指定装运港装上船时，卖方即完成交货。卖方必须支付将货物运至指定目的港所需的成本、运费和保险费，但交货后货物灭失或损坏的风险，以及由于发生事件而引起的任何额外费用，自卖方转移给买方。

2．CIF 术语的变形

CFR 术语中有关卸货费用负担的问题，同样适用于 CIF 术语。为了明确大宗货物租船运输下卸货费用的负担，也可采用 CIF 术语的变形。例如，CIF Liner Terms（CIF 班轮条件）、

CIF Ex Ship's Hold（CIF 舱底交货）、CIF Ex Tackle（CIF 吊钩下交货）、CIF Landed（CIF 卸到岸上）。

上述 CIF 术语的各种变形，与 FOB 术语、CFR 术语变形一样，只是为了明确装货费或卸货费由谁负担，并不影响交货地点和风险转移的界线。

■ 思考

资料：我方按"CIF 卸到岸上"条件对外出口，并按规定提交了全套符合要求的单据，货轮在航行途中触礁沉没，货物全部灭失，买方闻讯以"卖方需将货物运到目的港并安全卸到岸上才算完成交货任务"为由拒付货款。

请问：买方拒付的理由是否合理？我方应如何处理？

---

3. 使用 CIF 术语应注意的问题

（1）租船或订舱的责任。卖方负责自费办理租船或订舱。如卖方未及时租船或订舱，不能按合同规定装船交货，则应承担违约责任。根据《Incoterms 2010》规定，卖方只需负责按惯常条件租船或订舱，使用适合装运有关货物的通常类型的轮船，经习惯行驶航线装运货物。买方无权限制船舶的国籍、船型、船龄或指定船只、船公司等。但在实际业务中，如国外买方提出上述要求，在能够办到又不增加额外费用的情况下，我方也可灵活处理、考虑接受。

（2）办理保险的责任。在 CIF 术语中，卖方是为买方的利益而办理货运保险的，该项保险主要是为了保障货物在运输途中的风险。根据《Incoterms 2010》，卖方只需按最低责任的保险险别投保，如英国伦敦保险业协会制定的《协会货物条款》中的 C 险和中国人民保险公司《海洋运输货物保险条款》中的平安险（FPA）。如果买方有要求，并由买方负担费用，卖方可加保战争、罢工、暴乱和民变险。最低保险金额为合同规定的价款加 10%，即按 CIF 的发票金额加 10%，并采用合同货币投保。

▶ 小贴士

装运港交货的 3 种常用贸易术语：FOB、CFR 和 CIF

FOB、CFR 和 CIF 术语是国际贸易中常用的 3 种术语。就买卖双方的义务而言，这 3 种术语在很多方面是相同的，不同之处主要在于租船订舱、支付运费和办理保险、支付保险费这两方面的责任。3 种术语的异同点归纳见表 1-9。

表 1-9　FOB、CFR 和 CIF 异同点一览表

		卖方	买方
相同点		装货，充分通知	接货
		办理出口手续，提供证件	办理进口手续，提供证件
		交单	受单、付款
		都是装运港交货，风险、费用划分一致，都是以"船上"为界	
		交货性质相同，都是凭单交货、凭单付款	
		都适用于海洋运输和内河运输	
不同点	FOB		租船订舱、支付运费 办理保险、支付保险费
	CFR	租船订舱、支付运费	办理保险、支付保险费
	CIF	租船订舱、支付运费 办理保险、支付保险费	

1.3.4　FCA 术语及其应用

FCA 全称为 Free Carrier（…named place），即货交承运人（……指定地点）。FCA 是在 FOB 的基础上发展起来的，适用于各种运输方式，特别是内陆城市采用集装箱运输和多式联运更适合采用该术语，以便就地交货、交单结汇，因此也有人称 FCA 为"复合运输 FOB 条件"。

"承运人"可分为两种：一种是指在运输合同中承担履行铁路、公路、航空、海洋、内河运输或多式运输的实际承运人（Actual Carrier）；另一种是指承担取得上述运输履行的契约承运人（Contracting Carrier），如货运代理商（Freight Forwarder）。

必须注意的是，交货地点的选择对于在该地装货和卸货的义务会产生不同的影响。如在卖方所在处所交货，卖方负责将货物装上买方指定的承运人的收货运输工具；如在任何其他地点交货，卖方不负责将货物从其送货的运输工具上卸下。

> **思考**
>
> 　　**资料**：我国北京 A 公司向美国纽约 B 公司出口某商品 50 000 箱，B 公司提出按 FOB 天津新港条件成交，而 A 公司则提出采用 FCA 北京的条件。
> 　　**请问**：A 公司提出上述成交条件的原因是什么？

1.3.5　CPT 术语及其应用

CPT 全称为 Carriage Paid to（…named place of destination），即运费付至（……指定目的地），是指卖方向其指定的承运人交货，并支付运费、办理出口清关手续，买方承担卖方交货之后的一切风险和其他费用。

CPT 是在 CFR 的基础上发展起来的，适用于各种运输方式，因此也有人称 CPT 为"复合运输 CFR 条件"。

在多式联运情况下使用 CPT 术语，卖方承担的风险自货物交给第一承运人时转移给买方，交货后及时向买方发出装运通知以便买方办理保险；货物的装卸费用可以包括在运费之中，由卖方支付，也可另行约定。

> **思考**
>
> 　　**资料**：一份 CPT 合同，A 公司出口 3 000t 小麦给 B 公司。A 公司按规定的时间和地点，将 5 000t 散装小麦装到火车上，其中的 3 000t 属于卖给 B 公司的小麦。货抵目的地后，由货运公司负责分拨。A 公司装货后，及时发了装运通知给 B 公司。承载火车在途中遇险，致使该批货物损失了 3 000t，其余 2 000t 安全运抵目的地。买方要求卖方交货，卖方宣称卖给 B 公司的 3 000t 小麦已全部灭失，而且按 CPT 合同，货物风险已在装运地交至火车上时即转移给 B 公司，卖方对此项损失不负任何责任。
> 　　**请问**：A 公司的上述观点是否正确？

1.3.6　CIP 术语及其应用

CIP 全称为 Carriage Insurance Paid to（…named place of destination），即运费加保险费付至（……指定目的地）。

在 CIP 术语下，卖方向其指定的承运人交货，支付货到目的地的运费，办理货物在途中的保险并支付保险费，承办出口清关手续。买方承担卖方交货之后的一切风险和额外费用。该术语适用于各种运输方式，因此有人称之为"复合运输 CIF 条件"。

> **小贴士**
>
> ### FCA、CPT、CIP 与 FOB、CFR、CIF 的比较
>
> FCA、CPT、CIP 3 种术语分别是由 FOB、CFR、CIF 3 种传统术语发展起来的，其责任划分的基本原则是相同的，但也有区别，见表 1-10。
>
> 表 1-10　FCA、CPT、CIP 与 FOB、CFR、CIF 的比较
>
> | 比较内容 | FCA、CPT、CIP 术语 | FOB、CFR、CIF 术语 |
> | --- | --- | --- |
> | 运输方式 | 任何运输方式 | 海运和内河运输 |
> | 承运人 | 船公司、铁路局、航空公司、多式联运经营人 | 船公司 |
> | 交货地点 | 卖方处所承运人提供的运输工具上，铁路、公路、航空、内河、海洋运输承运人或多式联运承运人的运输站或其他收货点 | 装运港 |
> | 风险转移界限 | 货交承运人 | 装运港船上 |
> | 装卸费用负担（租船） | 由支付运费的一方承担 | 使用贸易术语变形来明确装卸费用由何方负担 |
> | 运输单据 | 海运提单、铁路运单、航空运单、多式联运单据 | 海运提单 |
> | 运费负担 | 从出口国指定地点到进口国指定地点的各种运输方式的运费 | 从装运港到目的港的海运运费 |
> | 保险内容 | 各种运输方式下货物的保险 | 海洋运输货物的保险 |

目前，集装箱船、滚装船或多式联运被广泛采用，因此有必要扩大选用 FCA、CPT、CIP 术语，以替代仅适用于水上运输的 FOB、CFR、CIF 术语。这对卖方有两个好处：①货交承运人风险即转移买方，减轻了己方的风险责任；②提前取得运输单据，缩短交单收汇时间，提高资金周转速度和减少利息支出。

1.4　其他 5 种贸易术语及其应用

除以上介绍的 6 种主要贸易术语外，《Incoterms 2010》中的贸易术语还有 EXW、FAS 及 D 组的 3 种术语。

1.4.1　EXW 术语及其应用

EXW 全称为 Ex Works（…named place），即工厂交货（……指定地点）。

在 EXW 术语下，卖方在其所在地或其他指定的地点（工厂、仓库等）将货物交给买方处置时即完成交货。买方承担在卖方所在地受领货物、办理出口清关手续、将货物装上运输工具及检验等全部费用和风险，这是卖方承担责任最少的术语。但是，当买方不能直接或间接办理出口手续时，不应使用该术语。该术语适用于各种运输方式。

EXW 术语常常被误认为，只有买方提取货物，卖方才算完成待运义务。这种看法直接影响着风险和费用的转移。因此，在双方约定的期限内，无论买方是否前来提货，都要将货物特定化，以保证卖方在买方未按规定提货时，将货物风险和费用提前转移给买方。例如，

一份 EXW 合同，买方在约定时间没有去卖方工厂提货，货物在卖方仓库待运期间，因仓库发生火灾而被全部焚毁。这时，卖方拿出充分的证据证明货物在焚毁之前已被清楚地分开（在仓库的账本上和货位上将其用专门的标记加以特定化），并已划归买方合同项下，因此要求买方付款。卖方虽然尚未交货，买方也未收到货物，但由于货物已经特定化，双方约定的时间一过，风险和费用即可由卖方转移到买方。

> **思考**
>
> **资料**：深圳某企业向香港出口一批运动鞋，贸易条件为 EXW 深圳，交货期为 2021 年 3 月份。3 月份港商派来货车装运运动鞋，但由于深圳出口企业坚持要港商负担装车费，双方发生争议。
>
> **请问**：究竟应由哪方负责装车？

1.4.2　FAS 术语及其应用

FAS 全称为 Free alongside Ship（…named port of shipment），即船边交货（……指定装运港）。在 FAS 术语下，卖方在指定的装运港将货物交到船边，即完成交货。如果买方船只不能靠岸，卖方要负责用驳船把货运到船边，在船边交货。

卖方办理出口清关手续，买方承担卖方交货后的一切费用和风险。该术语适用于水上运输。应注意船货衔接问题。

1.4.3　DAP 术语及其应用

DAP 全称为 Delivered at Place（…place of destination），即目的地交货（……指定目的地）。

《Incoterms 2010》下的 DAP 术语取代了的《Incoterms 2000》下的 DAF、DES 和 DDU 三个术语，是指卖方在指定的目的地交货，只需做好卸货准备，无须卸货即完成交货。该术语所指的到达车辆包括船舶，目的地包括港口。卖方应承担将货物运至指定的目的地的一切风险和费用（进口税费除外）。该术语适用于任何运输方式、多式联运方式及海运。

1.4.4　DAT 术语及其应用

DAT 全称为 Delivered at Terminal（…place of destination），即目的地或目的港的集散站交货（……指定目的地）。

《Incoterms 2010》下的 DAT 术语取代了的《Incoterms 2000》下的 DEQ 术语，指卖方在指定的目的地或目的港的集散站卸货后将货物交给买方处置即完成交货，术语所指目的地包括港口。卖方应承担将货物运至指定的目的地或目的港的集散站的一切风险和费用（进口税费除外）。该术语适用于任何运输方式、多式联运方式及海运。

1.4.5　DDP 术语及其应用

DDP 全称为 Delivered Duty Paid（…named place of destination），即完税后交货（……指定目的地）。

在 DDP 术语下，卖方在指定目的地的约定地点办理进口清关手续，

进口代征税的计算

将货物交给买方，完成交货。卖方必须承担将货物运至目的地的一切风险和费用，包括需要办理海关手续时，在目的地应交纳的进口"税费"。该术语适用于所有运输方式，是卖方承担责任最大的术语。但若卖方不能直接或间接地取得进口许可证，则不应使用该术语。

实训项目（Training Project）

正确选用国际贸易术语

⊃ 项目情境

以下是德国某出口公司给我国某进口公司的一封发盘信，具体内容如下：

Dear Mr. Chen,

We have received your E-Mail of Feb.12, asking us to offer the product code 02005 for shipment to Shanghai and highly appreciate that you are interested in our product.

Comply with your kindly request, we are pleased to offer our best price as follows:

1. Commodity: Canned Mushrooms (Champignons)

2. Specifications: 6 tins/ctn 2 840 grams net weight

3. Quantity: 1 000 ctns in 1×20'FCL

4. Price: USD4.97/ctn FOB Shanghai

   USD6.55/ctn CFR Hamburg

   USD6.62/ctn CIF Hamburg

5. Package: exported brown carton

6. Shipment: not later than May. 20, 2019 by plane

Noted: Our quotation remains effective until Feb. 27, 2019.

PLS kindly pay attention to the fact that we have not much ready stock on hand. Therefore, it's very important to reply us before Feb. 27.

Yours faithfully,

Jerry

⊃ 工作任务

假如你是我国该进口公司的业务员小陈（Mr. Chen），请根据上述发盘，结合所学过的有关国际贸易术语方面的知识，指出该发盘中的错误之处，给对方出口公司的业务员杰瑞（Jerry）回一封电子邮件。

能力迁移（Skill Transfer）

应 知 考 核

一、单项选择题

1. 代表目的地或目的港集散站交货的贸易术语是（   ）。

　　A. FAS　　　　　　B. DAP　　　　　　C. DAT　　　　　　D. DEQ

2．在一般情况下，按 CFR 贸易术语成交的合同中，不应计入货物价格的是（　　）。

　　A．货物成本　　　　B．运费　　　　　C．保险费　　　　D．各项出口税费

3．根据《Incoterms 2010》的解释，以 CIF Hamburg 成交，卖方对货物所承担的风险界限（风险责任）是（　　）。

　　A．货物在装运港装上船以前　　　　　B．货物在装运港卸下卖方车辆以前

　　C．货物在目的港卸货越过船舷以前　　D．货物在目的港装上买方车辆以前

4．根据《Incoterms 2010》，买方负责出口报关的贸易术语是（　　）。

　　A．EXW　　　　　B．FOB　　　　　C．CIF　　　　　D．FAS

5．在实际业务中，FOB 条件下，买方常委托卖方代为租船、订舱，其费用由买方负担。如到期订不到舱，租不到船，（　　）。

　　A．卖方不承担责任，其风险由买方承担

　　B．卖方承担责任，其风险也由卖方承担

　　C．买卖双方共同承担责任、风险

　　D．双方均不承担责任，合同停止履行

6．我方出口大宗商品，按 CIF 新加坡成交，合同规定采用程租船运输，我方不愿承担卸货费用，则我方应选择的贸易术语的变形是（　　）。

　　A．CIF Liner Terms Singapore　　　　B．CIF Landed Singapore

　　C．CIF Ex Ship's Hold Singapore　　　D．CIF Ex Tackle Singapore

二、多项选择题

1．按照《Incoterms 2010》的解释，FOB、CFR 与 CIF 的共同之处表现在（　　）。

　　A．均适合水上运输方式　　　　　B．风险转移点均为装运港船上

　　C．买卖双方责任划分基本相同　　D．交货地点均为装运港

2．CIF 术语与 DAP 术语的区别是（　　）。

　　A．适用的运输方式不同

　　B．CIF 为凭单交货，DAP 为凭实物交货

　　C．风险划分地点不同

　　D．CIF 合同属于装运合同，DAP 合同属于到达合同

3．我国某进口公司按 FOB 条件进口一批货物，采用程租船运输，如我国进口方不愿承担装船费用，应采用（　　）。

　　A．FOB Under Tackle　　　　　B．FOB Stowed

　　C．FOB Trimmed　　　　　　　D．FOBST

4．根据《Incoterms 2010》的规定，（　　）是风险和费用划分点相分离的贸易术语。

　　A．FOB　　　　　B．CIF　　　　　C．CPT　　　　　D．DDP

应 会 考 核

三、请解释下列术语

1．CIF　　　　　　　　　　　　　2．FCA

3．FOB Liner Terms　　　　　　　4．CFR Ex Tackle

5. CIF Ex Ship's Hold　　　6. INCOTERMS

7. Symbolic Delivery　　　　8. Physical Delivery

四、请正确填写下列表格

贸易术语	交货地点	风险转移界限	出口清关	进口清关	由谁办理货物运输	由谁办理运输保险	适用运输方式
EXW							
FCA							
FAS							
FOB							
CFR							
CIF							
CPT							
CIP							
DAP							
DAT							
DDP							

五、请根据下列情境，完成工作任务

1. 我国 A 公司（卖方）与澳大利亚 B 公司（买方）于某年 3 月 20 日订立了 5 000kg 羊毛的买卖合同，单价为 314 美元 /kg，CIF 布里斯班，规格为型号 T56FNF，信用证付款，装运期为当年 6 月。6 月 20 日，A 公司将货物运出后，即凭全套货运单据向银行议付，并获得全部货款。6 月 25 日，B 公司来电称，货物在海上全部灭失，要求 A 公司退回全部货款。A 公司认为此批货物买方既然没有收到，理应退款，并得知货物灭失属于保险公司的承保范围，而保险事宜是由己方办理的，己方可以向保险公司要求赔偿全部损失。

任务 1：B 公司的要求是否合理？为什么？

任务 2：A 公司的想法是否正确？为什么？

任务 3：通过本案例，你认为在使用 CIF 术语时，应注意哪些问题？

2. 我国东北地区某外贸公司（卖方）某年 9 月按 DAP 满洲里条件与某俄罗斯商人（买方）签订了一份矿产品的买卖合同。合同规定的数量为 8 000t，可分批装运，交货期限为当年 12 月底之前。签约后，卖方即开始备货，安排铁路运输，并于 12 月 30 日前将 8 000t 产品分批发运出去。买方在满洲里接收了货物，经检验发现有短量现象，同时发现有一部分货物实际是在次年 1 月到达满洲里的。于是买方向卖方提出异议，指出卖方违反交货期和短交货物，并就此提出索赔。但卖方以铁路承运人出具的运输单据证明自己按时交了货，并以商检证和铁路运单上所载明的数量说明自己是按量交货的，因此拒绝理赔。

任务 1：我国东北地区某外贸公司按时交货的理由是否成立？

任务 2：我国东北地区某外贸公司按量交货的理由是否成立？

模块二
Module 2
交易磋商与订立合同

国际货物贸易是一个非常复杂的过程，从交易双方开始接触到成功达成一笔交易，往往需要交易双方进行长时间的、反复的磋商。交易磋商（Business Negotiation）又称贸易谈判，是交易双方就商品的有关条件进行协商以期达成交易的过程。交易磋商的核心工作实际上就是讨价还价，而其终极目的是双方就所有交易条件达成一致，形成一个买卖合同，以实现双方的利益。

交易磋商这一环节是整笔进出口业务中最为重要也最为棘手的一环，需要交易者充分运用国际商务的各种知识，灵活运用谈判的各种技巧，争取订立对己方有利的合同条款。因此，参与洽谈的业务人员必须做到业务精、外语强、懂法律、熟金融，并要具备一定的谈判水平，能够做到从容、灵活地应对谈判中可能出现的任何情况。

本模块主要介绍进出口交易磋商的程序和进出口合同的形式。

项目
Project **2**

进出口交易磋商与订立合同

Negotiation and conclusion of contracts for import and export transactions

· 情境导入（Lead-in Situation）

↘ 情境

浙江远大进出口公司（简称远大公司）向新加坡 SAL 贸易有限公司（简称 SAL 公司）询购唱片机的电子元器件。不久，远大公司收到 SAL 公司 8 月 5 日的发盘，发盘有效期至 8 月 22 日。远大公司于 8 月 20 日向 SAL 公司复电："若价格能降至 56 美元 / 件，我方可以接受。"对方未做答复。8 月 21 日远大公司得知国际市场行情有变，于当日又向 SAL 公司去电表示完全接受其 8 月 15 日的发盘。

↘ 分析

远大公司的接受能否使合同成立？为什么？

远大公司的接受不能使合同成立。因为远大公司在 8 月 20 日曾向 SAL 公司复电："若价格能降至 56 美元 / 件，我方可以接受。"该复电已构成了还盘。该还盘一经做出，原发盘即告失效。所以，当远大公司 8 月 21 日得知国际市场行情有变，向 SAL 公司表示的接受已不具有接受效力。因此，远大公司的接受不能使合同成立。

只有了解交易磋商的各个环节，才能准确判定合同是否已经成立，才能展开后续的工作。这是国际贸易工作的起始。只有这个开头做好了，后续的国际贸易工作才能顺畅展开。那么，交易前应准备些什么？交易磋商的环节有哪些？外贸合同的订立应满足什么样的条件？

· 学习目标（Learning Aims）

↘ 应知目标

能够分析国外目标市场的特点及其发展趋势；选择相应的对策，撰写出口经营方案；了解外贸交易磋商的程序。

↘ 应会目标

能够按照相关法律或公约规定和买卖意图进行贸易谈判。

· 知识支撑（Knowledge Support）

2.1　交易前的准备

交易磋商与订立合同

2.1.1　出口交易前的准备工作

在洽谈出口交易前，为提高交易的成功率，必须认真做好交易前的各项准备工作。

1．对国外市场的调查研究

对国外市场的调查研究，是指在交易洽商前对交易国家和地区的商品市场情况进行调查研究，了解市场的特点，研究市场的变化规律，预测市场供求关系和价格变动趋势。其内容主要包括：

（1）对商品适应性和竞争性的研究。出口商品应以销定产，在安排出口商品生产时，要考虑市场容量和了解市场需要的品种、花色、规格等，做到适销对路。同时还要注意发挥我国出口产品的优势，发展在国际市场上有竞争力的商品，多出口换汇成本低、经济效益比较好的商品。

（2）对国外市场价格的研究。国际市场瞬息万变，它的变化反映了商品供求关系的变化，这种变化往往通过价格波动表现出来。国际市场价格的变化，除受价值变动作用的影响外，还经常受政治的、经济的和自然的等多种因素的影响。应研究价格的变化，预测未来价格变化趋势，以便选择有利的市场。

对国外销售市场的调研，除了包括上述各项内容外，还应对商品生产周期、销售季节、消费者的爱好习惯、销售方式和途径、市场竞争、关税、运输和港口等情况详细地调查研究。

2．对交易对象的调查研究

对交易对象调查研究的内容包括客户的经营历史及现状、客户的资信情况、客户的经营业务范围、客户的业务性质和客户的经营能力等。

3．制定出口商品经营方案

这是指有关进出口公司根据国家规定的出口计划，对其所经营的出口商品所做的一种业务计划安排。出口商品经营方案是洽商交易的依据，能使交易有计划、有目的地顺利进行。出口商品经营方案一般包括以下内容：

（1）商品和货源情况，包括商品的特点、品质、规格、包装等，国内生产数量和可供最大出口数量，以及当前库存情况。

（2）国外市场情况，包括国外商品生产、消费、贸易的基本情况和主要进出口国家的交易情况，以及今后可能发展变化的趋势。

（3）经营历史情况，包括所出口商品在国际市场上所占地位、主要销售地区和销售情况、国外的具体反应、经营该种商品的主要经验和教训。

（4）经营计划安排，主要包括销售数量和金额，并结合国外市场的情况，列明拟对某国或地区出口的具体数量和进度。

4. 做好出口商品的广告宣传与商标注册

出口商品的广告宣传，是指利用各种广告形式，向国外市场的广大消费者和经销商宣传所出口经营的商品。广告宣传要根据不同商品的特点和不同市场的习惯，采取各种方式进行立体的综合宣传。例如，网络平台、即时通信、网络直播等新媒体营销，以及向国外寄送样品、说明书等。出口商品的广告宣传，一般应注意围绕下述内容和要求进行：要实事求是、生动活泼、大胆创新；要介绍和突出商品的特点，宣传商品的用途和提供售后服务；要着重介绍商标牌号，树立名牌商标；广告宣传的语言文字要简单明了并符合当地风俗习惯等。

办理商标注册在国际贸易中是一项非常重要的工作。在国际市场上，商品都有商标（Trade Mark）和牌号（Brand），商标和牌号是紧密联系的，它们能提升商品的附加值。

小贴士

各国贸易习惯集锦

非洲

在非洲国家中，企业之间的交易习惯普遍是看货购买，一手交钱、一手交货，或赊货代销。订单通常订量小、品种多、要货急。由于非洲国家实行进出口商品装船前检验，经常在实际操作中增加了我方的费用，延误了我方交货期，阻碍了贸易的正常开展。

【南非】

交易习惯：信用卡、支票使用普遍，习惯见货付款。

注意事项：因国家资金有限，银行利率高（7% 左右），南非买家仍习惯于见货付款或分期付款，一般不开即期信用证。

【摩洛哥】

交易习惯：低报货值、差价现金支付。

注意事项：摩洛哥进口关税水平普遍较高，外汇管理较严。D/P（托收下的付款交单）方式在对该国出口业务中存在较大的收汇风险。

欧洲

欧洲地域宽广，由于各国文化差异大，欧洲各国的交易习惯不尽相同。

【丹麦】

交易习惯：丹麦进口商在与国外出口商做第一笔生意时，通常为小金额的订单（样品寄售或试销性订单），一般愿意接受信用证这种支付方式。此后，经常使用凭单付现和30～90天远期付款交单或承兑交单。

关税方面：丹麦对从一些发展中国家、东欧国家以及地中海沿岸国家进口的商品给予最惠国待遇或普惠制待遇。但实际上，这些国家在钢铁和纺织品方面很少能得到关税优惠，拥有较大纺织品出口商的国家往往采取自行限额的政策。

注意事项：要求货样一致，很注重交货期，在履行新合同时，国外出口商应明确具体的交货期，并及时完成交货义务。任何违背交货期、导致延期交货的行为，都有可能使丹麦进口商取消合同。

【西班牙】

交易习惯：以信用证（L/C）缴付货款，赊货期一般为 90 日，大型连锁店一般为

120～150 日，订单量每次 200～1 000 件。

　　注意事项：该国对部分输入产品不收关税。供应商应缩短生产时间，注重品质及商誉。

　　东欧市场的特点：产品要求的档次不高，但要想求得长期发展，质量不佳的产品是没有潜力的。

　　【俄罗斯】

　　俄罗斯进口商签约后，以 T/T 直接电汇的情况较普遍，并要求准时出货，很少开信用证，但要寻找俄罗斯客户并不容易，只能通过参加会展或深入当地的形式拜访。当地语言以俄语为主，很少使用英语，商贸洽谈一般都需要找翻译协助。

　　中东

　　交易习惯：商家通过代理商间接交易，对直接交易表现冷淡；相比日本、欧洲、美国等地而言，对产品要求不是很高；比较重视颜色，偏好深色物品；利润小、量不大，不过订单固定。

　　注意事项：国内商家要特别注意代理商，避免被对方采取多种方式压价。更应注意遵循一诺千金的原则。合同、协议一旦签字，就应履约尽责，哪怕是口头允诺的事也要尽力做到。同时应重视客户的询价，保持良好态度，不要在几件样品或样本邮寄费上斤斤计较。

　　美洲

　　【美国】

　　交易习惯：少样多量，订单量大，而利润较低。

　　【墨西哥】

　　交易习惯：一般不接受信用证即期付款条件，但信用证远期付款条件可以接受；订货量较小，一般要求看样订货。

　　注意事项：交货期不宜太长。首先，对该国订单必须尽量满足其条件及有关规定；其次，需要提高产品质量和档次，使之符合国际标准。墨西哥政府规定，所有电子产品的进口都必须事先向墨西哥工商部申请质量标准证书（NOM），即符合美国 UL 标准，方允许进口。

2.1.2　进口交易前的准备工作

1. 落实进口许可证件和外汇

　　在与国外客户洽商进口交易之前，对有些进口商品必须申领进口许可证件的，必须事先向相关部门申领。进口业务一般可分为自营进口和代理进口两类。在自营进口业务中，申领进口许可证的手续及外汇办理均由进口企业自办；在代理进口业务中，申领进口许可证的手续及外汇办理大都由委托单位负责。

2. 研究制定进口商品经营方案

　　对大宗进口商品应当拟订一个书面经营方案，作为开展订购业务工作的依据。方案的主要内容包括品名、数量、时间和国别的安排，交易对象的选定，价格和佣金幅度的掌握等。既要力争比较优惠的价格，又不能影响国内的需求；既要做到"货比三家"，又要不失时机地购进。对于进口数量较少的商品，可以不制定书面经营方案，但经办业务人员心中应有一个类似的设想安排。特别对成套设备的进口，应慎重行事。

小贴士

获取市场信息的渠道

国际市场信息渠道可以分为两大类：一类是直接信息渠道，是企业信息人员亲自或亲派他人收集、整理、加工的各种原始信息，即主要靠实地考察得来的直接信息；另一类是间接信息渠道，是由他人收集并通过整理、加工的各种间接信息资料，即二手信息资料，如表2-1所示。

表2-1　获取市场信息的渠道

直接信息渠道	派调研人员到目标市场进行考察
	委托驻外机构（大使馆所属商务参赞处，本省、市、企业驻外商业机构）进行调查
	委托国外专业征信机构（如日本伊藤忠商事等）、国外工商团体和同业公会进行调查
	委托市场所在国的中间商收集有关信息
	通过老客户了解新客户
	企业在世界各地的销售网点从市场反馈中得到的信息
间接信息渠道	进出口国政府机构（如商务部、海关、外管局等）
	国际组织（如联合国、联合国粮农组织、国际商会、国际货币基金组织、世界银行、世界贸易组织等）
	网络（如搜索引擎、专业电子商务网站等）
	专业展览会和市场（广交会、义乌小商品市场等）
	图书馆（如实体图书馆和电子图书馆等）
	其他组织机构（如驻外使馆、银行、消费者组织、行业协会、相关企业等）

值得一提的是，随着互联网的发展，网络逐渐成为促进买卖双方沟通的重要渠道，也许不能简单地将它划归为间接信息渠道，借助一些平台、工具，网络往往能直接促成交易。常用的外贸B2B网站有：

（1）阿里巴巴网 www.alibaba.com

（2）全球资源网 www.globalsources.com

（3）中国制造网 www.made-in-china.com

（4）中国黄页 www.chinapages.com

（5）全球商业机会网 www.tpage.com

（6）网上广交会 www.cantonfair.org.cn

（7）文笔天天网 www.ttnet.net

（8）义乌小商品城 www.chinagoods.com

（9）易创电子商贸网 www.ectrade.com

（10）易唐网 www.tradetang.com

2.1.3　交易磋商的形式和内容

交易磋商的形式可分为口头和书面两种。口头磋商包括由出口企业邀请国外客户来访，参加各种商品交易会（如广交会、小交会），以及由我方派遣出国推销人员、贸易代表团（组），或委托驻外机构、海外企业代为在当地洽谈等面对面的磋商。电话洽谈也属口头磋商形式。书面磋商是双方通过交换信件、传真、电报或电传等进行磋商。

交易磋商以货物的品质（质量）、数量、包装、价格、交货和支付条件为主要内容，买卖双方欲达成交易、订立合同，必须至少就这六项交易条件进行磋商并取得一致意见。因为这六项条件是成立买卖合同所不可缺少的"主要交易条件"（Main Terms and Conditions）。至于其他交易条件，称为"一般交易条件"（General Terms and Conditions），主要包括检验、索赔、不可抗力和仲裁等，虽非成立合同所不可缺少的内容，但是为了提高合同质量，防止和减少争议的发生以及便于解决可能发生的争议，买卖双方在交易磋商时也不容忽视。

2.2　进出口交易磋商

在外贸业务中，交易磋商的一般程序可概括为询盘、发盘、还盘和接受四个环节。其中发盘和接受是达成交易、合同成立必不可少的两个基本环节。

案例

松香的交易磋商

某公司在松香的出口业务磋商中，往来函电如下：

1．询盘

请报 100 M/T 中国松香 WW 级成本加运费至美国纽约最低价，5 月装运，尽速电告。

Please quote the lowest price CFR New York for Chinese rosin WW grade 100 M/T May shipment cable promptly.

2．发盘

兹发盘 100 M/T 中国松香 WW 级，铁桶装，每公吨 CFR 纽约价 195.00 美元，5 月装运，以不可撤销即期信用证支付，限本月 20 日复到。

Offer Chinese rosin WW grade iron drum 100 M/T USD195.00 per M/T CFR New York May shipment irrevocable sight L/C reply here 20th.

3．还盘

你 10 日电收悉，还盘每公吨 185.00 美元纽约，26 日复到。

Your cable 10th counter offer till 26th our time USD185.00 per M/T CFR New York.

4．接受

你 18 日电我接受，中国松香 WW 级，铁桶装，每公吨 185.00 美元 CFR 纽约，5 月装运，不可撤销即期 L/C。

Your 18th we accept Chinese rosin WW grade iron drum 100 M/T USD185.00 per M/T CFR New York May shipment irrevocable sight L/C.

2.2.1　询盘

询盘（Enquiry）是指交易的一方准备购买或出售某种商品，向对方询问买卖该商品的有关交易条件。询盘的内容可涉及价格、规格、品质、数量、包装、装运及索取样品等，而多数买方只是询问价格，因此，业务上常把询盘称作询价。

询盘对于询盘人和被询盘人均无法律上的约束力，而且不是交易磋商的必经步骤。但是，它往往是一笔交易的起点。所以作为被询盘的一方，应对接到的询盘给予重视，并做及时和适当的处理。

在国际贸易业务中，询盘通常采用下列一类词语来表示：

请发盘……　　　　　　　　　　　　Please offer…

请告……　　　　　　　　　　　　　Please advise…

请报价……　　　　　　　　　　　　Please quote…

对××感兴趣，请……　　　　　　　Interested in…, please…

> **→ 例 1**　请报中国花生仁 100 M/T，不分等级，11 月装船，FOB 青岛价。
>
> 　　Please offer Chinese groundnut kernels ungraded 100 M/T November shipment FOB Qingdao.

2.2.2　发盘

发盘（Offer）又称发价，在法律上称为"要约"。《联合国国际货物销售合同公约》（简称《公约》）对发盘的定义为："凡向一个或一个以上的特定的人提出的订立合同的建议，如果其内容十分确定并且表明其发盘人有在其发盘一旦得到接受就受其约束的意思，即构成发盘。"

发盘人可以是卖方，也可以是买方。前者称为售货发盘（Selling Offer）；后者称为购货发盘（Buying Offer），习惯称为递盘（Bid）。发出发盘的人称为发盘人（Offerer），接受发盘的人称为受盘人（Offeree）。

> **→ 例 2**　兹发盘美加净牙膏，货号 101，纸箱装，每箱 6 打，每罗 32 英镑，CIF 伦敦，12 月装运。
>
> 　　Offer MAXAM toothpaste art. No.101 packed in cartons of six doz. Each sterling thirty two per gross CIF London December shipment.

1. 构成发盘的必要条件

（1）发盘应向一个或一个以上特定的人提出。发盘应向特定的人提出，即向有名有姓的个人或公司提出。这一规定的目的是把发盘同普通商业广告及向国外客商寄发的商品目录、价目单等行为区分开来。这类行为一般不能构成发盘，通常只能视为"发盘邀请"。但是，如果商业广告的内容十分具体、明确和肯定，而且登此广告的人明确表示它是作为一项发盘提出来的，如在广告上注明"本广告构成发盘"或"广告项下的商品将售给最先支付货款或最先开来信用证的人"等，则此类广告也可作为一项发盘。例如，某商店在报上刊登广告，于 5 月 5 日以每台 50 美元的价格销售热水器，规定了售货日期、地点和营业时间。

鉴于《公约》对发盘的上述规定既具体，又有一定的灵活性，加之世界各国对发盘又有不同的理解，因此，在实际应用时要特别小心。我方对外进行广告宣传和寄发商品价目单时，不要使对方误解我方有"一经接受，即受约束"的含义。在寄发商品价目单时，最好在其中注明"可随时调整，恕不通知"或"需经我方最后确认"等字样。

（2）发盘内容必须十分确定。一项有效的发盘，其内容必须是确定的，即发盘中的交易条件必须是完整的、确定的和终局性的。《公约》第十四条规定，一项订立合同的建议"如果写明货物，并且明示或默示地规定数量和价格或如何确定数量和价格，即为十分确定（Sufficiently Definite）"。

可见，在提出的订约建议中，至少应包括下列三个基本要素：①标明货物的名称；②明示或默示地规定货物的数量或规定确定数量的方法；③明示或默示地规定货物的价格或规定确定价格的方法。

凡包含上述三个基本因素的订约建议，即构成一项有效的发盘。如该发盘被受盘人接受，买卖合同即告成立。

但在实际业务中，一项发盘往往不是以上述所订的主要交易条件的完整形式出现的，有时发盘条件表面上不完整，而实际上是完整的。例如，双方一般事先订有一般交易条件的协议，援引来往函电、先前合同和买卖双方在先前业务中已形成的习惯做法等。

有些国家的法律要求对合同的主要条件，如品名、品质、数量、包装、价格、交货时间与地点及支付办法等，都要有完整、明确、肯定的规定，并不得附有任何保留条件，以便受盘人一旦接受即可签订一项对买卖双方均有约束力的合同。

《公约》关于发盘内容的上述规定，只是对构成发盘的起码要求。虽然这种做法在法律上可行，但在实际业务中，容易出现因买卖双方对发盘中没有列出的交易条件看法不同而引发争议的情况。因此，在对外发盘时，最好将品名、品质、数量、包装、价格、交货时间、地点和支付办法等主要交易条件明确规定，有利于交易的顺利进行。

（3）表明一经受盘人接受，发盘人即受约束的意思。发盘人在发盘中应表明，自己有责任在受盘人对发盘做出有效接受时与其订立合同。如发盘人只是就某些交易条件建议同对方进行磋商，而根本没有受其建议约束的意思，则此项建议不能被认为是一项发盘。例如，发盘人在其提出的订约建议中加注诸如"仅供参考""须以发盘人的最后确认为准"或其他保留条件，这样的订约建议就不是发盘，而只是邀请对方发盘。如果受盘人不能肯定发盘人是否在发盘中表示了这种含意，应向发盘人提出，不能随意猜测。平时我们看到的广告或者宣传册，常会发现上面有"最终解释权归我方所有""货品以实物为准"之类的字眼。这些限制性字眼表明此发盘为虚盘（False Offer），印刷这些册子的商家不受这些内容的约束。

（4）发盘必须送达受盘人才能生效。一项发盘于送达特定的受盘人时才有效。即使受盘人在此之前已通过其他途径知道了发盘的内容，也不能在收到发盘前主动对该发盘表示接受。

《公约》和各国法律普遍要求，发盘无论是口头的还是书面的，只有被传达到受盘人时才生效。例如，发盘人通过电话向受盘人发盘，中途电话发生故障，传送声音模糊，必须待电话修复后，让受盘人听清全部发盘内容，该发盘方才有效。又如，发盘人用信件或电报发盘，如该信件或电报因邮电局误递或在传递途中遗失，以致受盘人没有收到，则该发盘无效。如通过电传发盘，传送过程中线路或电传机发生故障，所传送的电文不清，必须于修复后重新传送，使受盘人能收到清晰无误的发盘电传文本。

2. 发盘的有效期

通常发盘规定了有效接受期限，并且具备主要交易条件的发盘，一般称为实盘（Firm

Offer）。只有在有效期内，受盘人对发盘的接受才有效，发盘人也才承担按发盘条件与受盘人成交的责任。当发盘未具体列明有效期时，受盘人应在合理时间内接受才能有效。何谓"合理时间"，需根据具体情况而定。

对发盘有效期的规定有以下几种情况：

（1）发盘中明确规定了有效期限。如果发盘中明确规定了有效期限，受盘人必须在规定的期限内接受才有效。超过发盘规定的时限，发盘人即不受约束。

1）规定最迟接受期限。规定最迟接受期限时，可同时限定以接受送达发盘人或发盘人所在地的时间为准。例如，"发盘限 6 月 15 日复到有效"（offer subject reply here June 15th）。由于进出口双方所在地多存在时差，所以发盘中应明确以何方所在地时间为准。一般情况下以发盘人所在地时间为准。例如，"以我方时间为准""发盘有效至我方时间星期五"（offer valid until Friday our time）。

2）规定一段接受的期限。例如，"本发盘有效期为 4 天，或本发盘限 4 天内复"（This offer is valid for 4 days or reply for 4 days）。这种规定期限的计算，按《公约》规定，这个期限应从电报交发时刻或信上载明的发信日期起算。如信上未载明发信日期，则从信封所载日期起算。采用电话、电传发盘时，则从发盘送达受盘人时起算。如果有效期的最后一天是发盘人营业地的正式假日或非营业日，则发盘有效期可顺延至下一个营业日。

这种方式起算日不很明确，尽量不要采用。

此外，当发盘规定有效期时，还应考虑交易双方营业地点不同而产生的时差问题。

（2）在发盘中对有效期不做明确规定。当发盘未具体列明有效期时，按国际惯例，受盘人应在合理时间内接受才有效。对"合理时间"，国际上并没有统一规定，一般由商品的特点和行业习惯或习惯做法所决定。对于市场行情稳定的商品，有效期通常可以规定得较长，反之则较短。由于这种规定具有很大的不确定性，容易导致纠纷，因此，在进出口业务中一般较少采用这种形式的发盘。

（3）口头方式的发盘。根据《公约》的规定，采用口头发盘时，除发盘人发盘时另有声明外，受盘人只能当场表示接受，方为有效。

思考

> **资料**：一位法国商人于某日上午走访我国外贸企业洽购某商品。我方口头发盘后，对方未置可否，当日下午法商再次来访表示无条件接受我方上午的发盘，那时，我方已获知该项商品的国际市场价格有趋涨的迹象。
>
> **请问**：对此你认为我方应如何处理为好？为什么？

3．发盘生效的时间

发盘生效的时间有各种不同的情况：以口头方式做出的发盘，其法律效力自对方了解发盘内容时生效；以书面形式做出的发盘，关于其生效时间，主要有两种不同的观点与做法。一种是发信主义，即认为发盘人将发盘发出的同时，发盘就生效；另一种是受信主义，又称到达主义，即认为发盘必须到达受盘人才生效。根据《公约》规定，发盘送达受盘人时生效。《中华人民共和国民法典》关于发盘生效时间的规定同《公约》的上述规定是一致的，即也采取到达主义。此外，我国《民法典》第一百三十七条还同时对采用数据电文方式的到达时间如何确定做出了具体规定：以非对话方式做出的意思表示，到达相对人时生效。以非对话方式做出的采用数据电文形式的意思表示，相对人指定特定系统接收数据电文的，该数据电文进入该特定系统时生效；未指定特定系统的，相对人知道或者应当知道该数据电文进入其系统时生效。当事人对采用数据电文形式的意思表示的生效时间另有约定的，按照其约定。

明确发盘生效的时间，具有重要的法律和实践意义，这主要表现在下列两个方面：

（1）关系到受盘人能否表示接受。一项发盘只有在送达受盘人时，才能发生效力，即只有当受盘人收到发盘之后，也就是发盘生效之后，受盘人才能表示接受，从而导致合同的成立。在受盘人收到发盘之前，即使受盘人通过其他途径已经知道发盘的发出及内容，也不能做出接受。

（2）关系到发盘人何时可以撤回发盘或修改其内容。一项发盘即使是不可撤销的，只要发盘未生效，发盘人仍可随时撤回或修改其内容，但撤回通知或更改其内容的通知，必须在受盘人收到发盘之前或与发盘同时送达受盘人。发盘一旦生效，那就不是撤回发盘的问题，而是撤销发盘的问题。

4. 发盘的撤回与撤销

在法律上，发盘的撤回与撤销属于两个不同的概念。发盘的撤回是指发盘尚未生效，发盘人采取某种方式，阻止它生效的行为。发盘的撤销是指在发盘已生效后，发盘人以一定方式解除发盘的效力。

（1）发盘的撤回（Withdrawal）。根据《公约》的规定，一项发盘（包括注明不可撤销的发盘），只要其尚未生效，都是可以修改或撤回的，因此，如果发盘人在发出发盘后发现发盘内容有误，或由于其他原因想取消发盘，可以在发盘生效前将其撤回，撤回发盘的通知应赶在受盘人收到该发盘之前或与发盘同时送达受盘人。如果想撤回已经发出的发盘，要有准确的时间概念，必须预计发盘何时可送达对方，然后再考虑采取何种最快的通信方法可以撤回或修改发盘。

> **■ 思考**
>
> 　　**资料**：北京一家公司向巴黎一家公司发盘，其中规定有效期截至 3 月 10 日。该发盘是 3 月 1 日以特快专递寄出的，3 月 2 日北京公司发现发盘不妥，当天即用电传通知巴黎公司宣告撤回该项发盘。
>
> 　　**请问**：这样做是否可以？发盘是否可以撤回？依据是什么？

（2）发盘的撤销（Revocation）。所谓发盘的撤销，实质上是一项发盘对发盘人有无约束力的问题，也就是发盘人在做出要约后能否反悔，能否对发盘的内容加以变更或取消。关于这一问题，英美法系与大陆法系存在着严重的分歧。英美法系认为，发盘原则上对发盘人没有约束力，发盘人在受盘人对发盘表示接受之前的任何时候，都可撤回发盘或变更其内容。在受盘人表示接受之前，即使发盘中规定了有效期，发盘人也可以随时予以撤销。这显然对发盘人有利，对受盘人极为不利。这种原则在英美法系国家中也不断受到责难。美国在制定或修改法律时，实际上已在不同程度上放弃了这一原则。如《美国统一商法典》就改变了这一原则，规定如果一项发盘是商人做出的，那么它就是不可撤销的。大陆法系国家对此问题的看法相反，认为发盘人原则上应受发盘的约束，不得随意将其发盘撤销。例如，德国法律规定，发盘在有效期内，或没有规定有效期，则依通常情况在可望得到答复之前不得将其撤销。法国法律虽规定发盘在受盘人接受之前可以撤销，但若撤销不当，发盘人应承担损害赔偿责任。

《公约》采取了折中的办法，第十六条第一点规定，在发盘已送达受盘人，即发盘已经生效，但受盘人尚未表示接受之前这一段时间内，只要发盘人及时将撤销通知送达受盘人，仍可将其发盘撤销。如一旦受盘人发出接受通知，则发盘人无权撤销该发盘。这实际上是肯定了英美法系的观点。

《公约》十六条第二点又规定，但在下列情况下发价不得撤销：①发价写明接受发价的期限或以其他方式表示发价是不可撤销的；②被发价人有理由信赖该项发价是不可撤销的，而且被发价人已本着对该项发价的信赖行事。这实际上是肯定了大陆法系的原则，即一项发盘在规定的有效期内是不能撤销的。即使没有规定有效期，只要受盘人有理由相信该项发盘是不可撤销的并且已经本着对该项发盘的信赖行事，那么该项发盘仍然是不可撤销的。

5. 发盘的失效

发盘的失效是指发盘由于种种原因而失去法律效力。任何一项发盘，其效力遇到下列情况之一都会终止，发盘人将不再受该发盘的约束：

（1）过期。发盘在规定的有效期内未被接受，或虽未规定有效期，但在合理时间内未被接受，则该发盘自动失效。

（2）拒绝。如果受盘人对一项发盘明确表示拒绝，则该项发盘立即失效。

（3）还盘。如果受盘人对发盘做出某些更改的还盘表示，则原发盘随即失效。

（4）不可抗力。发盘人发盘之后，发生了不可抗力事件，如所在国政府对发盘中的商品或所需外汇发布禁令等，发盘的效力即告终止。

（5）法律实施。如果发盘人或受盘人在发盘被接受前丧失行为能力，则该发盘失效。

思考

普通的广告、寄发报价单的行为属于发盘吗？悬赏广告呢？

2.2.3 还盘

还盘（Counter Offer）是指受盘人对发盘内容不完全同意而提出修改或变更的表示。还盘可以是针对价格，也可以是针对其他条件。也就是说，一方在接到另一方报盘以后，可以就提高或降低价格、改变支付方式、改变交货期等要求更改报盘内容。交易可以多次还盘。

例3 你方2日电还盘30英镑CIF伦敦限8日我方时间复到有效。

Your cable 2nd counter offer sterling 30 CIF London reply here 8th.

需要注意的是，还盘是对发盘的拒绝，还盘一经做出，原发盘即已失效，发盘人不再受其约束。一项还盘等于受盘人向原发盘人提出的一项新的发盘，即还盘就是一项新发盘。还盘做出后，还盘者处于发盘人的位置，原发盘人则变成了受盘人，有权对还盘的内容进行考虑，决定接受、拒绝或再还盘。

2.2.4　接受

接受（Acceptance）在法律上称为"承诺"，是指受盘人在发盘的有效期内，无条件地同意发盘中提出的各项交易条件，愿意按这些条件和对方达成交易、订立合同的一种表示。

> **例4**　你 10 月 10 日传真我接受。
>
> Your fax Oct. 10th accepted.
>
> 发盘一经接受，合同即告成立。双方均应履行合同所规定的义务并拥有相应的权利。

1. 构成接受的要件

根据《公约》的解释，构成有效的接受必须具备以下几个条件：

（1）接受必须由特定的受盘人做出。其他人对发盘表示同意，不能构成接受，只能视为一项新的发盘。

思考

资料：我国某中间商 A，就某商品以电传方式邀请厂商 B 发盘，厂商 B 于 6 月 8 日向 A 方发盘并限 6 月 15 日复到有效。12 日厂商 B 收到美商 C 按厂商 B 发盘条件开来的信用证，同时收到中间商 A 的来电称："你 8 日发盘已转美商 C。"经查该商品的国际市场价格猛涨，于是 B 将信用证退回开证银行，再按新价直接向美商 C 发盘，而美商 C 以信用证于发盘有效期内到达为由，拒绝接受新价并要求 B 按原价发货，否则将追究 B 的责任。

请问：C 的要求是否合理？为什么？

（2）接受的内容必须与发盘相符（接受必须是同意发盘提出的交易条件）。接受的内容如果与发盘不一致，也就是对发盘的条件做出了修改，在一般的情况下，正如前面所述，应被视为一项还盘。

《公约》把对发盘表示接受但附有添加、限制、更改或不同条件的答复分为实质性变更发盘条件的接受和非实质性变更发盘条件的接受两种情况。前者视同还盘，是一项无效的接受，合同不能成立；后者仍然是一项有效的接受。凡对货物的价格、付款、质量、数量、交货地点和时间、赔偿责任范围或解决争端等的添加、限制或更改，均视为实质性变更（Material Alteration）。非实质性的变更（Non-material Alteration），如增加合同的副本数、要求签订确认书、建议对合同进行公证，要求提供重量单、装箱单、商检证、产地证等单据，在这种情况下，除非发盘人及时表示反对或者发盘中明确表示不得对发盘的内容做出任何变更，否则该接受构成一项有效的接受。

思考

资料：我国某出口公司于 2 月 1 日向美商电报出口某农产品，在发盘中除列明必要条件外，还表示"Packing in sound bags."在发盘有效期内，美商复电称："Refer to your telex first accepted，Packing in new bags."我方收到上述复电后，即着手备货，数日后该农产品国际市场价格猛跌，美商来电称："我方对包装条件做了变更，你方未确认，合同并未成立。"而我出口公司则坚持合同已经成立，于是双方对此发生争执。

请问：此情况应如何处理？

（3）接受必须在发盘的有效期内表示并送达发盘人。

1）如果是以对话方式做出的发盘，那么除非发盘人与受盘人针对接受的具体期限另有约定，否则，受盘人应立即做出接受与否的意思表示。

2）如果是以书面（电报、传真、信函等）的非对话方式做出的发盘，接受应当在规定的有效期内或合理的期限内到达发盘人。

（4）接受通知的传递方式应符合发盘的要求。发盘人发盘时，有的具体规定接受通知的传递方式，有的未做规定。如发盘没有规定传递方式，则受盘人可按发盘所采用的方式，或采用比其更快的传递方式将接受通知送达发盘人。

在这里需要强调说明的是，接受通知在规定期限内到达发盘人，对于合同的成立具有重要作用。因此，各国法律通常都对接受到达发盘人的期限做出了规定。我国《民法典》第四百八十一条也对此做了明确规定，即承诺应当在要约确定的期限内到达要约人。要约没有确定承诺期限的，承诺应依照下列规定到达：①要约以对话方式做出的，应当及时做出承诺，但当事人另有约定的除外；②要约以非对话方式做出的，承诺应在合理期限内到达。

（5）接受必须表示出来。受盘人表示接受的方式有两种：

1）用声明（Statement）做出表示，即受盘人用口头或书面形式向发盘人表示同意发盘。

2）用行为（Performing an Act）做出表示，通常是指由卖方发运货物或由买方支付价款来表示。

《公约》第十八条第一款规定，被发价人声明或做出其他行为表示同意一项发价，即是接受，缄默或不行动本身不等于接受。

2. 接受生效的时间

在接受生效的时间上，英美法系采用投邮生效的原则，即接受通知书一经投邮或发出，立即生效；而大陆法系采用送达生效的原则，即接受通知书必须到达发盘人时才生效。《公约》明确规定，接受送达发盘人时生效。

3. 逾期接受

逾期的接受又称为迟到的接受（Late Acceptance），是指接受通知到达发盘人的时间已经超过了发盘所规定的有效期，或者在发盘未规定有效期时，已超过了合理的时间。按照各国的法律，逾期的接受不能认为是有效的接受，而只是一项新的发盘。《公约》也认为逾期的接受原则上是无效的，但为了有利于双方合同的成立，《公约》对逾期的接受也采用了一些灵活的处理方法，使它在符合某些条件的情况下，仍然具有接受的效力，合同仍得以成立。

（1）逾期接受原则上无效，但如发盘人毫不迟延地用口头或书面通知受盘人，他认为逾期接受仍然有效，则逾期接受仍具有接受的效力。该种情况下逾期接受是否有效的决定权在发盘人手中。

（2）如果载有逾期接受的信件或其他书面文件表明，它是在传递正常、能及时送达发盘人的情况下寄发的，则该项逾期接受具有接受的效力，除非发盘人毫不迟延地用口头或书面通知受盘人发盘已经失效。

> **思考**
>
> **资料**：我国某出口企业根据某法商询盘，发盘销售某货物，限对方 5 日复到有效。法商于 4 日发电表示接受，由于电报局投递延误，该电报通知到 6 月上午始送达我公司。此时，由于市价上升，我方当即回电拒绝。但法商认为接受通知迟到不是他的责任，坚持合同有效成立。而我方则不同意达成交易，于是诉至法院。
>
> **请问**：你认为法官应如何判决？又如我方在接电后未拒绝，法官应该如何判决？请说明理由。

4. 接受的撤回

接受的撤回也就是受盘人在对原发盘人发出接受通知后，采取某种方式阻止该接受生效的行为。

《公约》第二十二条规定："如果撤回通知于接受原发盘应生效之前或同时送达发盘人，接受得予撤回。"由于接受在送达发盘人时才产生法律效力，故撤回或修改接受的通知，只要先于原接受通知或与原发盘接受通知同时送达发盘人，则接受可以撤回或修改。如接受已送达发盘人，即接受一旦生效，合同即告成立，就不得撤回接受或修改其内容，因为这样做无异于撤销或修改合同。例如，一项发盘规定接受于 3 月 15 日复到有效，受盘人于 3 月 2 日发出接受通知，预计 3 月 10 日接受通知可送达发盘人，如受盘人欲阻止合同的成立，他可在 3 月 10 日前用电传等更快捷的通信手段将接受撤回通知送达发盘人，该撤回通知也可与接受通知同时送达发盘人以撤回接受，阻止合同的成立。

《公约》采取了大陆法系的"送达生效"的原则。但英美法系国家遵循的是"投邮生效原则"，认为接受在发出时即生效，因此接受不能撤回。在实际业务中，一定要注意法律规定的这种差别。

2.3　订立进出口合同

依法成立的国际货物买卖合同不仅体现了买卖双方的经济关系，还体现了他们之间的法律关系。只有符合法律规范的合同，才能在法律约束下顺利履行。

2.3.1　订立书面合同的作用

订立书面合同的作用主要表现在以下几个方面：①合同成立的证据；②合同生效的条件；③合同履行的依据；④办理进出口手续的要件；⑤出口方办理货物检验的依据；⑥进口方向银行申请开立信用证的依据；⑦出口商对外支付佣金时向外汇管理部门和银行提供的证明；⑧双方处理索赔及诉讼或仲裁的依据。

2.3.2　合同成立的时间和条件

合同自成立时生效，但是合同成立与合同生效是两个不同的概念。合同成立的判断依据是接受是否生效；而合同生效是指合同是否具有法律上的效力。在通常情况下，合同成立之时，就是合同生效之日，二者在时间上是同步的。但有时合同虽然成立，却不立即产生法律效力，而是需要其他条件成立时，合同才开始生效。《公约》和我国《民法典》都对合同成立的时间做了具体规定，见表 2-2。

表 2-2 合同有效成立的时间

《公约》	我国《民法典》
接受送达发盘人时生效，合同成立	承诺生效时合同成立
	当事人采用合同书面形式订立合同的，在双方当事人签字或盖章时合同成立；当事人未采用书面形式但已经履行主要义务，对方接受时，该合同成立。
	当事人采用信件、数据电文等形式订立合同要求签订确认书的，签订确认书时合同成立

根据《公约》和我国《民法典》的规定，合同成立的条件包括：

（1）当事人必须在自愿和真实的基础上达成协议。采取欺诈或者胁迫手段订立的合同无效。

（2）当事人必须具有签约的行为能力。签订买卖合同的当事人应是自然人或法人。自然人必须是完全民事行为能力人，未成年人、无民事行为能力人或限制民事行为能力人等订立合同必须受到限制；如果当事人是法人，各国法律一般认为，必须通过其代理人，在法人的经营范围内签订合同。

（3）合同必须有对价（Consideration）和约因（Cause）。对价是指当事人为了取得合同利益所付出的代价。约因是指当事人签订合同所追求的直接目的。按照英美法系和大陆法系的规定，合同只有在有对价或约因时，才是法律上有效的合同。

（4）合同的标的和内容必须合法。

（5）合同必须符合法律规定的形式。

2.3.3 书面合同的形式和内容

1. 书面合同的形式

在国际贸易中，交易双方订立合同包括以下几种形式：口头形式、书面形式和其他形式。《公约》规定，销售合同无须以书面订立或书面证明，在形式方面也不受任何其他条件的限制。销售合同可以用包括人证在内的任何方法证明。所以，根据《公约》的解释，合同的形式可以是口头的，也可以是书面的。1986 年 12 月，我国政府在向联合国交存对《公约》的核准书时，我国不同意国际货物买卖合同采用书面以外的形式订立、更改或终止；但 2013 年已正式撤回，即同意了书面以外的订立形式。书面合同的常见形式见表 2-3。

表 2-3 书面合同的常见形式

书面合同名称	说明
合同（Contract）	正式合同，包括售货合同和购货合同，交易条件完整、明确
确认书（Sales Confirmation）	合同的简化形式，交易条件完整、明确
协议（Agreement）	在法律上是"合同"的同义词，要求内容、双方的权利和义务等规定明确、具体、肯定
备忘录（Memorandum）	在法律上不具有约束力
意向书（Letter of Intent）	不是法律文件，对有关当事人无约束力
订单（Order）	其效力相当于国外买方的购货合同或确认书
电子合同（E-Contract）	采用数据电文形式，具有法律效力、有效性和可执行性

2．书面合同的内容

在进出口贸易中，书面合同的内容一般包括三个部分：约首（Preamble）、主体（Body）和约尾（Witness Clause）。其中，主体部分是合同的主要组成部分（对各项交易条件的具体规定），主要包括品名、品质、规格、数量（或重量）、包装、价格、运输、保险、支付、检验、索赔、不可抗力和仲裁等项内容。商订合同，即双方就上述基本条款的内容予以明确规定。书面合同必须做到内容完备、条款明确、文字严密、前后一贯、与交易磋商的内容相一致，以利于合同的履行。书面合同的内容见表 2-4。

表 2-4　书面合同内容一览表

名称	具体内容
约首	合同名称（买卖合同、出口合同、进口合同、销售合同、购货合同）
	订约日期和地点
	当事人名称、地址、电传、传真、电子邮箱等
	合同编号（通常由公司名称缩略词及序号组成）
主体	合同标的（货物名称、数量、品质、包装）
	价格（单位价格及贸易条件）
	运输（海运、空运、陆运、邮运、集装箱、多式联运等）
	保险（C.I.C. 和 I.C.C. 保险条款及其险别）
	支付条件（D/P、D/A、T/T、D/D、L/C 等）
	预防和解决争议的方法（检验、索赔、免责条款和仲裁）
约尾	合同份数、使用文字、法律效力、双方签字等

书面合同示例如下：

书面合同示例

UNIVERSAL TRADING CO., LTD.

Rm.1201-1206 Mayling Plaza,131 Dongfang Road,Shanghai,China

Zip: 20012 Tel:021-5880××× Fax: 021-5881×××

售 货 合 同

SALES CONTRACT

1．卖方：

THE SELLERS: UNIVERSAL TRADING CO., LTD.

2．地址：

ADDRESS: RM.1201-1206, MAYLING PLAZA, 131

SHANGHAI CHINA.

TEL: 021-5880×××

E-MAIL: y×××l@www.universal.com.cn

合同编号：

S/C NO.HY21CS004

合同日期：

DATE: Mar. 27th, 2021

FAX: 021-5881×××

3. 买方：

THE BUYERS: TIVOLI PRODUCTS PLC

4. 地址：

ADDRESS: BERSTOFSGADE 48, ROTTERDAM, THE NETHERLANDS

TEL: + (31) 7412×××× FAX: + (31) 7412×××

E-MAIL: c×××a@www.tvl.com.ntl

买卖双方同意按下列条件购进、售出下列商品：

THE SELLERS AGREE TO SELL AND THE BUYERS AGREE TO BUY THE UNDERMENTIONED GOODS ACCORDING TO THE TERMS AND CONDITIONS AS STIPULATED BELOW：

商品名称及规格 NAME OF COMMODITY & SPECIFICATION	数量 QUANTITY	单价 UNIT PRICE	总值 TOTAL VALUE
PLUSH TOYS			CIF3% AMSTERDAM
Art. No.KB0677 New Design Brown Bear	1 080sets	US $ 13.35	US $ 14418.00
Art. No.KB7900 Toy Bear in Sweater	1 208pcs.	US $ 9.30	US $ 11 234.40
Art. No.KP2273 Charming Pig	4 140pcs.	US $ 4.70	US $ 19 458.00
Art. No.KC2048 Long Hair Cat	3 150pcs.	US $ 6.65	US $ 20 947.50
Art. No.KB0278 Plush Twin Bear	1 880sets	US $ 13.30	US $ 25 004.00
			US $ 91 061.90

5. 包装：

PACKING: PACKED IN CARTONS OF 8 SETS（KB0677），8 PCS.（KB7900），60 PCS.（KP2273），30 PCS.（KC2048）AND 4 SETS（KB0278）EACH ONLY.

6. 唛头：

SHIPPING MARK: WILL BE INDICATED IN THE LETTER OF CREDIT.

7. 装船港口：

PORT OF SHIPMENT: SHANGHAI, CHINA

8. 目的港口：

PORT OF DESTINATION: AMSTERDAM, THE NETHERLANDS

9. 装船期限：

TIME OF SHIPMENT: NOT LATER THAN MAY 31ST, 2021

10. 付款条件：买方应通过买卖双方都接受的银行向卖方开出以卖方为受益人的不可撤销、可转让的即期付款信用证并允许分装、转船。信用证必须在装船前30天开到卖方，信用证有效期限延至装运日期后21天在中国到期。

TERMS OF PAYMENT: The Buyers shall open with a bank to be accepted by both the Buyers and Sellers an irrevocable transferable Letter of Credit, allowing partial shipment, transshipment in favor of the Sellers. The covering letter of credit must reach the Sellers 30 days before shipment and remain valid in China until the 21st day（inclusive） from the date of shipment.

11. 保险：由买方 / 卖方按发票金额加成 10% 投保一切险及战争险。如果买方要求加投上述保险以外的险别或保险金额超出上述金额，必须提前征得卖方的同意，超出的保险费由买方承担。

INSURANCE: To be covered by the Buyers/Sellers for the full invoice value plus 10% against all risks and war risks. If the Buyers desire to cover for any other extra risks besides aforementioned or amount exceeding the aforementioned limited, the Sellers' approval must be obtained beforehand and all the additional premiums thus incurred shall be for the Buyers' account.

12. 检验：由中国海关总署商品检验司出具的品质 / 重量证明书将作为装运品质数量证明。

INSPECTION: The Inspection Certificate of Quality/Weight issued by Department of Commodity Inspection, GACC shall be taken as basis for the shipping Quality/Weight.

13. 不可抗力：因人力不可抗拒事故，使卖方不能在合同规定期限内交货或不能交货，卖方不负责任，但是卖方必须立即以电报通知买方。如果买方提出要求，卖方应以挂号函向买方提供由中国国际贸易促进委员会或有关机构出具的证明，证明事故的存在。

FORCE MAJEURE: The Sellers shall not be held responsible if they, owing to Force Majeure causes, fail to make delivery within the time stipulated in the contract or can't deliver the goods. However, in such a case the Sellers shall inform the Buyers immediately by cable. The Sellers shall send to the Buyers by registered letter at the request of the Buyers a certificate attesting the existence of such a cause or causes issued by China Council for the Promotion of International Trade or by a competent authority.

14. 异议索赔：品质异议必须于货到目的口岸之日起 30 天内提出，数量异议必须于货到目的口岸之日起 15 天内提出，买方需同时提供双方同意的公证行的检验证明。卖方将根据具体情况解决异议。由自然原因或船方、保险商责任造成的损失，卖方将不予考虑任何索赔。信用证未在合同指定日期内到达卖方，或在 FOB 条款下，买方未按时派船到指定港口，或信用证与合同条款不符，买方未在接到卖方通知所规定的期限内电改有关条款时，卖方有权撤销合同或延迟交货，并有权提出索赔。

DISCREPANCY AND CLAIM: In case discrepancy on the quality of the goods is found by the Buyers after arrival of the goods at the port of destination, claim may be lodged within 30 days after arrival of the goods at the port of destination, while for quantity discrepancy, claim may be lodged within 15 days after arrival of the goods at the port of destination, being supported by Inspection Certificate issued by a reputable public surveyor agreed upon by both party. The Sellers shall, then consider the claim in the light of actual circumstances. For the losses due to natural cause or causes failing within the responsibilities of the Ship-owners or the Underwriters,the Sellers shall not consider any claim for compensation. In case the Letter of Credit does not reach the Sellers within the time stipulated in the Contract, or under FOB price terms Buyers do not send vessel to appointed ports or the Letter of Credit opened by the Buyers does not correspond to the Contract terms and the Buyers fail to amend thereafter its terms by telegraph within the time limit after receipt of notification by the Sellers, the Sellers shall have right to cancel the contract or to delay the delivery of the goods and shall have also the right to lodge claims for compensation of losses.

15. 仲裁：凡因执行本合同所发生的或与合同有关的一切争议，双方应友好协商解决。如果协商不能解决，应提交中国国际经济贸易仲裁委员会，根据该委员会的有关仲裁程序暂行规则在中国进行仲裁的，仲裁裁决是终局的，对双方都有约束力。仲裁费用除另有裁决外，由败诉一方承担。

ARBITRATION: All disputes in connection with the contract or the execution thereof, shall be settled amicably by negotiation. In case no settlement can be reached, the case under dispute may then be submitted to the "China International Economic and Trade Arbitration Commission" for arbitration. The arbitration shall take place in China and shall be executed in accordance with the provisional rules of Procedure of the said Commission and the decision made by the Commission shall be accepted as final and binding upon both parties for setting the disputes. The fees, for arbitration shall be borne by the losing party unless otherwise awarded.

卖方：　　　　　　　　　　　　　　买方：

THE SELLERS:　　　　　　　　　　THE BUYERS:

UNIVERSAL TRADING CO.,LTD.　　TIVOLI PRODUCTS PLC

SHANGHAI, CHINA　　　　　　　　ROTTERDAM, THE NETHERLAND

● 实训项目（Training Project）

实训项目一　拟写建交函

● 项目情境

网上有一则巴西 Thomas Wilson CO.,LTD. 的求购广告，该公司急需一批黑铁丝。

下面是我国某进出口公司的有关情况介绍：

石家庄进出口公司是一家经营五金类产品的外贸企业，主要经营铁丝、铁丝网、铁钉等五金类产品的进出口业务。其产品行销欧洲、美国及亚洲市场。公司拥有经验丰富的专业生产人员、品质管理人员及国际贸易人员，并与周边县区内十余家工厂建立了密切的业务联系，可确保稳定广泛的货源及质量。公司在国际市场上竭诚寻求合作机会，愿意按照互利互惠、共同发展的原则同世界各地五金类产品的经销商建立业务往来。

● 工作任务

结合上述资料，请从以下几个方面着手写建交函：

（1）开头部分说明从网上得知对方公司求购黑铁丝，并说明去函目的是在互惠互利、共同发展的基础上与对方建立业务关系。

（2）介绍部分先要介绍产品的优势、产品特色等。

（3）结尾部分主要希望对方早日回复并表示敬意等。

实训项目二　根据交易磋商函电缮制合同

⊃ 项目情境

一、与外商建立业务关系

A Letter to a Newly-introduced Client

China Hangzhou Power Tools Imp.& Exp. Co., Ltd.

No.148 Xihu Road Hangzhou Zhejiang Province

Tel: 0086-571-8364×××0　　　　Fax: 0086-571-8364×××1

E-mail: hangzhou××@163.com

Dear Mr. Panto Vasilis:

　　The Chamber of Commerce of China has conveyed to us your desire to establish business relations with foreign trade corporations in China. A copy of your letter to that effect has been passed on to us.

　　We are pleased to inform you that the commodities you are interested in fall within the scope of our business activity. The enclosed catalogue will give you some general idea of our products.

　　You see, we are leading manufactures and exporters of power tools in China. So we have advantage over other export corporations in price and regular supplies.

　　We look forward to your detailed requirements.

Yours faithfully,

David Zhu

Mar.8th, 2021

二、询盘

Inquiry

Pantou Bross Co., Ltd. Greece

5th Thnat Rd. Lagada Thessaloniki[⊖]

Tel: 0030×××6235　　Fax: 0030×××6665　　E-mail: vi××fer@speek.net.gr

Dear Mr. Zhu:

　　I am very pleased to receive your E-mail dated on Mar. 8th, 2021. I hereby apologize for delaying you too late. I would like to learn if I would order the following:

Power Tools:

JB1055	180pcs
JB1048	900pcs
JB1034	450pcs
JB1023	180pcs

　　I do hope that I can get your competitive price so as to open and promote Greek market along with you.

　　Waiting for your earlier reply.

Best wishes,

Panto Vasilis　Mar. 15th, 2021

⊖ 塞萨洛尼基，希腊有名的港口城市。

三、发盘

Quotation

China Hangzhou Power Tools Imp.& Exp. Co.,Ltd.

No.148 Xihu Road Hangzhou Zhejiang Province

Tel: 0086-571-8364×××0   Fax: 0086-571-8364×××1

E-mail: hangzhou××@163.com

Dear Mr. Panto Vasilis:

I am on receipt of your letter today. Thank you.

Now, there are indications that the power tools market is beginning to get active. Taking advantage of the opportunity, I should like to invite an offer from you for 2 910 pcs for shipment during April/May.

The followings are my quotation. You can compare with others. The prices I offered are more reasonable and cheaper than those you can get from other companies.

Power Tools:

Commodity Name	Quantity（piece）	Unit Price（USD FOB Shanghai）	Amount（USD）
JB1055	180	5.00	900.00
JB1048	900	25.00	22 500.00
JB1034	450	20.00	9 000.00
JB1023	180	20.00	3 600.00
Total	1 710		36 000.00

I hope that you will have a good market in Greece.

Best regards,

David Zhu

Mar.16th, 2021

四、还盘

Counter Offer

Pantou Bross Co., Ltd. Greece

5th Thnat Rd. Lagada Thessaloniki

Tel: 0030××××6235   Fax: 0030××××6665   E-mail: vi××fer @speek.net.gr

Dear Mr. Zhu:

I've received your replied E-mail yesterday（Mar. 16th, 2021）. I am sorry to inform you that the price you offered is too high and I can't accept it. You are right. I'm your future good partner. So, good friends must share everything in common. Would you please cut your price 5% down? Well, would you let me know your packing in details?

Hope to hear you soon.

Best wishes,

Panto Vasilis

Mar. 17th,2021

五、接受

Acceptance

China Hangzhou Power Tools Imp.& Exp. Co., Ltd.

No.148 Xihu Road Hangzhou Zhejiang Province

Tel: 0086-571-8364×××0　　　　Fax: 0086-571-8364×××1

E-mail: hangzhou××@163.com

Dear Mr. Panto Vasilis:

I have acknowledged with thanks your letter of Mar. 17th, 2021.

I'm very much surprised to hear your answer. You see, better quality means a higher price. Actually, these prices will leave us a narrow profit. In order to develop the business relations between us, I promise to cut my offer of 5% down.

Packing:

JB1055	6 pcs/ctn	30 ctns
JB1048	9 pcs/ctn	100 ctns
JB1034	9 pcs/ctn	50 ctns
JB1023	6 pcs/ctn	30 ctns
Total:		210 ctns

I hope that this will be our beginning of business negotiation between our two companies. Later on, I'll make a sales contract with our authorized signature and then fax it to you. I'm waiting for your signature.

Best regards,

David Zhu

Mar.19th, 2021

⊃ 工作任务

任务 1：从建交函中，Hangzhou Power Tools Imp.& Exp. Co., Ltd. 是通过什么途径知道进口商 Pantou Bross Co., Ltd. 的需求信息的？

任务 2：通过询盘、发盘、还盘、接受等环节，最后达成的价格是多少？成交的电动工具共多少件、多少箱？

任务 3：根据上述情境，填制以下销售确认书。

SALES CONFIRMATION

S/C NO.:

THE SELLER:

ADDRESS:

TEL:　　　　　　FAX:　　　　　　E-mail:

THE BUYER:

ADDRESS:

TEL:　　　　　　FAX:　　　　　　E-mail:

The seller agrees to sell and the buyer agrees to buy the undermentioned goods on the terms and conditions stated bellow:

1. Item No.	2. Commodity Name & Specification	3. Quantity	4. Unit Price （USD FOB Shanghai）	5. Amount （USD）

With _____ more or less shipment allowed at the sellers' option.

6. Total Value:

7. Packing:

8. Shipping Mark:

9. Time of Shipment & Means of Transportation:

10. Port of Loading & Destination:

11. Insurance:

12. Terms of Payment:

13. Remarks:

　　　　　　The Seller　　　　　　　　　　　The Buyer

　　　　　　（signature）　　　　　　　　　　（signature）

销售确认书（企业样本）

ZHEJIANGAISHUIBAO PIPING SYSTEMS CO.,LTD

Add:Diankou,Industrial Zone,Zhuji.
Tel :0086-575-7650×××
Fax:0086-575-7656×××
E-mail:asb@aishuibao.com

No: 09ASB002-015
Date:Feb.25,2019

SALES CONFIRMATION

To Messrs,

We hereby confirm having sold to you the following goods on the terms and conditions as set forth hereunder:	For account of: "BRAVERZ" LTD 68000 ODESSA REGION C.ILYICHEVSK. PROMISHEVSK.PROMISHLENNAYA STR 12 TEL:+38-048×××129　FAX:+38-048×××129

1.Name of Commodity,Specification,Packing and Shipping Marks	2.Quantity	3.Unit Price	4.Total Value
PPR-AL-PPR　PIPES	96 600M	USD1.03 TTL:	USD99 498.00 USD99 498.00
	(Quantity allowance :)		

5.Time of Shipment:July 27, 2019
6.Port of Loading:　NINGBO.CHINA　　　　　　　　　7.Port of Destination:ODESSA　UKRAIN
8.Insurance:
　　　□To be covered by the Seller for 110% of the invoice value against all risks and war risk only(excluding S.R.C.C)as per the Ocean Marine Cargo Clauses of the People's　Insurance Company of China.
　　　□To be effected by the Buyer.
9.Terms of Payment:
　　　□TT payment 30days after B/L date.
REMARKS:
1. The Buyer is requested to sign and return one copy of this Sales Confirmation immediately after receipt of the same Objection,if any,should be raised by the Buyer within five days after the receipt of this Sales Confirmation,in the absence of which it is understood that the Buyer has accepted the terms and conditions of the Sales Confirmation.
2. The Buyer is requested always to quote THE NUMBER OF THIS SALES CONFIRMATION in the letter of credit to be opened of the Seller.
3. **CLAIM:**In case of quality discrepancy,claim should be filed by the Buyer within__days after the arrival of goods at port of destination;while for quantity discrepancy,claim should be filed by the Buyer within__days after the arrival of goods at port of destination.Any claim should be supported by a survey report issued by a surveyor approved by both parties.It is understood that the Seller shall not be liable for any discrepancy of the goods shipped due to causes for which the Insurance Company.Shipping Company.other transportation organization/of Post Office are liable.
4. **FORCE MAJEURE:**The Seller shall not be held liable for failure or delay in delivery of the entire lot or a portion of the goods under this Sales Confirmation in consequence of any Force Majeure incidents.
5. **ARBITRATION:**All disputes arising in connection with this Sales Confirmation or the execution thereof shall be settled by negotiation.In case no settlement can be reached,the case under dispute shall then be submitted for arbitration to CHINA INTERNATIONAL ECONOMIC AND TRADE ARBITRATION COMMISSION,SHANGHAI COMMISSION in accordance with its provisional rules of procedure.The decision by the Commission shall be accepted as final and binding upon both parties.
6. **SPECIAL TERMS:**The Seller here is entrusted by_____
who takes the responsibilities for this Sales Confirmation.
7.Should show consignee:TO ORDER on the bill of lading

The Seller:
Zhejiang Aishuibao Piping Systems Co.,Ltd

(SIGNATURE)

The Buyer:

(SIGNATURE)

能力迁移（Skill Transfer）

应 知 考 核

一、单项选择题

1. 英国某买方向我国某轻工业出口公司来电："拟购美加净牙膏大号1 000罗，请电告最低价格与最快交货期"，此来电属交易磋商的（   ）环节。

    A. 发盘   B. 询盘   C. 还盘   D. 接受

2. 某项发盘于某月12日以电报形式送达受盘人，但在此前的11日，发盘人以传真告知受盘人，发盘无效，此行为属于（   ）。

    A. 发盘的撤回   B. 发盘的修改   C. 一项新发盘   D. 发盘的撤销

3. A公司5月18日向B公司发盘，限5月25日复到有效。A公司向B公司发盘的第二天，A公司收到B公司5月17日发出的，内容与A公司发盘内容完全相同的交叉发盘，此时（   ）。

    A. 合同即告成立

    B. 合同无效

    C. A向B或B向A表示接受，当接受送达对方时，合同成立

    D. 必须是A公司向B公司表示接受，当接受通知送达B公司时，合同成立

4. 根据《公约》的规定，发盘和接受的生效采取（   ）。

    A. 投邮生效原则   B. 签订书面合约原则

    C. 口头协商原则   D. 送达生效原则

5. 我国某进出口公司于2019年11月15日上午8：50用电报向美国Smith Co. 发盘：2019年11月20日复到我公司有效。11月18日上午10：00同时接到Smith Co. 的接受和撤回接受的电传。根据《联合国国际货物销售合同公约》的规定，此"接受"（   ）。

    A. 可以撤回

    B. 不得撤回，必须与我国某进出口公司签约

    C. 视为撤销

    D. 在我国某进出口公司同意的情况下，才可撤回

6. 下列条件中，（   ）不是构成发盘的必备条件。

    A. 向一个或一个以上的特定人提出

    B. 主要交易条件必须完整齐全

    C. 发盘的内容必须十分确定

    D. 表明订立合同的意思

二、多项选择题

1. 我国A公司向巴西B公司发出传真："急购巴西一级白砂糖2 000t，每吨250美元CIF广州，2021年2月20日至25日装船。"巴西B公司回电称："完全接受你方条件，

2021 年 5 月 1 日装船。"依照国际贸易法律与惯例，巴西 B 公司的回电属于（　　　）。

    A．还盘　　　　　　　　　　　　　B．一项新的发盘

    C．无效接受　　　　　　　　　　　D．有效接受

2．我公司 15 日向日商发盘，限 20 日复到有效，日商 19 日用电报表示接受我方 15 日电，我方 21 日才收到对方的接受通知，此时（　　　）。

    A．合同已成立

    B．若我方毫不延迟地表示接受，合同成立

    C．若我方缄默，合同成立

    D．属于逾期接受，合同不成立

3．根据《公约》规定，在（　　　）的情况下发盘失效。

    A．受盘人做出还盘

    B．发盘人在发盘规定的有效期内撤销原发盘

    C．发盘有效期届满

    D．发盘被接受前，原发盘人丧失行为能力

应　会　考　核

三、请根据下列情境，完成工作任务

我国某对外工程承包公司于 5 月 3 日以电传请意大利某供应商发盘出售一批钢材。我方在电传中声明：要求这一发盘是为了计算一项承造一幢大楼的标价和确定是否参加投标之用；我方必须于 5 月 15 日向招标人送交投标书，而开标日期为 5 月 31 日。意供应商于 5 月 5 日用电传就上述钢材向我方发盘。我方据以计算标价，并于 5 月 15 日向招标人递交投标书。5 月 20 日意供应商因钢材市价上涨，发来电传通知撤销其 5 月 5 日的发盘。我方当即复电表示不同意撤盘。于是，双方为能否撤销发盘发生争执。5 月 31 日招标人开标，我方中标，随即电传通知意供应商我方接受该商 5 月 5 日的发盘。但意商坚持该发盘已于 5 月 20 日撤销，合同不能成立。而我方则认为合同已经成立。

任务 1：意供应商 5 月 5 日发盘是否被我方接受了？

任务 2：发盘中未规定有效期，怎样确定发盘已被接受？

任务 3：意供应商 5 月 20 日撤销发盘是否有效？

四、辨析交易过程

◐ 项目情境

下面是我国某出口公司与科威特商行阿卜杜拉公司 Abdulla Company（科威特邮政信箱：第 123 号 P.O.BOX No.123, Kuwait）洽谈蝴蝶牌缝纫机 JA-1 型（Butterfly Brand Sewing Machine Model JA-1）的往来电传：

9 月 2 日来电传：有兴趣买蝴蝶缝纫机 JA-1 3 000 台即装请报价。

（Sept.2 Incoming Telex: INTERESTED IN BUTTERFLY BRAND SEWING MACHINE MODEL JA-1 3 000 SETS PROMPT SHIPMENT PLEASE QUOTE.）

9月3日去电传：蝴蝶牌缝纫机 JA-1 3 000 架木箱装每台 62 美元 CIFC2 科威特 10 月/11 月装运即期信用证支付限 6 日复到。

（Sept.3 Outgoing Telex: BUTTERFLY BRAND SEWING MACHINE MODEL JA-1 3 000 SETS PACKED IN WOODEN CASES USD62 PER SET CIFC2 KUWAIT OCT/NOV SHIPMENT SIGHT CREDIT SUBJECT REPLY HERE SIXTH.）

9月5日来电传：你 3 日电传歉难接受竞争者类似品质报 55 美元请速复。

（Sept.5 Incoming Telex: YOUR TLX THIRD REGRET UNABLE ACCEPT COMPETITORS QUOTING SIMILAR QUALITY USD55 PLEASE REPLY IMMEDIATELY.）

9月7日去电传：我 3 日电传重新发盘限 10 日我方时间复到。

（Sept.7 Outgoing Telex: OURS THIRD RENEW OFFER SUBJECT REPLY TENTH OUR TIME.）

9月9日来电传：你 7 日电传接受如 55 美元 CIF D/P 即期请确认。

（Sept.9 Incoming Telex: YOURS SEVENTH ACCEPT PROVIDED USD55 CIF D/P SIGHT PLEASE CONFIRM.）

9月10日去电传：你 9 日电传最低 60 美元即期信用证限 12 日复到此地。

（Sept.10 Outgoing Telex: YOURS NINTH BEST USD60 SIGHT CREDIT SUBJECT REPLY REACHING HERE TWELFTH.）

9月11日来电传：你 10 日电传接受再订购 500 台同样条件即复。

（Sept.11 Incoming Telex: YOURS TENTH ACCEPT BOOK ADDITIONAL 500 SETS SAME TERMS REPLY PROMPTLY.）

9月12日去电传：你 11 日电传确认请速开证。

（Sept.12 Outgoing Telex: YOURS ELEVENTH CONFIRMED PLEASE OPEN L/C IMMEDIATELY.）

9月13日来电传：你 12 日电传信用证将由科威特邮政信箱第 123 号阿卜杜拉公司开立。

（Sept.13 Incoming Telex: YOURS TWELFTH CREDIT WILL BE OPENED BY ABDULLA COMPANY P.O.BOX NO.123 KUWAIT.）

➲ 工作任务

任务 1：判断上述电传哪些是发盘，哪些是还盘。

任务 2：将双方达成一致意见的交易条件进行总结概括。

任务 3：分析整个交易过程，学习其中贸易谈判的技巧和方法。

五、根据业务资料缮制销售合同

➲ 项目情境

卖方：SHIJIAZHUANG IMPORT & EXPORT TRADE CORPORATION

333 ZHONGSHAN ROAD SHIJIAZHUANG CHINA

电话：0311-8520×××1

传真：0311-8520×××2

买方：Thomas Wilson CO., LTD.

货名：黑铁丝 Black Wire

规格数量：BWG12　5kg/coil　10tons

单价：CIF Santos USD850/tons

包装：内塑外编（packed in PLASTIC WOVEN BAGS）

支付方式：即期信用证（sight L/C）

装运港：中国天津新港（Tianjin Xingang，China）

目的港：巴西桑托斯港（Santos，Brazil）

装运期限：不晚于 2021 年 5 月 31 日

分批装运：不允许

转船：不允许

保险：合同金额的 110% 投保一切险（FOR 110 PERCENT OF THE INVOICE VALUE COVERING ALL RISKS）

开户银行：中国银行石家庄分行（BANK OF CHINA SHIJIAZHUANG BRANCH）

银行账号：USD80800668

合同号：SHZ100531

合同日期：20210425

⊃ 工作任务

SHIJIAZHUANG INPORT&EXPORT TRADE CORPORATION
333 ZHONGSHAN ROAD SHIJIAZHUANG CHINA

TEL:　　　　　　S/C NO.:

FAX:　　　　　　DATE:

TO MESSRS:

We hereby confirm having sold you the following goods on terms and conditions as specified below:

SHIPPING MARK	DESCRIPTIONS OF GOODS, PACKING	QUANTITY	UNIT PRICE	TOTAL AMOUNT
TOTAL				

LOADING PORT:

DESTINATION:

TIME OF SHIPMENT:

PARTIAL SHIPMENT:

TRANSSHIPMENT:

INSURANCE:

TERMS OF PAYMENT:

The buyer shall establish the covering Letter of Credit (or notify the Import License Number) before _____, falling which the seller reserves the right to rescind without further notice, or to accept whole or any part of this Sales Confirmation non-fulfilled by the buyer, or, to lodge claim for direct losses sustained, if any.

For transactions conclude on CIF basis, it is understood that the insurance amount will be for _____ of the invoice value against the risks specified in Sales Confirmation. If additional insurance amount or coverage is required, the buyer must have consent of the seller before shipment, and the additional premium is to be borne by the buyer.

QUALITY/QUANTITY DISCREPANCY: In case of quality discrepancy, claim should be filed by the buyer within _____ after the arrival of the goods at port of destination; while for quantity discrepancy, claim should be filed by the buyer within _____ days after the arrival of the goods at port of destination. It is understood that the seller shall not be liable for any discrepancy of the goods shipped due to causes for which the Insurance Company, Shipped Company other transportation organization/ or post office are liable.

The seller shall not be held liable for failure of delay in delivery of the entire lot or portion of the goods under this Sales Confirmation in consequence of any Force Majeure incidents.

The buyer is requested always to quote THE NUMBER OF THIS SALES CONFIRMATION in the Letter of Credit to be opened in favor of the seller.

The buyer is requested to sign and return one copy of the Sales Confirmation immediately, if not, should be raised by the buyer within five days after the receipt of this Sales Confirmation, in the absence of which it is understood that the buyer has accepted the terms and condition of the Sales Confirmation.

The Buyer: The Seller:

模块三

Module 3

进出口合同条款

国际货物买卖的核心是合同。进出口交易双方谈判的目的是签订一个双方都能接受、双方都认为有利可图的合同。一旦订立了合同，就要通过履行合同来实现预期的利益。因此，作为交易的一方，在整个谈判过程中要始终关注以下问题：要通过合同达到怎样的利益要求？如何利用合同条款来体现这种欲得利益？如何订立一个对己方有利而又能为对方所接受的合同？这些是关系到交易目的能否实现的关键问题。简单地讲，合同的条款是交易双方讨价还价的结果。在这一过程中，交易者必须懂得把握关键条款与非关键条款的区别，在关键条款上坚持立场，而在非关键条款上适当让步，以维护自己的权益，尽可能达到"双赢"的结果。

简而言之，条款严谨的合同是防止日后发生争议、保证顺利履行合同的前提条件。

本模块对国际货物买卖合同的各项条款进行介绍，详细说明，重点介绍其规定方法及规定时应注意的问题等。

合同的标的

Subject matter of contract

· 情境导入（Lead-in Situation）

↘ 情境

浙江远大进出口公司（简称远大公司）曾向新加坡 SAL 贸易有限公司（简称 SAL 公司）出售一批小麦。成交前，远大公司给 SAL 公司寄送过样品。签约时，在合同品质条款中规定了散装小麦的具体规格及数量 2 000M/T。签约后，远大公司经办人员又主动电告 SAL 公司，确认"成交商品与样品相似"。在货物装运前，中国海关总署商品检验司进行了检验并签发了品质规格合格证书。但该批货物运到目的地后，SAL 公司认为，所交货物品质比样品差，实际到货数量 2 050M/T，且因采用了塑料袋包装不利于机械卸货，要求减价。远大公司申辩，合同并未规定凭样成交，而且所交货物经检验符合约定的规格；至于交货数量，由于小麦是大宗货物，多交或少交一些是正常的；而包装方面，实际交货采用了塑料袋包装，比散装交货要好，故不同意减价。于是 SAL 公司便请当地检验机构检验，出具了交货品质比样品差 7% 的证明，并据此提出了索赔要求，远大公司拒赔。SAL 公司遂请中国仲裁机构协助处理解决争议。最后以远大公司赔付了结此案。

↘ 分析

从情境资料来看，此问题的焦点有三点：①选择表示货物品质的方法不够明确，即究竟是凭规格还是凭样品买卖，或是既凭规格又凭样品买卖；②合同中对数量的约定不够明确；③包装有画蛇添足之嫌，好心办成坏事。

品名、质量、数量及包装是合同标的（Subject Matter）条款的重要组成，是外销人员在业务中要处理的重要内容。那么，表示商品质量的方法有哪些？如何把握交货数量？如何正确对待包装？

· 学习目标（Learning Aims）

↘ 应知目标

了解国际货物买卖中表示品名、质量、数量及包装条款的基本内容及在订立合同时应该注意的问题。

↘ 应会目标

灵活运用商品品质和数量的表示方式，熟悉包装的种类及各种包装标志的实际运用，精于设计和计算合理的装运空间。

·知识支撑（Knowledge Support）

3.1　商品的品名

1．列明品名的意义

商品的品名（Name of Commodity）又称商品的名称，是指能使某种商品区别于其他商品的一种称呼或概念。它在一定程度上体现了商品的自然属性、用途和性能特征。

商品的品名在国际贸易买卖合同中也称作标的物，是进入国际贸易领域的货物，是指双方用于换取对价的物或事，是一笔买卖赖以进行的物质基础。好的商品品名，不仅能高度概括商品的特征，而且能促进消费者的消费心理，诱发消费者的购买欲望。

2．商品命名的方法

商品命名的方法有许多，概括起来主要有以下几种：

（1）以其主要用途命名。这种方法在于突出商品的用途，便于消费者按其需要购买，如织布机、旅游鞋、杀虫剂、自行车等。

（2）以其所使用的主要原材料命名。这种方法能通过突出商品所使用的主要原材料，反映商品的质量，如棉布、涤纶纱、羊毛衫、铝锅、玻璃杯、冰糖燕窝等。

（3）以其外观造型命名。这种方法是以商品的外观造型命名，有利于消费者从字义上了解该商品的特征，如绿豆、喇叭裤、宝塔纱、纸管等。

（4）以其褒义词命名。这种方法能突出商品的使用效能和特性，有利于促进消费者的购买欲望，如青春宝等。

（5）以人物名字命名。这种方法是以著名的人物或传说中的人物命名，其目的在于引起消费者的注意和兴趣，如孔府家酒、孔乙己臭豆腐等。

（6）以制作工艺命名。这种方法的目的在于提高商品的威望，增强消费者对该商品的信任，如二锅头烧酒、精制油等。

3．规定品名条款的注意事项

（1）品名条款必须做到内容明确、具体，切忌空泛、笼统。

（2）必须实事求是，切实反映商品的实际情况。

（3）尽可能使用国际上通行的名称，对于一些新商品的定名及其译名，必须做到准确易懂，符合国际惯例。

（4）考虑商品品名时，必须注意有关国家的海关税则，从中择取有利于降低关税或方便进口的名称。

　　资料：我国某公司出口一批苹果酒，该批酒的内外包装上均写的是"cider"，而提交的出口单据上均用"apple wine"，货到国外后遭海关扣留、罚款。

　　请问：为什么会这样？

3.2　商品的质量

3.2.1　商品质量的含义及其重要性

　　商品的质量（Quality of Goods）是商品的外观形态和内在品质的综合。商品的外观形态是人们通过感觉器官可以直接获得的商品的外形特征，如商品的大小、长短、结构、造型、款式、色泽、宽窄、轻重、软硬、光滑粗糙程度及味道等。商品的内在品质则是指商品的物理性能、化学成分、生物特征、技术指标和要求等，一般需借助各种仪器、设备分析测试才能获得。

　　合同中的质量条款是合同的重要条款之一。它既是构成商品说明的重要组成部分，又是买卖双方交接货物时对质量进行评价的依据。许多国家的法律对卖方在交货质量方面所承担的义务做了规定。这些规定并不完全一样。例如，英国的《货物买卖法》规定，质量条款是合同的"要件"（Condition）；美国的《统一商法典》规定，如果表示质量的声明已经构成交易的基础的一部分，即构成卖方的明示担保；《联合国国际货物销售合同公约》也规定，卖方交付的货物必须与合同所规定的数量、质量和规格相符。

3.2.2　商品质量的规定方法

　　表示商品质量的方法各式各样，综合起来主要分为以实物表示商品的质量和以文字说明表示商品的质量两大类。

1. 以实物表示商品的质量

　　实际业务中，凭实物买卖又分为两种方式：看货成交和看样成交。

　　（1）看货成交。看货成交必须是卖方掌握现货及买方亲临现场，经买方现场检验合格后达成交易。成交后，买方不得对商品质量再提出任何异议。这种方法多用于寄售、拍卖和展卖业务中，特别适用于独特质量的货物，如珠宝、首饰、字画、玉雕等。

　　（2）看样成交，又称凭样品买卖（Sale by Sample）。样品是指从供货商生产的一批商品中抽出来的，或由生产部门或使用部门设计、加工出来的，足以反映和代表整批商品质量的少量实物。以卖方样品作为交货依据而成交的，称为"凭卖方样品买卖"（Sale by Seller's Sample）；以买方样品作为交货依据而成交的，称为"凭买方样品买卖"（Sale by Buyer's Sample）。

　　凭样品买卖时应当注意：

　　1）提交的样品质量不可过高，要能够代表货物的整体质量，否则会给履约带来困难；但质量也不可过低，这样会影响成交。看样成交中的确认样品是交接货物的质量依据，卖方要承担货样完全一致的责任。因此，质量稳定的产品适用于看样成交，必要时在合同中注明

"质量与样品大致相同"（quality to be about equal to the sample）字样，以避免因样品与货物的少许不符而造成对方提出索赔。

2）向对方提交样品时，应做样品备份，即复样（Duplicate Sample）。在原样（Original Sample）和复样上编制相同的货号，注明寄送日期、客户名称等，以便对方提及时，知道对方所指的是哪个样品，进而据此备货。保存样品要保证维持质量不受破坏，必要时可交公证机构封存。

3）对方寄来样品并按其质量成交时，最好按照来样的款式，结合国内可供原材料、生产技术及制造时间，仿制两个样品，即对等样品（Counter Sample）或回样，一个交对方确认，另一个备存，这样就将"凭买方样品成交"转换成了"凭卖方样品成交"；如果使用对方商标，应要求对方将商标注册证书复印件交我方备查，并取得对方要求我方生产的授权书，或将有关商标使用注意事项列入合同中，一旦发生产权纠纷，便于双方分清责任。

4）买方要求提供样品时，卖方可根据样品价值高低决定是否要求对方支付费用。价值高的样品，可要求买方支付费用或各付一半，如果最终成交，样品费用可在货款中扣除。

5）如果提交对方的样品不是确认样（Confirmation Sample）时，应注明"仅供参考"（for Reference Only）字样。

6）样品根据业务的需要，还有装船样品（Shipping Sample），即代表装船时货物质量的样品；色彩样品（Colour Sample），即只能反映产品的颜色指标，而不能反映全部状况的样品。

█ 思考

资料：A 公司按看样成交的方式，从国外 B 公司进口当饲料用的谷物，由于 B 公司交货质量太好，使 A 公司的国家海关误以为是供人食用的谷物而课以重税，使 A 公司增加了税收负担。因此，A 公司要求 B 公司赔偿因交货质量与样品不同而造成的关税差额损失。

请问：如上诉到法院，将如何判决？理由是什么？

---

2. 以文字说明表示商品的质量

在国际货物买卖中，大多数商品采用文字说明来规定其质量，这种方法被称为"凭文字说明买卖"（Sale by Description）。具体有以下几种方式：

（1）凭规格买卖（Sale by Specifications）。商品的规格是指用以反映商品质量的若干主要指标，如成分、含量、纯度、容量、性能、大小、长短、粗细等。用商品的规格来确定商品质量的方法称为凭规格买卖。这种表示质量的方法简单方便、准确具体，在国际贸易中使用最为广泛。

▶ 例1　"跳鲤"花布	纱支（单位）	密度（每英寸）	幅阔（英寸）
	30×36	72×69	35/36″
Printed Shirting "Jumping Fish"	Yarn counts	No. of threads（per inch）	Width（inch）
	30×36	72×69	35/36″

（2）凭等级买卖（Sale by Grade）。商品的等级是指同一类商品，按其质地的差异，或尺寸、形状、重量、成分、构造、效能等的不同，用文字、数字或符号所做的分类。如特级（Special Grade）、一级（First Grade）、二级（Second Grade）；大号（Large）、中号（Medium）、小号（Small）等。

> **例2**　中国绿茶　　　　　龙井茶特级　　　　　　　货号 6307
> 　　　　　　　　　　　　龙井茶一级　　　　　　　货号 6317
> 　　　　　　　　　　　　龙井茶二级　　　　　　　货号 6327
> 　　Chinese Green Tea　　Dragon Well Tea Special Grade　Art.No.6307
> 　　　　　　　　　　　　Dragon Well Tea First Grade　　Art.No.6317
> 　　　　　　　　　　　　Dragon Well Tea Second Grade　Art.No.6327

（3）凭标准买卖（Sale by Standard）。标准是指商品规格的标准化。商品的标准一般由标准化组织、政府机关、行业团体、商品交易所等规定并公布。世界各国都有自己的标准。另外，还有国际标准和国外先进标准之分。国际标准是指国际标准化组织（ISO）标准、国际电工委员会（IEC）制定的标准及其他国际组织规定的某些标准。国外先进标准是指发达国家的国家标准，如英国为 BS，美国为 ANSI，法国为 NF，德国为 DIN，日本为 JIS、JAS 等。这些国际标准和国外先进标准均在国际贸易中被广泛采用。我国也有国家标准、行业标准、地方标准和企业标准。

由于科技的日新月异，同一组织颁布的某类商品的标准往往有不同年份的版本，版本不同，质量标准的内容也不相同。在合同中援引标准时，应注明采用标准的版本名称及其年份。

> **例3**　利福平（甲哌利福霉素），英国药典，1993 年版
> 　　　　Rifampicin，British Pharmacopoeia，1993

在国际贸易中，买卖一些质量容易变化的农产品，以及品质构成条件复杂的某些工业制成品时，买卖双方常以同业公会、交易所、检验局等选定的标准物来表示商品的质量。以标准物表示交易商品质量的方法主要有以下两种：

1）"良好平均质量"（Fair Average Quality，F.A.Q.），是指由同业公会或检验机构在一定时期或季节从某地装船的各批货物中分别抽取少量实物加以混合拌制，并由该机构封存保管，以此实物所显示的平均质量水平，作为该季节同类商品质量的比较标准。这种表示质量的方法非常笼统，实际并不代表固定、具体的品质规格。在我国，某些农副产品的交易中也有使用 F.A.Q. 表示品质的，习惯上称其为"大路货"，其交货品质一般以我国产区当年生产该项农副产品的平均质量为依据而确定。采用这种方法，除在合同中注明"F.A.Q."字样外，一般还订明该商品的主要规格指标。

> **例4**　中国桐油，良好平均质量，游离脂肪酸不超过 4%
> 　　　　Chinese Tung Oil，F.A.Q.，F.F.A.4% max

2）"上好可销质量"（Good Merchantable Quality，G.M.Q.），是指卖方所交货物只需保证为上好的、适合销售的质量即可。如果卖方所交货物无该类货物通常的使用目的，无市

场交易可能，则由卖方承担责任。显然这种标准更为笼统，一般只适用于木材或冷冻鱼类等物品，我国在对外贸易中很少使用。

（4）凭牌名或商标买卖（Sale by Brand or Trade Mark）。商品的牌名（Brand）是指厂商或销售商所生产或销售商品的牌号，又称品牌；商标（Trade Mark）则是牌号的图案化，是特定商品的标志。使用牌名与商标的主要目的是使商品区别于其他同类商品，以利于销售。一个牌名可用于一种产品，也可用于一个企业的所有产品。

↘ 例 5 李锦记金标生抽酱油
Lee Kum Kee Gold Label Soy Sauce

↘ 例 6 威尔逊牌足球，货号 WS17，5 号球
Welson Brand Football, Art.No.WS17, SIZE 5

（5）凭产地名称或凭地理标志买卖（Sale by Name of Origin, or Sale by Geographical Indication）。有些地区的产品，尤其是一些传统农副产品，具有独特的加工工艺，在国际上享有盛誉。对于这类商品的销售，可以采用产地名称或地理标志来表示其独特的品质。例如，以一个国家为标志的"法国香水"（France Perfume）、"德国啤酒"（German Beer）；以某个国家的某一地区为标志的"中国东北大米"（China Northeast Rice）；以某个国家某一地区的某一地方为标志的"四川榨菜"（Sichuan Preserved Vegetable）、"绍兴花雕酒"（Shaoxing HuaTiao Chiew）等。地理标志在关贸总协定乌拉圭回合最终协议文件中已被正式列入知识产权保护范畴。

（6）凭说明书和图样买卖（Sale by Description and Illustration）。在国际货物买卖中，有些机器、电器、仪表、大型设备、交通工具等技术密集型产品，由于其结构复杂，制作工艺不同，无法用样品或简单的几项指标来反映其质量全貌。对于这类商品，买卖双方除了要规定其名称、商标牌号、型号等外，通常还必须采用说明书来介绍该产品的构造、原材料、产品形状、性能、使用方法等，有时还附以图样、图片、设计图、性能分析表等来完整说明其具有的质量特征。例如，在合同中规定"质量和技术数据必须与卖方所提供的产品说明书严格相符"（quality and technical data to be strictly in conformity with the description submitted by the seller）。

如前所述，表示商品质量的方法有多种，在实际业务中，可单独使用一种方法，也可几种方法混合使用。但应注意的是，凡是能用一种方法表示商品质量的，不要用两种或两种以上的方法。因为如果卖方未达到其中任何一种品质要求，都会构成违约。

▌思考

试将下列质量条款译成中文：
1. Bright Brand Infant Milk Powder
2. Colour lamps, candle type 220V 25W
3. Multi-shuttle Box Loom Model 1514A, detail specifications as per attached descriptions and illustrations.

3.2.3 买卖合同中的质量条款

1. 质量条款的内容及注意事项

质量条款包括货物的名称和具体质量。卖方应当注意以下问题：

（1）为了防止纠纷，质量条款要尽量明确具体，避免笼统含糊。

（2）货物质量规定要符合有关规定，应具备应有的使用性能。

（3）对于质量不好掌握的货物，应当标注质量机动幅度条款或质量公差条款。

2. 质量机动幅度条款与质量公差条款

（1）质量机动幅度条款。质量机动幅度是指对特定质量指标，在一定幅度内可以机动。具体方法有规定范围、极限和上下差异三种。质量机动幅度主要适用于初级产品，以及某些工业制成品的质量指标。

1）规定范围。这是指对某项商品的主要质量指标规定允许有一定机动的范围。

> **例 7**　色织条格布，宽度 41/42″
>
> Yarn-dyed Gingham，Width 41/42″

> **例 8**　B601 番茄酱，28/30 浓缩度
>
> B601 Tomato Paste，28/30 Concentration

2）规定极限。这是指对某些商品的质量规格，规定上下极限。例如，最大、最高、最多（Maximum；Max.），最小、最低、最少（Minimum；Min.）。

> **例 9**　活黄鳝，每条 75 克以上
>
> Live Yellow Eel，75g and up per piece

3）规定上下差异。这是指在规定某一具体质量指标的同时，规定必要的上下变化幅度。有时为了包装的需要，也可订立一些灵活办法。

> **例 10**　灰鸭毛，含绒量 18%，允许上下 1%
>
> Grey Duck Feather，Down Content18%，allowing 1% more or less

（2）质量公差条款。质量公差（Quality Tolerance）是指允许交付货物的特定质量指标有在公认的一定范围内的差异。在工业品生产过程中，产品的质量指标产生一定的误差有时是难以避免的，如手表走时每天误差若干秒，某一圆形物体的直径误差若干毫米。这种误差若为某一国际同行业所公认，即成为"质量公差"。交货质量在此范围内即可认为与合同相符。

卖方交货质量在质量机动幅度或质量公差允许的范围内，一般均按合同单价计价，不再按质量高低另做调整。但有些商品，也可按交货时的质量状况调整价格。

> **例 11**　中国芝麻，水分（最高）8%，杂质（最高）2%，含油量以 52% 为基础。如实际装运货物的含油量高或低 1%，价格相应增减 1%。
>
> China Sesame Seed，Moisture（max）8%，Admixture（max）2%；Oil Content 52% basis.Should the oil content of the goods actually shipped be 1% higher or lower，the price will be accordingly increased or decreased by 1%.

> **思考**
>
> **资料：** 某公司出口大米一批，合同质量条款规定，以95%的纯度为准。杂质含量超过2%时，每超出1%，按合同价折让5%；若杂质含量超过5%，则买方有权拒收。
>
> **请问：** 订立这种条款有何不妥？如何改动才能对双方有利？

3.3 商品的数量

3.3.1 商品数量条件的重要性

商品的数量是指以一定的度量衡表示商品的质量、长度、体积、面积及个数等的量，卖方严格按照合同规定的数量交货，是应尽的义务。在国际货物买卖中，商品的数量是国际货物买卖合同的主要交易条件之一。《联合国国际货物销售合同公约》第三十五条规定："卖方必须按合同数量条款的规定如数交付货物。"第五十二条规定："如果卖方交货数量多于约定的数量，买方可以收取，也可以拒绝收取多交部分货物的全部或一部分。"第三十七条规定："如果卖方实际交货数量少于约定数量，卖方应在规定的交货期限届满前补交，但不得使买方遭受不合理的不便或承担不合理的开支，并且，买方保留要求损害赔偿的任何权利。"

> **思考**
>
> **资料：** 某公司出口土豆泥，合同中规定"150 ctns of 12 cans each and each can of 50g"。出口时，卖方误装了100g/can的罐头。
>
> **请问：** 这样将产生什么后果？有人认为因卖方实际多装，买方将获益。你对此有何看法？

3.3.2 计量单位和计量方法

在国际贸易中，由于各国度量衡制度的不同，计量单位有很大的差别。例如重量单位吨，有公吨、长吨、短吨之分，分别等于1 000kg、1 016kg、907.2kg。目前，国际贸易中通常使用的度量衡制度有四种：①公制（或米制）（Metric System）；②美制（U.S. System）；③英制（British System）；④国际单位制（International System of Units）。我国采用的是以国际单位制为基础的法定计量单位。

1．计量单位

在不同计量方式下，常见的计量单位名称及适用商品见表3-1。

表3-1 常见的计量单位名称及适用商品

计量单位分类	适用商品	常见单位
重量单位	主要适用于羊毛、棉花、谷物、矿产品、盐、油类等天然矿产品、农副产品及矿砂、钢铁等部分工业制品	克（g）、千克（kg）、盎司（oz）、磅（lb）、公吨（M/T）、长吨（long ton）、短吨（sh ton）等
个数单位	适用于成衣、文具、纸张、玩具、车辆、拖拉机、活牲畜、机器零件等杂货类商品及一般制成品	只（pc）、件（pkg）、双（pr）、台／套／架（st）、打（dz）、罗（gr）、大罗（g.gr）、令（rm）、卷（roll or coil）、辆（unit）、头（head）、箱（c/s）、捆（bale or bdl）、桶（barrel or dr）、听（tin or can）等
容积单位	主要适用于小麦、玉米、汽油、天然气、化学气体、煤油、酒精、啤酒等谷物类及部分流体、气体物品	升（L）、加仑（gal）、蒲式耳（bu）等

（续）

计量单位分类	适用商品	常见单位
长度单位	主要适用于布匹、塑料布、电线电缆、绳索、纺织品等	码（yd）、米（m）、英尺（ft）、厘米（cm）等
面积单位	主要适用于木材、玻璃、地毯、铁丝网、纺织品、塑料板、皮革等板型材、皮质商品和塑料制品	平方米（m^2）、平方英尺（ft^2）、平方码（yd^2）、平方英寸（$inch^2$）等
体积单位	主要适用于化学气体、木材等	立方码（yd^3）、立方米（m^3）、立方英尺（ft^3）、立方英寸（$inch^3$）等

📖 思考

　　资料：我方某外贸公司从美国进口钢材 500 M/T，美商报价为每公吨 3 000 美元。我方凭单提货后发现，实际重量只有 453.6 M/T。当我方向美商提出交涉时，美商拒不补交剩余的 46.4 M/T。

　　请问：美商的理由是什么？我方应吸取哪些教训？

2. 计算进出口商品重量的方法

　　在国际货物买卖中，很多商品采用按重量计量。

　　（1）按毛重计。毛重（Gross Weight）是指商品本身的重量加皮重（Tare），即商品连同包装的重量。有些商品因包装材料与商品本身价值差不多或包装重量微乎其微，如卷筒新闻纸、粮食等，常常采用按毛重计价，在国际贸易中称为"以毛作净"（Gross for Net）。一般在合同中这样规定："中国东北大豆，200M/T，塑料袋包装，每袋 50kg，以毛作净。"

　　（2）按净重计。净重（Net Weight）是指商品本身的重量，即毛重扣除皮重（包装）的重量。

　　在国际贸易中去除皮重的方法有以下四种：

　　1）按实际皮重（Real Tare or Actual Tare）。将整批商品的包装逐一过秤，算出每一件包装的重量和总重量。

　　2）按平均皮重（Average Tare）。从全部商品中抽取几件，称其包装的重量，除以抽取的件数，得出平均数，再以平均每件的皮重乘以总件数，算出全部包装重量。

　　3）按习惯皮重（Customary Tare）。某些商品的包装比较规格化，并已经形成一定的标准，即可按公认的标准单件包装重量乘以商品的总件数，得出全部包装重量。

　　4）按约定皮重（Computed Tare）。买卖双方以事先约定的单件包装重量，乘以商品的总件数，算出该批商品的总皮重。

　　去除皮重的方法，依商业习惯的不同，由买卖双方事先商定在买卖合同中做出具体规定。

　　（3）按公量计。在计算商品重量时，使用科学方法，抽去商品中所含水分，再加上国际公认的标准含水量，求得的重量称为公量（Conditioned Weight）。这种计重办法较为复杂、麻烦，主要适用于少数经济价值较高而水分含量极不稳定的商品，如羊毛、生丝、棉花等。公量的计算公式为

$$公量 ＝ 商品干量 × （1＋ 标准回潮率）$$
$$公量 ＝ 商品净重 × （1＋ 标准回潮率）/（1＋ 实际回潮率）$$

　　商品干量是指除去水分后的商品干净重。标准回潮率又称公定回潮率或法定回潮率，是指国际公认的商品回潮率，如羊毛、生丝的标准回潮率为 11%。实际回潮率是指商品的

实际含水量与干量的百分比。

> **例 12**　我国某公司与西班牙某公司达成了一笔 10M/T 生丝的出口交易，合同中规定以公量来计算商品的重量，商品的标准回潮率确定为 11%。假设抽取 10kg 生丝，用科学方法除去其中的水分，净剩 8kg 的干生丝。
>
> 　　请问：该商品的公量是多少？
>
> 　　解：
>
> $$实际回潮率 = （10kg-8kg）/8kg=25\%$$
> $$公量 =8M/T×（1+11\%）=8.88M/T$$
> $$公量 =10M/T×（1+11\%）/（1+25\%）=8.88M/T$$

（4）按理论重量计。理论重量（Theoretical Weight）适用于有固定规格和固定体积的商品。规格一致、体积相同的商品，每件重量也大致相等，根据件数即可算出其总重量，如马口铁、钢板等。

（5）按法定重量和净净重计。纯商品的重量加上直接接触商品的包装材料，如内包装等的重量，即为法定重量（Legal Weight）。法定重量是海关依法征收从量税时，作为征税基础的计量方法。而扣除这部分内包装的重量及其他包含杂物（如水分、尘芥）的重量，则为净净重（Net Net Weight）。净净重的计量方法主要是海关征税时使用。

根据《联合国国际货物销售合同公约》第五十六条规定，在国际货物买卖合同中，如果货物是按重量计量和计价，而未明确规定采用何种方法计算重量和价格时，根据惯例，应按净重计量和计价。

3.3.3　买卖合同中的数量条款

买卖合同中的数量条款，内容主要包括交货数量和计量单位，如 500 箱（500 cartons）。规定数量条款需要注意下列事项：

1. 数量条款应当明确具体

在进出口合同中，一般不宜采用大约、近似、左右等带有伸缩性的字眼来说明。因为各国和各行业对这类词语的解释不一，有的理解为 2% 的伸缩，也有的理解为 5%，甚至 10% 的伸缩，易引起争议。《跟单信用证统一惯例》（简称《UCP 600》）规定，在信用证支付方式下，合同当中数量及金额的约或大约，应理解为卖方可以多交或少交 10%。

2. 合理规定数量机动幅度

在国际货物买卖中，有些商品是可以精确计量的，如冰箱、彩电、药品等。但在实际业务中，有许多商品受本身特性、生产、运输或包装条件及计量工具的限制，在交货时不易精确计算，如散装谷物、油类、水果、粮食、矿砂、钢材及一些初级产品等。为了便于合同的顺利履行，减少争议，买卖双方通常都要在合同中规定数量的机动幅度条款，允许卖方的交货数量可以在一定范围内灵活掌握。《UCP 600》规定，在信用证支付方式下，付款金额不超过信用证总额的前提下，卖方可以多交或少交 5%，但包装单位按个体计数时，此项 5% 的伸缩则不再适用。

买卖合同中的数量机动幅度条款一般就是溢短装条款（More or Less Clause）。所谓溢短装条款，就是在规定具体数量的同时，再在合同中规定允许多装或少装一定百分比。卖方交货数量只要在允许增减的范围内即为符合合同有关交货数量的规定。

> **例 13**　5 000 M/T，卖方可溢装或短装 5%（5 000 M/T，with 5% more or less at seller's option）。按此规定，卖方实际交货数量可以在 [4750 M/T，5250 M/T] 范围内，买方不得提出异议。

为了订好数量机动幅度条款，即数量增减条款或溢短装条款，需要注意下列几点：

（1）数量机动幅度的大小要适当。究竟百分比多大合适，应视商品特性、行业或贸易习惯和运输方式等因素而定。

（2）数量机动幅度选择权的规定要合理。合同中规定有溢短装条款，具体伸缩量的掌握大都明确由卖方决定（at Seller's Option）。但有时，特别是在由买方派船装运时，也可规定由买方决定（at Buyer's Option）。在采用租船运输时，为了充分利用船舱容积，便于船长根据具体情况，如轮船承载能力，考虑装运数量，买卖合同中规定由承运人决定（at Carrier's Option）伸缩量。

（3）溢短装数量的计价方法要公平合理。在数量机动幅度范围内，多装或少装货物，一般都按合同价格结算货款。但为了防止拥有数量机动幅度选择权的当事人利用数量机动幅度，根据市场价格情况故意多装或少装货物以获取额外收益，买卖双方可在合同中规定，多装或少装数量的价款按装运日期某指定市场价（如某交易所的收盘价）计算。

> **思考**
>
> 　　**资料**：我国某公司向科威特出口散装小麦 100 M/T，每公吨 400 美元。合同中未规定数量可增减。国外按时开来信用证，证中规定总金额不超过 40 000 美元。我方收到信用证后备货待运，在合同规定的装运期内，我方按 104 M/T 发货装运，并按实际交货数量制作单据，但持单到银行办理议付时遭拒绝。
>
> 　　**请问**：银行拒付是否有理？为什么？

3.4　商品的包装

3.4.1　约定包装条款的意义

包装条款是国际货物买卖合同中的一项主要条款，按照合同约定的包装要求提交货物，是卖方的主要义务之一。《联合国国际货物销售合同公约》第三十五条第一款规定："卖方须按照合同规定的方式装箱或包装。"如果卖方不按照合同规定的方式装箱或包装，即构成违约。

国际贸易中的货物，除散装货物（Bulk Cargo，Cargo in Bulk）和裸装货物（Nude Cargo）以外，其他绝大多数商品都需要包装。纸制品、金属制品、玻璃制品和塑料制品是现代包装材料的四种主要类型。根据包装在流通过程中的作用，商品包装可分为运输包装和销售包装两大类。

> **思考**
>
> **资料**：我国某出口公司向瑞典客户出口杏仁 1.5 M/T，合同规定纸箱装，每箱 15kg，内装 15 小盒，每小盒 1kg。交货时，由于此种包装的货物短缺，于是我方便将包装更改为每箱仍为 15kg，但内装 30 小盒，每小盒 0.5kg。货到目的港后，对方以包装不符为由拒绝收货。我方则认为数量完全相符，要求买方付款。
>
> **请问**：责任在谁？应如何处理？

3.4.2　运输包装

运输包装（Transport Packing）又称大包装、外包装（Outer Packing）。其作用有两个：①保护货物在长时间和远距离的运输过程中不被损坏和散失；②方便货物的搬运、储存和运输。

1. 运输包装的种类

运输包装的种类见表 3-2。

表 3-2　运输包装的种类

按包装方式分类	按包装材料分类（举例）	适用情形及有关说明
箱（Case）	木箱（Wooden Case）、板条箱（Crate）、纸板箱（Carton）、瓦楞纸箱（Corrugated Carton）、漏孔箱（Skeleton Case）、夹板箱（Plywood Case）、金属箱（Metal Case）	多由纸板、稻草、纤维板制成，内衬防潮纸或塑料薄膜、锌箔、铝箔、纸屑、木屑、纸条等，箱外常以铁皮、塑料带加固，适用于集装箱、托货板运输
捆包（Bale Packing）	包（Bale）、捆（Bundle）	对于羽毛、羊毛、棉花、布匹、蚕丝等蓬松货物，运输前先压缩，再用帆布、麻布（Hessian Cloth）或棉布进行包裹，并用金属丝或塑料带加固
袋（Bag）	麻袋（Gunny Bag）、布袋（Cloth Bag）、塑料袋（Plastic Bag）、纸袋（Paper Bag）、玻璃纤维袋（Glass Fibre Bags）	适用于粉状、颗粒状和块状的农产品及化学原料包装，如水泥、化肥、面粉、糕点、动物饲料、化工产品等
桶（Drum，Cask）	木桶（Wooden Cask）、铁桶（Iron Drum）、琵琶桶（Barel）、塑料桶（Plastic Cask）、纸板桶（Card Board Drum）、镀锌铁桶（Galvaized Iron Drum）	适用于挥发性液体、半液体及粉状、粒状商品运输包装。这种包装有再卖价值；包装一定要密封，防止渗漏、生锈；酸性物品可用塑料桶或瓶装
其他	瓶（Bottle）、罐（Can）、钢瓶（Cylinder）、坛（Demijohn, Carboy）、篓/筐（Basket）	盐酸、硫酸、酒类、液化气等易发生化学反应的物品应用瓶罐装运；蔬菜、水果等一般用以竹片、柳条、藤条纺制而成的篓装运

2. 运输包装的标志

包装标志（Packing Mark）是为了便于识别商品，便于运输、仓储、检验和海关等有关部门工作的进行，以及便于收货人收货，在商品运输包装上需要按合同规定标明或刷写的标志。按其作用的不同，包装标志可分成运输标志（Shipping Mark）、指示性标志（Indicative Mark）、警告性标志（Warning Mark）、产地标志和重量体积标志等，如图 3-1 所示。

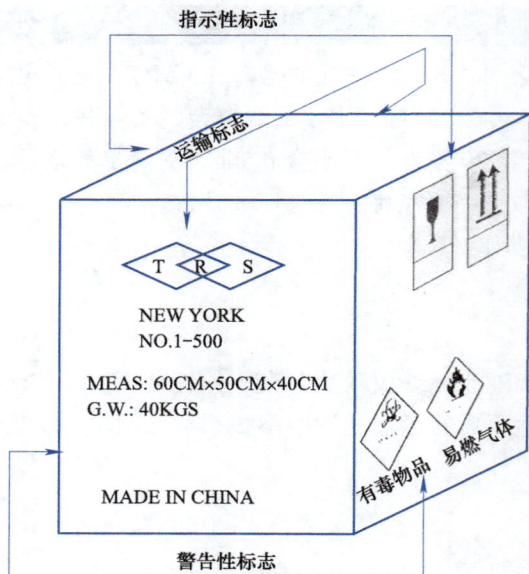

图 3-1　运输包装的标志

（1）运输标志。运输标志（Shipping Mark）也称"识别标志"，即"唛头"，一般由一个简单的几何图形和 / 或一些字母、数字及简单的文字等组成，如图 3-2 所示，通常印刷在运输包装的明显部位。唛头一般由卖方决定，无须在合同中做具体规定。按国际标准化组织（ISO）的建议，运输标志常包括四项内容：

1）收货人或买方的名称字首或简称。

2）参照号码。如买卖合同号码，订单、发票或运单号码，信用证号码等。

3）目的地。货物运送的最终目的地或目的港的名称。

4）件数号码。本批每件货物的顺序号和该批货物的总件数。

DIF CO.,LTD.	收货人名称
S/C NO.: 6234	合同号码（文件号）
NEW YORK	目的港
C/NO.4-20	件号（顺序号和总件数）

图 3-2　运输标志

小贴士

C/NO.1—100、C/NO.3—100 与 C/NO.1—UP 的比较

　　须注意的是，运输标志中的件号主要说明整批货与本件货物的关系。假如该批货只有一种规格，货物的件号可以是一个，例如 C/NO.1—100。但如果一批货物有 100 箱，每一箱的包装数和品种规格均不相同，则可采用顺序件号的方法，即在货物包装上用 C/NO.1—100、C/NO.2—100、C/NO.3—100……来表示，以便理货清查短损。C/NO.3—100 中的"100"表示该批货物共计 100 件，"3"则表示本件是 100 件中的第三件。在业务往来函电中，有时会见到这样的写法"C/NO.1 — UP"这表明包装件数待定，装运时按实际情况确定。

（2）指示性标志。指示性标志（Indicative Mark）是根据商品的特性，对一些容易破碎、残损、变质的商品，在搬运装卸操作和存放保管条件方面提出要求和注意事项，在商品外包装上用醒目的图形或文字表示的标志。例如，"Keep Dry"（保持干燥）、"This Way Up"（此端向上）、"Fragile"（易碎）和"Use No Hook"（禁用手钩）等。图 3-3 列举了一些常用的指示性标志。

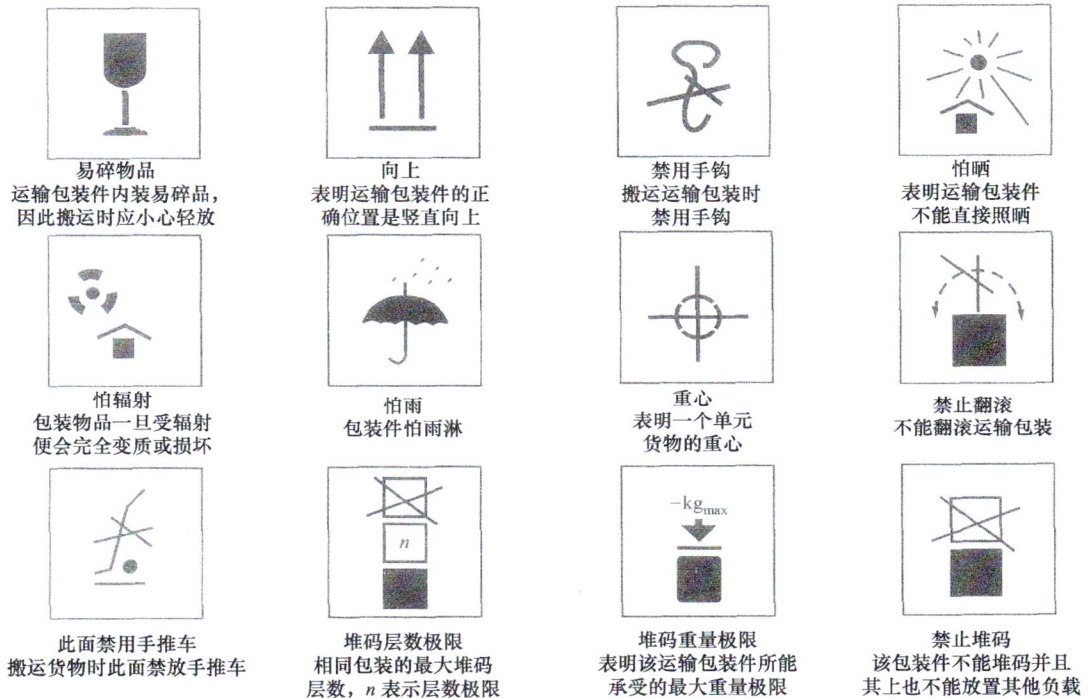

图 3-3　常用的指示性标志

（3）警告性标志。警告性标志（Warning Mark）又称危险品标志（Dangerous Cargo Mark），是指在装有爆炸品、易燃物品、腐蚀物品、氧化剂和放射物质等危险货物的运输包装上用图形或文字表示各种危险品的标志。其作用是警告有关装卸、运输和保管人员按货物特性采取相应的措施，以保障人身和物资的安全。图 3-4 列举了《国际海上危险货物运输规则》（简称《国际危规》）所规定的部分危险品标志。

（4）产地标志。商品产地是海关统计和征税的重要依据，由产地证说明。一般在商品的内外包装上均注明产地，作为商品说明的一个重要内容。例如，我国出口商品包装上均注明"Made in China"。

（5）重量体积标志。重量体积标志是指在运输包装上标明包装的体积和毛重，以方便储运过程中安排装卸作业和舱位，如图 3-5 所示。运输标志的涂刷位置应该在包装箱（外箱）的两个对称面上，称之为"正唛"（Main Mark）；而重量体积标志一般涂刷在另外两个对称面，这便是"侧唛"（Side Mark）。

图 3-4 部分危险品标志

G.W.: 35KGS	毛重
N.W.: 33KGS	净重
MEAS: 58CM×45CM×38CM	体积

图 3-5 重量体积标志

思考

请为下列出口货物设计运输标志上的件号：

Commodity:100% cotton men's shirt

Packing:Each piece in a polybag 60 pcs to a carton.

Design No.	Quantity	Ctn No.	Nos.of pkgs
93-11	1 260pcs		
93-12	1 260pcs		
93-13	1 200pcs		
93-14	1 680pcs		

出口商品总数量是：_____件

包装总件数为：_____箱

3.4.3   销售包装

销售包装（Selling Packing）又称小包装（Small Packing）、内包装（Inner Packing）或直接包装（Immediate Packing），是在商品制造出来以后以适当的材料或容器所进行的初次包装。销售包装的主要作用不是保护商品的品质，而在于能美化商品，促进销售，吸引顾客和方便消费者识别、选购、携带和使用。销售包装的设计应考虑 AIDMA（Attention → Interest → Desire → Memory → Action）的因素，其意思就是要使商品的包装能引起消费者的注意，从而使其感兴趣，产生购买欲望，留下记忆，最终采取购买行动。

1. 销售包装的种类

销售包装可采用不同的包装材料和不同的造型结构与式样。常见的销售包装有以下几种：

（1）挂式包装。这是指可在商店货架上悬挂展示的包装，其独特的结构如吊钩、挂孔、网兜等。

（2）堆叠式包装。这种包装通常在包装品的顶部和底部都设有吻合装置，使商品在上下堆叠过程中可以相互咬合。其特点是堆叠稳定性强，常用于听装的食品罐头或瓶装、盒装商品。

（3）便携式包装。这种包装的造型和长宽高比例的设计均适合消费者携带使用，如有提手的纸盒、塑料拎包等。

（4）一次用量包装。它又称单份包装、专用包装或方便包装，是以使用一次为目的的较简单的包装，如一次用量的药品包装、饮料包装、调味品包装等。

（5）易开包装。这种包装容器上有严密的封口结构，使用者不需要另备工具即可容易地开启。易开包装又分为易开罐、易开瓶和易开盒等。

（6）喷雾包装。这是指整体的、装有阀门的包装。当打开阀门或按压按钮时，内容物由于推进产生的压力能够喷射出来。如香水、空气清新剂、清洁剂等的包装。

（7）配套包装。这是指将消费者在使用上有关联的商品搭配成套，装在同一容器内的销售包装，如工具配套袋、成套茶具的包装盒等。

（8）礼品包装。这是专门作为送礼用的销售包装。礼品包装的造型应美观大方，有较高的艺术性，有的还使用彩带、花结、吊牌等。其适用范围广，如糖果、化妆品、工艺品、滋补品和玩具等。

2. 销售包装的装潢和文字说明

商品销售包装上的装潢和文字说明是美化、宣传商品，吸引消费者，使消费者了解商品特性和妥善使用商品的必要手段。装潢、图案和文字说明通常直接印刷在商品包装上，也可采用在商品上粘贴、加标签、挂吊牌等方式。

销售包装的色调、装潢和文字说明要适应不同国家和地区消费者的风俗习惯和爱好。例如，西欧一些国家不喜欢红色，进入加拿大的货物包装必须刷制英语和法语两种文字等，切不可以自身的喜好取而代之。

3. 商品条码标志

商品条码（Product Code）是一种产品代码，它是由一组粗细间隔不等的平行线条及其相应的数字组成的标记，如图 3-6 所示。条码是商品能够流通于国际市场的一种通用的国际语言和统一编号，是商品进入超级市场和大型百货商店的先决条件。

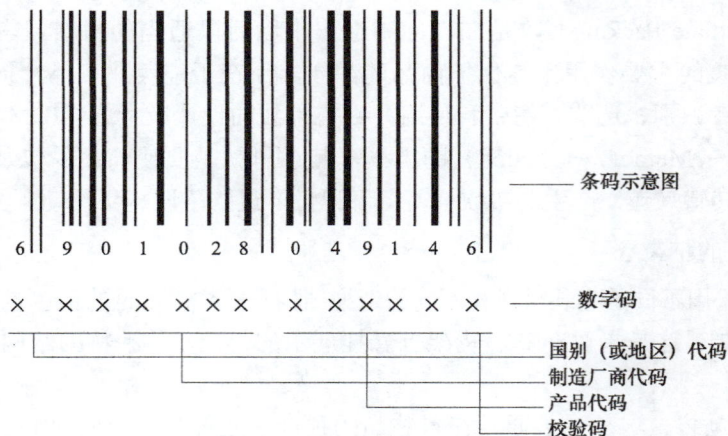

图 3-6 条码示意图

如图 3-6 所示，这些线条和间隙空间表示一定的信息，通过光电扫描阅读装置输入相应的计算机网络系统，即可判断出该商品的生产国别或地区、生产厂家、品种规格和售价等一系列有关该产品的信息。例如，国际上使用最广的 EAN 码由 12 位数字的产品代码和 1 位校验码组成。其中，前 3 位为国别（或地区）代码，中间 4 位数字为制造厂商代码，后 5 位数字为产品代码。

国际上通用的条码种类很多，主要有以下两种：一种是美国统一代码委员会编制的 UPC（Universal Product Code）；另一种是由欧洲 12 国成立的欧洲物品编码协会（后改名为国际物品编码协会）编制的 EAN（European Article Number）。目前 EAN 物品标志系统已成为国际公认的物品编码标志系统。为了适应我国对外经济技术交流不断扩大的要求，国务院于 1988 年批准成立了中国物品编码中心。该中心于 1991 年 4 月代表我国加入国际物品编码协会，并成为正式会员，统一组织、协调、管理我国的条码工作。目前，国际物品编码协会分配给我国的国别号为"690""691""692""693""694"和"695"，凡商品条码前三位是这些数字的商品，即表示是中国生产的商品。

3.4.4　定牌、无牌和中性包装

定牌包装是指买方要求在我方出口商品和 / 或包装上使用买方指定的商标或牌名的做法。我方同意采用定牌，是为了利用买主（包括生产厂商、大型百货公司、超级市场和专业商店）的经营能力和他们的企业商誉或名牌声誉，以提高商品售价和扩大销售数量。但应警惕有的外商利用向我方定购定牌商品来排挤使用我方商标的货物销售，从而影响我国产品在国际市场树立品牌。

无牌包装是指买方要求在我方出口商品和 / 或包装上免除任何商标或牌名的做法。它主要用于一些尚待进一步加工的半制成品，如供印染用的棉坯布，或供加工成批服装用的呢绒、布匹和绸缎等。其目的主要是避免浪费，降低费用成本。国外有的大型百货公司、超级市场

向我方订购低值易耗的日用消费品时，也有要求采用无牌包装方式的。其原因是无牌商品无须广告宣传，可节省广告费用，降低销售成本，从而达到薄利多销的目的。

除非另有约定，采用定牌和无牌时，在我方出口商品和/或包装上均须标明"中国制造"字样。

中性包装是指在商品上和内外包装上不注明生产国别的包装。中性包装有定牌中性和无牌中性之分。定牌中性是指在商品和/或包装上使用买方指定的商标/牌名，但不注明生产国别。无牌中性是指在商品和包装上均不使用任何商标/牌名，也不注明生产国别，俗称"白牌"。采用中性包装，是为了适应国外市场的特殊需要，如转口销售等。

小贴士

OEM、ODM、OBM、OSM 与包装

目前，工商制造企业在外贸出口中多采用定牌包装，因为对传统制造企业来说，从 OEM 到 ODM、OBM、OSM 将是一条漫长的路。OEM、ODM、OBM、OSM 释义如下：

OEM（Original Equipment Manufacturer）按照字面意思，应翻译成原始设备制造商，是指一家厂家根据另一家厂商的要求，为其生产产品和产品配件，亦称为定牌生产或授权贴牌生产。

ODM（Original Design Manufacture）是指原始开发商应客户要求，对客户公司的产品做较大改进、改型的加工，涉及机械结构、电路结构、软件功能上的重大改动，或者是根据客户需要为其重新设计定制产品的加工过程，均属于 ODM 的范畴。但与 OEM 一样，其产品贴客户公司的商标，由客户公司经营销售。

OBM（Original Brand Manufacturer）即原始品牌生产商，是一个近年才流行的术语，是指生产商自行创立产品品牌，生产、销售拥有自主品牌的产品。

OSM（Original Standardization Manufacturer）即原始标准制造商，主要是指技术专利标准，如手机制式标准。

3.4.5　买卖合同中的包装条款

包装条款主要包括包装材料、包装方式、包装费用和运输标志等。在国际货物买卖合同中，包装条款是合同的主要条款之一，如果卖方提供的包装与合同规定不相符合，买方有权索赔损失，甚至拒收货物。

例 14　木箱装，每箱 50kg 净重。
Wooden cases of 50 kilos net each.

例 15　布包，每包 80 套，每套塑料袋装。
In cloth bales of 80 sets, each set packed in a poly bag.

例 16　每 20 件装一盒，10 盒装一纸箱，共 500 个纸箱。
20 pieces to a box, 10 boxes to export carton. Total 500 cartons only.

> **➷ 例 17** 每台装 1 个出口纸箱，810 纸箱装 1 个 40 ft⊖集装箱运送。
>
> Each set packed in one export carton, each 810 cartons transported in one 40 ft container.

订立合同中的包装条款，应注意以下问题：

1. 包装条款的规定要明确具体，不要笼统

有的合同里规定采用"适合海运包装"（Seaworthy Packing）或"习惯包装"（Customary Packing），这就太笼统，容易引起争端。最好不要采用这类笼统的字眼。

2. 对包装费用要做出明确具体的规定

包装费用一般包括在货价以内。如买方要求特殊包装，除非事先明确包装费用包括在货价内，其超出的包装费用原则上应由买方负担。

3. 明确装箱细数及其配比

这包含两个方面的意思：①商品个数与纸箱（单件）包装的配比；②纸箱包装与集装箱（集合包装）的配比。由于外贸最常见的单件包装是纸箱，且件杂货一般采用集装箱运输，因此这里将其作为代表，结合实际来介绍这两个方面的配比。

（1）纸箱体积的确定。纸箱包装可有正方形和长方形之分，正方形箱比长方形箱可多装货物。货物在箱内的排列决定着纸箱体积的大小。长、宽、高的乘积是货物的体积，货物 6 个侧面的面积总和是货物的"表面积"，即货物与包装接触的面积，表面积的大小决定着包装用料的多少。表面积的大小是由货物件数排列和货物放置的方向来决定的。正方形的 6 个侧面均相等，不论怎样放置，方向只有一个。

长方形货物的件数排列是将每件货物的最大边，排在货物件数最少的一边；或者将每件货物的最小边，排在货物件数最多的一边。其结果会使箱型的表面积最小，反之就最大。这个表面积只是纸箱内径，要求出纸箱外径则需将纸板厚度加进去。通常三层瓦楞纸箱内径长宽尺寸要伸放 10mm 左右，五层瓦楞纸箱内径长宽尺寸要伸放 15 ～ 20mm，不论是三层或是五层瓦楞纸箱，内径高都相应比长、宽多一倍，即得出大致的纸箱外径尺寸。纸箱体积通常用毫米来表示。

> **➷ 例 18** 有一中东客商向我方询购安全皮鞋，要求五层瓦楞纸箱包装，每箱装 12 双，每双装一纸盒，纸盒尺寸为 380mm×240mm×103mm。试计算纸箱外径尺寸。
>
> **解析**：按照 12 双 / 箱的要求对货物进行排列，以确定箱型。根据件数排列规则，2 排 × 2 行 ×3 层 =12 双。由此得纸箱内径（380mm×2）×（240mm×2）×（103mm×3）=760mm× 480mm×309mm。长、宽和高分别放伸 20mm 和 40mm，得出大致的纸箱外径尺寸，即 780mm×500mm×350mm（0.136 5m³）。

（2）纸箱包装与集装箱的配比。在设计制作纸箱的同时，要考虑集装箱的运载重量和规定的容积，以便合理计算内装件数，尽可能占用集装箱空间，减少运费损失。在实际业务中，经常使用的集装箱有以下两种：① 20ft 集装箱，也称 20ft 货柜。它是国际上计算集装箱的标准单位，英文名称为 Twenty-foot Equivalent Unit，简称 TEU。其规格为 20ft×8ft×8ft，内径尺寸为 5.9m×2.34m×2.25m，最大容积为 31m³，一般可装 17.5t 或 25m³。② 40ft 集装箱，

⊖ 1ft=0.3048m。

规格为 40ft×8ft×8ft，内径尺寸为 12.05m×2.34m×2.38m，最大容积为 67m³，一般可装 25t 或 55m³。一个 40ft 集装箱相当于 2 个 TEU。

在实际业务中，集装箱装载数量与包装容器长、宽、高的组合及各边是否受固定装放限制有极大关系。一般有两种情况：一种是包装尺寸受产品特性、客户要求、打包机设备固定的限制。例如，清洁精必须竖立，那么包装箱高度即固定；客户要求每箱 24 听装就不能装 20 听。另一种是包装箱尺寸可配合集装箱的规格，最大限度地装满集装箱。一般来说，对包装规格都是有限制的，但对竖立与否不做规定的包装尺寸。

> **例 19**　一批 T 恤产品出口，所用包装纸箱尺寸为长 580mm× 宽 380mm× 高 420mm，用 40ft 钢质集装箱。试计算该集装箱最多可装多少个纸箱。

　解析：

　集装箱内尺寸：长 12 050mm× 宽 2 340mm× 高 2 380mm

　首先，根据集装箱尺寸确定哪一边为高（H）。当 580mm 为高时，2 380mm/580mm=4 层，装载空隙为 60mm；当 380mm 为高时，2 380mm/380mm=6 层，装载空隙为 100mm；当 420mm 为高时，2 380mm/420mm=5 层，装载空隙为 270mm。故以装载空隙最小的 580mm 作为高。

　其次，决定哪一边为长（L）。当 380mm 为长时，12 050mm/380mm=31 排，装载空隙为 270mm；当 420mm 为长时，12 050mm/420mm=28 层，装载空隙为 290mm。

　再次，只能将剩下的 420mm 作为宽（W）。2 340mm/420mm=5 行，装载空隙为 240mm。

　最后，总共可装 4 层（H）×31 排（L）×5 行（W）=620 个纸箱。

　交易会等特殊场合快速估算集装箱可装纸箱数量方法：

$$可装纸箱数量 = 集装箱内容积 × 误差系数 0.9 ×（纸箱长 × 宽 × 高）$$

$$67m^3×0.9÷（0.58m×0.38m×0.42m）=651 箱（60.28m^3）$$

思考

试将下列合同中的包装条款译成中文，并推测进行交易的大致是什么货物。

In iron drums or cardboard drums of 60 kilos net.

36 pairs packed in a carton size assorted.

Goods are in neutral packing and buyer's labels must reach the seller 45 days before the month of shipment.

⇢ 实训项目（Training Project）

实训项目一　情境案例分析

⊃ 项目情境

情境 1：A 公司从国外进口一批青霉素油剂，合同规定该商品品质"以英国药局 1953 年标准为准"。但货到目的港后，A 公司发现商品有异样，于是请商检部门进行检验。经反复查明，在英国药局 1953 年标准内没有关于青霉素油剂的规格标准。结果商检人员无法检验，从而使 A 公司的对外索赔失去了依据。

情境 2：我国某出口公司与匈牙利商人订立了一份出口水果合同，支付方式为货到验收后付款。但货到经买方验收后发现水果总重量缺少 10%，而且每个水果的重量也低于合同规定。于是匈牙利商人既拒绝付款，也拒绝提货。后来水果全部腐烂，匈牙利海关向我方收取仓储费和处理水果费用 5 万美元。我方出口公司陷于被动。

情境 3：合同规定：糖水橘子罐头，每箱 24 听，每听含 5 瓣橘子，每听罐头上用英文标明 "Made in China"。卖方为了讨个吉利，每听装了 6 瓣橘子；装箱时，为了用足箱容，每箱装了 26 听；在刷制产地标志时，只在纸箱上标明 "Made in China"。买方以包装不符合合同规定及未按合同规定标明产地为由要求赔偿，否则拒收整批货物。卖方理亏，只好认赔。

➲ 工作任务

任务 1：上述三个情境分别是关于品质、数量、包装的三个案例，请根据学过的业务知识，做出判断与分析。

任务 2：举例说明在拟定品质、数量、包装条款时，应注意哪些问题。

实训项目二　合同标的条款辨析

➲ 项目情境

Dear Sirs,

In reply to your fax of 3rd June which asked us to make an offer on our Blanket No. 33, we wish to confirm our fax dispatched on June 6 offering without engagement the following:

Quality: "White Rabbit" Brand Woolen Mixed Blanket No.33

Size: 72 in×84 in.

Weight: 4 lbs.

Colour: Yellow

Quantity: 500pcs.

Price: at $40 each piece CIF Montreal

Shipment: During July and August 2019

Terms: Draft at 60 days under an irrevocable L/C.

You are cordially invited to take advantage of this attractive offer which may not be repeated.

We are expecting a large order from the United States, and that will cause a sharp rise in price.

As you will have realized from the catalogue we sent you in May, our blanket is a perfect combination of durability, warmth, softness, and easy care. We are confident you can do some profitable business.

We look forward to a prompt reply by fax, if possible.

Yours faithfully,

White Rabbit Textile Co. LTD.

Xinyu Wang

❍ 工作任务

任务 1：表示品质的方法很多，该笔业务所使用的方法是什么？请举例说明其他表示品质的方法。

任务 2：请根据函电内容，试以中英文两种形式拟订合同的品名、品质、数量条款。

能力迁移（Skill Transfer）

应　知　考　核

一、单项选择题

1. 在国际贸易中，造型上有特殊要求或具有色香味方面特征的商品适合（　　）。

    A．凭样品买卖 　　　　　　　　　　B．凭规格买卖

    C．凭等级买卖 　　　　　　　　　　D．凭产地名称买卖

2. 若合同规定有质量公差条款，则在公差范围内，买方（　　）。

    A．不得拒收货物 　　　　　　　　　B．可以拒收货物

    C．可以要求调整价格 　　　　　　　D．可以拒收货物也可以要求调整价格

3. 凭样品买卖时，如果合同中无其他规定，那么卖方所交货物（　　）。

    A．可以与样品大致相同 　　　　　　B．必须与样品完全一致

    C．允许有合理公差 　　　　　　　　D．允许在包装规格上有一定幅度的差异

4. 根据《跟单信用证统一惯例》规定，合同中使用"大约""近似"等约量字眼，可解释为交货数量的增减幅度为（　　）。

    A．不超过 5% 　　　　　　　　　　B．不超过 10%

    C．不超过 15% 　　　　　　　　　　D．由卖方自行决定

5. 我国现行的法定计量单位是（　　）。

    A．公制 　　　　B．国际单位制 　　　C．英制 　　　　　D．美制

二、多项选择题

1. 卖方根据买方来样复制样品，寄送买方并经其确认的样品，称为（　　）。

    A．复样 　　　　　　　　　　　　　B．回样

    C．确认样 　　　　　　　　　　　　D．对等样品

2. 某公司向国外某客商出口 50t 小麦，合同规定卖方交货的数量可溢短装 5%，卖方实际交货时多交了 2t，买方可就卖方多交的 2t 货物做出（　　）的决定。

    A．收取 52t 货物 　　　　　　　　　B．拒收 52t 货物

    C．收取多交货物的 1t 　　　　　　　D．拒收多交的 2t 货物

3. 卖方同意以每吨 300 美元的价格向买方出售 1 200t 一级大米，合同和信用证金额都为 36 万美元。但卖方实际交付货物时，大米的价格已发生波动。因价格波动，一级大米的价格是 350 美元 /t，而三级大米的价格为 300 美元 /t，则（　　）。

A. 卖方可交三级大米

B. 卖方应按合同规定交货

C. 因价格波动卖方可按比例少交一些货物

D. 无论进货多少，只要卖方的交货符合合同和信用证的规定，卖方就能收回36万
美元的货款

应 会 考 核

三、英文资料翻译

1. 1000 M/T, gross for net, with 3% more or less at seller's option, such excess or deficiency to be at the contracted price.

2. Cotton Blanket Art No. 111, red color

3. M/T   4. conditioned weight

5. sales by samples   6. quality tolerance

四、请根据下列情境，完成工作任务

1. 一批出口到阿拉伯国家的冻鸡，合同中的品质条款规定由出口地伊斯兰协会出具证明书，证明该批冻鸡是按伊斯兰教的方法屠宰的，但货物到达目的港后，经检验发现，冻鸡的颈部没有任何刀口痕迹，不符合伊斯兰教的屠宰方法。

任务1：买方可以因此拒收货物吗？

任务2：此案例给我们带来什么启示？

2. 我国某公司与日本客户签订一份煤炭出口合同，合同规定"成交中国煤炭1000 M/T，5%增减，由卖方选择，增减部分按合同价格结算"。货物运抵日本后，经日本海关检查发现煤炭实际吨数为10 500 M/T。据此日商提出降价5%的要求，否则拒收多交的500 M/T煤炭。

任务1：日商做法是否合理？

任务2：我方应如何应对？

五、技能作业

1. 一位澳大利亚客商前来购买抽油烟机，看中我国某公司货号151的款式，约定纸箱包装，每箱装一台，纸箱尺寸为80cm×50cm×42cm。请计算一个40ft货柜可装多少箱？

2. 我国南方某公司与英国客商STON CO.签订一份皮衣合同，共计1 250件，合约号为61HD2，价格条件CIF LONDON。根据以上资料制作一个标准唛头。

3. 请根据下列资料，以英文形式拟定合同中的品名、品质、数量条款。

标的物："白兔"牌第31号毛毯

尺寸：72ft×60ft

重量：4 lb

数量：500条

进出口货物运输
Import and export cargo transportation

· 情境导入（Lead-in Situation）

↘ 情境

浙江远大进出口公司于 9 月 30 日接澳大利亚 ENERSUN 公司来电洽购茶叶 50t。正好远大公司有现货存放在装运港仓库，并查悉 10 月份有班轮直驶澳大利亚。远大公司于 10 月 1 日用传真向对方发盘："茶叶现货即装 50t，每吨 1 500 美元 CIF 悉尼，即期不可撤销信用证付款，限 10 月 5 日复到有效。" ENERSUN 公司 10 月 3 日复电称："你 10 月 1 日电接受，即开信用证。"接电后，远大公司立即组织装运，取得 10 月 15 日的清洁已装船提单，但 ENERSUN 公司的信用证一直未到，几经催促，终于 11 月 2 日收到 ENERSUN 公司 10 月 29 日的信用证。证中规定，装运期为"不得迟于 11 月 16 日"，信用证有效期为"11 月 30 日"。

↘ 分析

根据该信用证的规定，远大公司可否顺利结汇，为什么？

根据该信用证的规定，远大公司可以顺利结汇。《UCP 600》规定："单据日期可以早于信用证的开立日期，但不得晚于交单日期。"本案中，远大公司于 10 月 15 日取得清洁已装船提单，信用证于 10 月 29 日开立，此案情符合《UCP 600》的规定。只要我方在信用证规定的有效期内提交单据，远大公司即可顺利结汇。

国际贸易运输代表货权的转移，运输单据是国际贸易单证的核心，对于买卖双方意义重大。通过国际贸易运输交付货物是卖方的主要义务之一，而在象征性交货中，卖方义务的完成主要体现在装运货物和交付单据两个环节。那么，运输方式有哪些？在装运时应注意哪些要点？各种运输单据的性质是否相同呢？

· 学习目标（Learning Aims）

↘ 应知目标

了解进出口货物运输基本方式、进出口货物运输单据的性质和作用以及买卖合同中的装运条款。

学会合理选用进出口货物运输方式，熟悉进出口货物运输方式的操作程序，掌握装运条款的运用和填制。

⤳ · 知识支撑（Knowledge Support）

4.1　运输方式

4.1.1　海洋运输

海洋运输（Ocean Transport）是国际贸易中最主要的运输方式，其运量占国际货物运输总量的 80% 以上。我国的绝大部分进出口货物都是通过海洋运输方式运输的。

1. 海洋运输的特点

海洋运输之所以被广泛采用，是因为它与其他国际货物运输方式相比，具有下列明显的优点：

（1）运力强。海洋运输可以利用四通八达的天然航道，它不像火车、汽车等容易受轨道和道路的限制，遇到特殊情况还可以改道航行。

（2）运量大。海洋运输船舶的运载能力，远远大于铁路运输车辆和公路运输车辆。如一艘万吨船舶的载重量一般相当于 250 ～ 300 个车皮的载重量。目前，第五代集装箱船的载货能力已超过 5 000TEU，第六代集装箱船可达 6 000 ～ 12 000TEU，散装船可载货 16 ～ 17 万 t，超巨型游轮已达到 50 ～ 70 万 t。

（3）运费低。按照规模经济的观点，因为海洋运输的运量大、航程远，分摊于每货运吨的运输成本就低，因此运价相对低廉。

海洋运输虽有上述优点，但也存在不足之处。例如，海洋运输受气候和自然条件的影响较大，航期不易准确，而且风险较大；此外，海洋运输的速度也相对较慢。

2. 海洋运输船舶的经营方式

按照船舶的经营方式，海洋运输可分为班轮运输和租船运输。

（1）班轮运输（Liner Transport）。班轮运输又称定期船运输，简称班轮（Liner），是指船舶在固定航线上和固定港口之间按事先公布的船期表和运费率往返航行，从事客货运输业务的一种运输方式。班轮运输比较适合运输小批量的货物。

> ▌思考
>
> 资料：表 4-1 显示了法国海运咨询机构 Alphaliner 于 2016 年 8 月公布的全球集装箱班轮公司 20 强排名。数据显示，全球前 20 大集装箱班轮公司运力合计 1 765.1 万 TEU，份额合计为 85%。20 强的前三名依旧是欧洲海运经营大户马士基、地中海航运和法国达飞轮船，这三家船队运力之和相当于全球集装箱船队现有总运力的 40%。其中，排名第一的马士基集团，运力 3 189 290TEU，份额占比 15.4%；第二名地中海航运，运力 2 782 811TEU，份额占比 13.4%；第三名法国达飞轮船，运力 2 302 739TEU，份额占比 11.1%。整合后的

中远海运集运排在第四位，运力 1 563 979TEU，份额占比 7.5%；我国台湾的长荣海运排名第五，赫伯罗特排名第六，第七～十名分别是韩进海运、汉堡南美、东方海外与我国台湾的阳明海运。

但需要注意的是，根据《美国托运人》的最新资料，船运公司的联盟，强强联合呈加剧趋势。由中远、川崎汽船、阳明海运和韩进海运组成的 CKYH 联运体船队运力相当于全球总运力的 12.1%；由赫伯罗特、日本邮船、东方海外、马来西亚国际航运组成的大联合经营体船队运力占全球总运力的 11% 左右；由总统轮船、现代航运和商船三井组成的新世界联营体船队运力占全球总运力的 9% 左右。

表 4-1　2016 年 8 月全球班轮公司运力 20 强榜单

排名	班轮公司	TEU	份额占比	船舶总数（艘）	自有船舶（艘）
1	APM-Maersk	3 189 290	15.4%	622	263
2	Mediterranean Shg Co	2 782 811	13.4%	490	193
3	CMA CGM Group	2 302 739	11.1%	526	140
4	COSCO Container Lines	1 563 979	7.5%	288	87
5	Evergreen Line	956 030	4.6%	187	107
6	Hapag-Lloyd	920 424	4.4%	164	70
7	Hanjin Shipping	611 682	2.9%	98	37
8	Hamburg Süd Group	610 554	2.9%	119	44
9	OOCL	578 703	2.8%	104	53
10	Yang Ming Marine Corp.	572 153	2.8%	104	43
11	UASC	541 146	2.6%	56	38
12	MOL	520 908	2.5%	83	22
13	NYK Line	494 766	2.4%	95	45
14	Hyundai M.M.	435 523	2.1%	60	22
15	K Line	373 706	1.8%	65	12
16	Zim	349 320	1.7%	77	7
17	PIL (Pacific Int. Line)	347 881	1.7%	138	120
18	Wan Hai Lines	234 860	1.1%	93	71
19	X-Press Feeders Group	142 074	0.7%	91	22
20	KMTC	123 409	0.6%	61	25

请问：你能完全看懂这个榜单吗？全球 20 强班轮公司的中文名称是什么？国际航运呈现一种什么样的趋势？

1）班轮运输的特点。

①"四固定"：固定航线、固定港口、固定船期和相对固定的运费率。

②"一负责"：货物由班轮公司负责配载和装卸，运费内已包括装卸费用，班轮公司和托运人双方不计滞期费和速遣费。

③船、货双方的权利、义务与责任豁免，以船方签发的提单条款为依据。

④各类货物都可接受：班轮承运货物的品种、数量比较灵活，包括冷冻、易腐、液体及危险品之类的货物，且一般采取在码头仓库交接货物，为货主提供了更为便利的条件。

2）班轮运费及运价表的构成。班轮运费是班轮公司为运输货物而向货主收取的费用，计算运费的单价或费率则称为班轮运价。班轮运费由基本运费和附加费构成，即班轮运费 = 基本运费 + 附加费。

　　基本运费是指货物从装运港运到卸货港所应收取的基本费用，它是构成全程运费的主要部分；附加费是指对一些需要特殊处理的货物，或者由于突然事件的发生或客观情况变化等原因而需另外加收的费用。

　　班轮运费是按照班轮公司制定的班轮运价表的规定计算的。运价表也称班轮费率表，是发货方支付运费、班轮公司收取运费的计算依据。班轮运价表的结构一般包括说明及有关规定、货物等级表、航线费率表、附加费率表、冷藏货及活牲畜费率表等。不同的班轮公司或班轮公会有不同的班轮运价表。运价表从形式上可分为等级运价表和单项费率运价表。

　　①等级运价表。将全部商品（主要是杂货）分为若干个等级，每个等级有一个基本运费率，商品被规定为几级就按相应等级的运费率计算运费。一般将货物划分为 20 个等级，属于第一级的商品运费率最低，第二十级商品的运费率最高。货物等级表见表 4-2。

表 4-2　货物等级表

货名	货物英文名称	等级与计收标准
农具	AGRICULTURAL IMPLEMENT	8 W/M
农机及零件（包括拖拉机）	MACHINES PARTS & ACCESSORIES（INCL. TRACTORS）	9 W/M
人造革及制品	ARTIFICIAL LEATHER & GOODS	11 M
麻、纸、塑料包装袋	BAGS GUNNY, PAPER, POLYPROPYLENE	5 M
竹制品	BAMBOO PRODUCTS	8 M
推车	BARROW	8 W/M
自行车及零件	BICYCLES & PARTS	5 W/M
电缆	CABLE	10 W/M
蜡烛	CANDLE	6 M
各种罐头	CANNED GOODS, ALL KINDS	8 W/M
钟及零件	CLOCKS & SPARE PARTS	10 M
计算机和复印机	COMPUTER & DUPLICATOR	12 W/M
棉布及棉纱	COTTON GOODS & PIECE GOODS	10 M
棉线及棉纱	COTTON THREAD & YARN	9 M
各种毛巾	COTTON TOWELS, ALL KINDS	9 M
铜管	COPPER PIPES	12 M
半危险化学品	CHEMICALS, SEMI-HAZARDOUS	17 W/M
危险化学品	CHEMICALS, HAZARDOUS	20 W/M
洗衣粉、洗洁精	DETERGENT LIQUID	7 M
染料、颜料（非危险品）	DYESTUFFS, PIGMENTS（N.H.）	10 M
电器、电料	ELECTRIC GOODS & MATERIALS	10 W/M
搪瓷器皿	ENAMEL WARE	9 W/M
羽绒及制品	FEATHER DOWN & PRODUCTS	15 M
化肥	FERTILIZERS	6 W
皮鞋	FOOTWEAR LEATHER	12 M
未列名鞋	FOOTWEAR, N.O.E.	9 M
未列名家具	FURNITURES, N.O.E.	10 M
未列名手套	GLOVES N.O.E.	10 M
棉布、劳动和手套	GLOVES, COTTON WORKING	9 M
皮手套	GLOVES LEATHER	12 M
小五金及工具	HARDWARE & TOOLS, N.O.E.	10 W/M
千斤顶	HOISTING JACK	10 W
医疗设备	HOSPITAL EQUIPMENT N.O.E.	10 W/M
仪器仪表（刻度表、游标卡尺）	INSTRUMENTS & METERS N.O.E.（INCL. DIAL CALIPER, VERNIER CALIPERS）	12 W/M

②单项费率运价表。将每项商品及其基本费率都逐一开列，每项商品有各自的费率。

3）班轮运费的计收标准。根据商品种类的不同，基本运费的计收标准一般有以下几种：

①按重量吨（Weight Ton）计收，在运价表上用"W"表示。按货物毛重计算，以每吨为计算单位，吨以下取三位小数。

②按尺码吨（Measurement Ton）计收，在运价表上用"M"表示。按货物的体积／容积来计算，以每立方米为计算单位，立方米以下取三位小数。

重量吨和尺码吨统称为运费吨或计费吨（Freight Ton，FT）。

③按货物的重量或体积计收，由船公司选择其中收费较高的作为计费吨，运价表中以"W/M"表示。

④按货物的价格计收，即称为从价运费，运价表内用"A.V."或"Ad.Val"表示。从价运费一般按货物的 FOB 价格的百分之几收取。

⑤按货物的重量、体积或价格计收。有两种方式：一种是在班轮运价表中以"W/M or A.V."表示，即运费按照货物重量、体积或价值三者较高的一种计收；另一种是在运价表中注明"W/M plus A.V."，即先按重量或体积中较高的计收运费，然后另加一定百分比的从价运费。

⑥按货物的件数计收。一般只对包装固定，包装内的数量、重量、体积也固定不变的货物，才按每箱、每捆或每件等特定的运费额计收。

⑦按货物的个数计收。例如，货车车辆、活牲畜等。

⑧由货主和船公司临时议定，在运价表上用"Open"表示。这种方法通常是在承运粮食、豆类、矿石、煤炭等运量大、货价较低、装卸容易、装卸速度快的农副产品和矿产品时采用。

班轮公司除收取基本运费外，还根据不同情况征收不同的附加费，以弥补基本运费的不足。附加费名目繁多，常见的有下列几种：

①超重附加费（Heavy Lift Additional）。一件货物的毛重超过运价表规定的重量，即为超重货，需要加收一定的附加费。各轮船公司对每件货物的重量规定不一，我国船公司规定每件货物不得超过 5t。

②超长附加费（Long Length Additional）。一件货物的长度超过运价表规定的长度，即为超长货，需要加收一定的附加费。

③选卸附加费（Optional Fees）。对于选卸货物，需要在积载方面给予特殊安排，这就会增加一定的手续和费用，甚至会发生翻舱。由于上述原因而追加的费用，称为选卸附加费。

④直航附加费（Direct Additional Charges，DAC）。如一批货达到规定的数量，托运人要求将一批货物直接运抵非基本港口卸货，船公司为此加收的费用，称为直航附加费。

⑤转船附加费（Transshipment Surcharge）。如果货物需要转船运输的话，船公司必须在转船港口办理换装和转船手续。由于上述作业所增加的费用，称为转船附加费。

⑥港口附加费（Port Surcharge，PS）。由于某些港口的情况比较复杂，装卸效率较低或港口收费较高等原因，船公司特此加收一定的费用，称为港口附加费。

除上述各种附加费外，船公司有时还根据各种不同情况临时决定增收某种费用，如港口拥挤附加费（Port Congestion Surcharge，PCS）、燃油附加费（Bunker Adjustment Factor，

BAF）、货币贬值附加费（Currency Adjustment Factor，CAF）、码头操作费（Terminal Handling Charge）等。

4）班轮运费计算的步骤。

①根据合同查明装货港和目的港所属航线并查明该装货港和卸货港是否属于航线上的基本港口，是否需要转船。选择卸货港时，要确定选择哪一个港口作为卸货港。

②根据货物名称，从货物等级表中查出所属等级及计费标准。如属未列名货物，应参照性质相近货物的等级及计费标准计算。

③查出各种附加费的计算方法及费率。附加费一般是在基本运费的基础上，加收一定的百分比，或规定每个运费吨加收一个绝对数。

④根据运费计算公式计算运费，即

$$总运费 = 基本运费 + 附加费$$

> **例1**　班轮运费的计算
>
> 　　某贸易公司以 CFR 价格条件由上海港向新加坡出口门锁 600 箱，该货物每箱长 45cm、宽 40cm、高 25cm，毛重为 35kg。请问：该批门锁的运费为多少？
>
> 　　首先查货物等级表，得知该商品属于 10 级货，运费计收标准为 W/M。
>
> 　　然后查航线费率表，得知该航线 10 级货每运费吨基本费率为 450 美元，另收燃油附加费 20%，港口附加费 10%。
>
> 　　最后将查得的数据进行计算如下：
>
> $$W=35kg=0.035t=0.035 运费吨$$
> $$M=45cm×40cm×25cm=45\ 000cm^3=0.045m^3=0.045 运费吨$$
>
> 因为 $M>W$，所以采用 M 计费。
>
> 根据公式得
>
> $$总运费 = 运费吨 × 基本运费率 × （1+ 附加费率）$$
> $$=0.045 运费吨 ×600×450 美元 / 运费吨 × （1+20\%+10\%）$$
> $$=15\ 795 美元$$
>
> 因此，该批门锁的运费为 15 795 美元。

（2）租船运输（Charter Transport）。租船运输又称不定期船运输。它与班轮运输的营运方式不同，即没有预订的船期表，船舶经由的航线和停靠的港口也不固定，必须按出租人与承租人双方签订的租船合同来安排。有关船舶的航线和停靠的港口、运输货物的种类及航行时间等，都按承租人的要求，由船舶所有人确认而定，运费或租金也由双方根据租船市场行市在租船合同中加以约定。

国际海运业务中，租船运输的方式主要有定程租船、定期租船和光船租船三种。

1）定程租船（Voyage Charter），又称程租船或航次租船，是指由船舶所有人负责提供船舶，在指定港口之间进行一个航次或数个航次，用来运输指定货物的租船运输方式。定程租船就其租赁方式不同，又可分为单程租船（又称单航次租船）、来回航次租船、连续航次租船和包运合同租船等。定程租船主要用于运输批量较大的大宗初级产品，如粮食、油料、矿产品和工业原料等。

2）定期租船（Time Charter），又称期租船，是指由船舶所有人将船舶出租给承租人，供其使用一定时期，租船人付给船东一定租金的租船运输方式。承租人也可将此期租船充作班轮或程租船使用。

程租船和期租船有许多不同，主要体现在以下几个方面：

①船舶经营管理不同。程租情况下，租船人不负责对船舶经营管理；期租情况下，租船人要负责对船舶经营管理。

②对船舶的调度权限不同。程租情况下，租船人无权调度船舶；期租情况下，租船人有权调度船舶，包括选择航线、港口和所载货物等。

③计算和支付运费的方法不同。程租运费按货物的数量计算，支付方法有预付、到付，或者部分预付、部分到付；期租租金按船舶夏季满载载重吨计算，都是按一个月或半个月预付。

④其他费用划分不同。程租时，租船人只付运费，至于隔垫费、装卸费等需视租船合同内容而定。比如，装卸费的规定就有四种做法：船方管装管卸（Liner Terms）、船方管装不管卸（Free out，F.O.）、船方管卸不管装（Free in，F.I.）和船方不管装卸（Free in and out，F.I.O.）。期租时，船东只付少数几项营运费用，如修理费、保险费、船检费等，其他一切日常营运开支均由租船人负担。

3）光船租船（Bare Boat Charter）。光船租船是指船舶所有人将船舶出租给承租人使用一定时期，但船舶所有人所提供的船舶是一艘空船，既无船长，也未配备船员，承租人自己要任命船长、配备船员，以及承担船员的给养和船舶营运管理所需的一切费用。这种光船租船，实际上属于单纯的财产租赁，与上述期租船有所不同。由于这种租船方式比较复杂，在当前国际贸易中很少使用。

我国大宗货物的进出口通常采用租船运输方式。在采用这种方式时，除了要对运输进出口商品的运费占成本的比例做出正确的判断外，还必须对国际航运市场的运费行市的发展趋势做出预测，以便正确选择适当的贸易用语。

■ 思考

按 CFR 价格出口洗衣粉 100 箱，该商品内包装为塑料袋，每袋 0.5kg，外包装为纸箱，每箱 100 袋，箱的尺寸 47cm×30cm×20cm，基本运费为每尺码吨 USD$400，另加收燃油附加费 33%，港口附加费 5%，转船附加费 15%，计费标准为"M"。试计算该批商品的运费为多少。

4.1.2　航空运输

航空运输（Air Transport）是一种现代化的运输方式。它与海洋运输、铁路运输相比，具有运输速度快、货运质量高，且不受地面条件的限制等优点，因此适宜运送急需物资、鲜活商品、精密仪器和贵重物品。

1．航空货物运输方式

航空货物运输方式主要有班机运输、包机运输、集中托运和航空快递业务。

（1）班机运输（Scheduled Airline）。班机运输是指具有固定开航时间、航线和停靠航站的飞机运输。班机运输通常使用客货混合型飞机，货舱容量较小，运价较贵，但由于航期固定，有利于客户安排急需物资或鲜活商品的运送。班机时刻表示例见表4-3。

表4-3　北京飞德国的汉莎货运航空班机时刻表

Lufthansa Cargo
FIGHTS FROM BELJING TO GERMANY

FLIGHT NUMBER		LH721	LH721	LH8063	LH8067	LH8061
DEPARTURE	DAY	MON	TUE	TUE	TUE	WED
BEIJING	DEP	1 110	1 110	1 345	1 400	1 345
FRANKFURT	ARR	1 430	1 430	1 640	1 750	1 640
ARRIVAL DAY		MON	TUE	TUE	TUE	WED
A/C-TYPE		747-PAX	747-PAX	747-PAX	747-F	747-M

Flight numbers starting with 80···operated in cooperation with Air China.
A/C-types are 747-F（Freighter），747-PAX（Passenger-version），747-M（Combi）.
All times shown in this Schedule are local times.
This schedule is subject to change without prior notice.

（2）包机运输（Chartered Carrier）。包机运输是指航空公司按照约定的条件和费率，将整架飞机租给一个或若干个包机人（包机人是指发货人或航空货运代理公司），从一个或几个航空站装运货物至指定目的地。包机运输适合大宗货物运输，费率低于班机，但运送时间则比班机要长些。

（3）集中托运（Consolidation）。集中托运可以采用班机或包机运输方式，是指航空货运代理公司将若干批单独发运的货物集中成一批向航空公司办理托运，填写一份总运单送至同一目的地，然后由其委托当地代理人负责分发给各个实际收货人。这种托运方式可降低运费，是航空货运代理的主要业务之一，如图4-1所示。

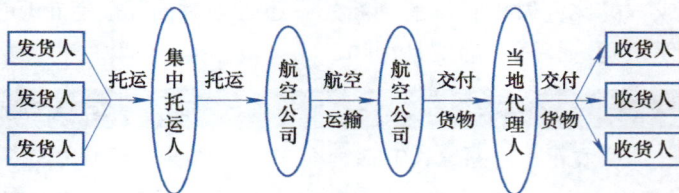

图4-1　集中托运各方当事人关系图

（4）航空快递业务（Air Express Service）。航空快递业务是指由快递公司与航空公司合作，向货主提供的快递服务。其业务为：由快递公司派专人从发货人处提取货物，然后以最快航班将货物出运，飞抵目的地后，由专人接机提货，办妥进关手续后直接送达收货人，又称为"桌到桌运输"（Desk to Desk Service）。这是一种最为快捷的运输方式，特别适合运送各种急需物品和文件资料。

2.　航空运输的承运人

（1）航空运输公司。航空运输公司是航空货物运输业务中的实际承运人，负责办理从起运机场至到达机场的运输，并对全程运输负责。世界常见的航空公司见表4-4。

表 4-4　世界常见的航空公司

英文全称	中文全称	代码	所在国家（地区）
Air China International Corp.	中国国际航空公司	CA	中国
China Southern Airlines	中国南方航空公司	CZ	中国
China Eastern Airlines	中国东方航空公司	MU	中国
America Airlines	美洲航空公司	AA	美国
Air Canada	加拿大航空公司	AC	加拿大
China Airlines Ltd.	中华航空公司	CI	中国台湾
Cathay Pacific Airways Ltd.	国泰航空公司	CX	中国香港
Korean Air	大韩航空公司	KE	韩国
Dragon Air	港龙航空公司	KA	中国香港
Japan Airlines Co., Ltd.	日本航空公司	JL	日本
All Nippon Airways Co., Ltd.	全日空航空公司	NH	日本
Lufthansa Germany Airline	汉莎航空公司	LH	德国
Northwest Airlines Inc.	美国西北航空公司	NW	美国
Asiana Airlines	韩亚航空公司	OZ	韩国
Singapore Airlines Ltd.	新加坡航空公司	SQ	新加坡
Air France	法国航空公司	AF	法国
British Airways	英国航空公司	BA	英国
KLM Royal Dutch Airlines	荷兰皇家航空公司	KL	荷兰
Air Macau Airlines	澳门航空公司	NX	中国澳门

（2）航空货运代理公司。航空货运代理公司可以是货主的代理，负责办理航空货物运输的订舱，在始发机场和到达机场的交接货与进出口报关等事宜；也可以是航空公司的代理，办理接货并以航空承运人的身份签发航空运单，对全程运输负责。

3. 航空运输的运价

航空运输的运价是指从启运机场到目的机场的运价，不包括其他额外费用（如提货、进出口报关、交接和仓储费用等）。航空运价一般是按重量（kg）或体积（6 000cm³ 折合 1kg）计算的，而以两者中较高者计算为准。

航空运价主要有指定商品运价、等级货物运价和普通货物运价三种，航空运费选择其中一种计算。如遇两种运价均可适用时，应首先使用指定货物运价，其次是等级货物运价，最后是普通货物运价。

（1）指定货物运价（Special Cargo Rate，SCR）。指定货物运价往往低于普通货物的运价，是一种优惠性质的运价。指定货物运价在使用时，对货物的起讫地点、运价使用期限、货物运价的最低重量起点等均有特定的条件。指定货物运价产生的原因可归纳为以下两个方面：①在某特定航线上，一些较为稳定的货主经常或者定期托运特定品名的货物，托运人要求承运人提供一个较低的优惠运价；②航空公司为了有效地利用其运力，争取货源，并保证飞机有较高的载运率，向市场推出一个较具竞争力的优惠运价。有些指定货物运价也公布了不同的重量等级分界点，旨在鼓励货主托运大宗货物，并使其意识到选择空运的经济性及可行性。

（2）等级货物运价（Class Cargo Rate，CCR）。货物的等级运价仅适用于在指定地区内的少数货物，通常是在普通货物运价的基础上加减一定百分比。例如，活动物、贵重货物、尸体或骨灰等，会在普通货物运价的基础上增加一定的百分比；书报杂志、行李等，会在普通货物运价的基础上减少一定的百分比。通常附加的等级货物用代号（S）表示（即Surcharged Class Rate），附减的等级货物用代号（R）表示（即 Reduced Class Rate）。

（3）普通货物运价（General Cargo Rate，GCR）。普通货物运价根据货物重量不同，分为若干个重量等级分界点运价。例如，"N"表示标准普通货物运价，是指 45kg 以下的普通货物运价。同时，普通货物运价还公布有"Q45""Q100""Q300"等不同重量等级分界点的运价。这里"Q45"表示 45kg 以上（包括 45kg）普通货物的运价，依此类推。对于 45kg 以上不同重量分界点的普通货物运价均用"Q"表示。普通货物运价示例见表 4-5。

表 4-5　上海—波士顿航空货物运价

城市代码	城市	国家（地区）代码	单价/kg
BOS	波士顿	MA US	M　420.00
			N　　75.15
			45　56.29
			100　49.56
			300　42.72
			500　34.47
			1 000　31.52

注：表 4-5 中代号 M 即最低运费（Minimum Rate），是指在两地间运输一批货物收取的最低费用。

📌 **例 2**　有一批热带鱼，毛重 120kg，体积 0.504m³。需从我国某地空运至韩国首尔，应如何计算其运费？（设普通货物运价，45kg 以上，每公斤为 9 元；等级货物运价，每公斤为 16.70 元；指定货物运价，每公斤为 7.59 元）

解答：根据上述运价进行比较计算

按 GCR 运价，应为（9×120）元 =1 080 元

按 CCR 运价，应为（16.70×120）元 =2 004 元

按 SCR 运价，应为（7.59×120）元 =910.8 元

可见，此批热带鱼应选用 SCR 计算，运费是 910.8 元。

4.1.3　铁路运输

铁路运输（Rail Transport）是一种运量仅次于海洋运输的主要运输方式，负担着进出口货物的集中和分散的繁重任务。

国际铁路货物运输

铁路运输有许多优点：它一般不受气候条件的影响，可以保证常年的正常运输，而且运量较大，速度较快，有高度的连续性，运输过程中可能遭受的风险也比较小，手续也比较简单，因而具有广泛的适用性。

铁路运输可分为国内铁路货物运输和国际铁路货物联运两种。

1. 国内铁路货物运输

我国出口货物经铁路至港口转船，进口货物卸货后经铁路运往各地，供应我国港澳地区货物经铁路运往香港和澳门，都属于国内铁路运输的范畴。下面主要介绍对港澳地区的货

物运输。

（1）对香港的铁路运输。香港回归祖国后，香港的铁路货物运输仍由内地段铁路运输和香港段铁路运输两部分组成，采用的是一种特殊的"租车方式、两票运输"的方法。具体做法是，凡全国各地运往香港的出口货物，从发货站到深圳北站的内地段运输，先由发货人或发货地外运机构依照对香港铁路运输计划或配额的安排，填写内地铁路运单运往深圳北站，收货人为中国对外贸易运输公司深圳分公司。由深圳外运分公司作为全国各进出口企业的总代理，负责在深圳与铁路局办理货物及其运输单据的交接，并向铁路办理租车，然后向海关申报出口，经联桥查验放行后，货车编组集结在深圳站，等待香港段铁路派机车拉运。货车原车过轨后，由香港中国旅行社作为深圳外运分公司在香港的代理人，负责向香港段铁路公司输港段运输的托运、付费、运送、押运等工作。货车到达九龙终点站后，再由香港中国旅行社将货物卸交给香港各收货人。

（2）对澳门的铁路运输。出口单位在发送地车站将货物托运至广州，整车到广州南站新风码头，零担到广州南站，危险品零担到广州吉山站，集装箱和快件到广州车站，收货人均为广东省外运公司。货到广州后，由广东省外运公司办理水路中转将货物运往澳门，货到澳门后，由南光集团的运输部负责接货并交付澳门各收货人。

2. 国际铁路货物联运

国际铁路货物联运简称国际联运，是指使用一份统一的国际铁路联运票据，由铁路负责经过两国或两国以上的全程运输，并由一国铁路向另一国铁路移交货物。

4.1.4　邮包运输

邮包运输（Parcel Transport）是一种较简便的运输方式。各国邮政部门之间订有协定和公约，通过这些协定和公约，各国的邮件包裹可以互相传递，从而形成国际邮包运输网。

国际邮包运输具有国际多式联运和"门到门"运输的性质，而且手续简便。按照国际贸易的惯例，托运人对邮包货物只需按邮局章程办理一次托运，一次付清足额邮资，取得邮政包裹收据（Parcel Post Receipt），交货手续就告完成。加之费用也不高，因此邮包运输成为国际贸易中普遍采用的运输方式之一。

我国与很多国家签订有邮政包裹协定和邮电协定，也是"万国邮政联盟"（Universal Postal Union）的参加国。国际邮包运输一般分为普通邮包和航空邮包两种，对每件邮包的重量和体积，各国都有一定的限制。我国限定为每件长度不超过 1.5m，重量不超过 20kg，长度和长度以外最大横周合计不得超过 300cm。所以，邮包运输只适用于量轻、体小的货物，如精密仪器、机器零部件、药品、金银首饰、样品和其他零星物品。

4.1.5　集装箱运输

集装箱运输（Container Transport）是以集装箱作为运输单位进行货物运输的一种现代化的、先进的运输方式，它适用于海洋运输、铁路运输及国际多式联运等，目前航空运输也有使用集装箱的。可以说，集装箱运输是目前进出口货物采用最多和最普遍的一种运输方式。集装箱外部标志示意图如图 4-2 所示。

front
前

箱前（指在船上放置的位置，此端朝前）

箱底

箱主的名称

COSCO

rear
后
头门

箱门，因放在船上此门朝船尾故叫"后"

COSCO

100778 —— 箱的编号

CN4310 —— CN 为国家代号，4310 为箱子的尺寸，4×××即为 40′，2×××即为 20′ 的箱子

NGW 30480kgs
67200lbs —— 箱子的总重量，向箱内装货不得超过此限

TARE3800kgs
8337lbs —— 箱子的皮重，也即自重

NET 26800kgs
59083lbs —— 箱子的净载重量，也是装货的重量限度

CU.CAP67.8m³
2394ft —— 箱内的容积，也是装货的容积限度

制造集装箱厂家的铭牌

船舶检验机构的牌记

CSC 标志。CSC 是 International Conventional for Safe Container 的缩写，中文含义是国际集装箱安全公约

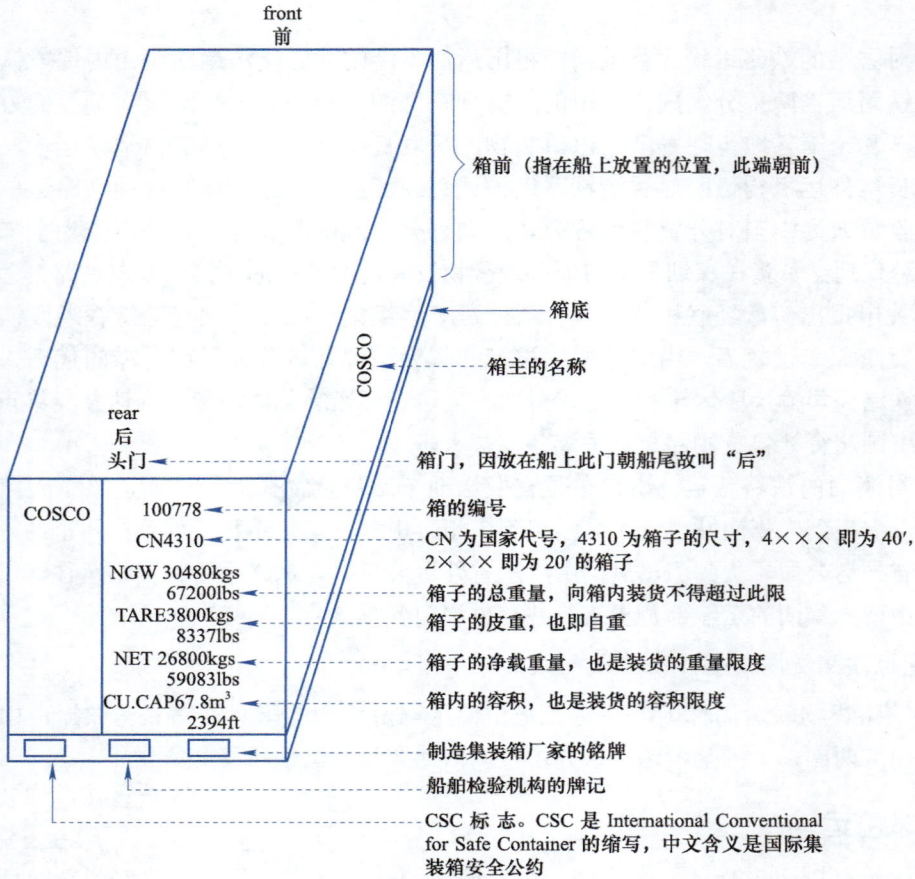

图 4-2　集装箱外部标志示意图

1．集装箱运输的特点

与传统运输相比，集装箱运输具有极大的优越性：

（1）装卸率高。例如，传统班轮每小时只能装卸 35t 左右的货物，集装箱班轮每小时可装卸 400t 货物。装卸率高极大地提高了码头吞吐量。

（2）充分利用运输工具，节省包装费用。集装箱可以在运输工具上整齐地堆码摆放，最大限度地利用车船的载重量和容积；并且其本身就是一个坚固的外包装，防日晒雨淋、防偷窃，极大地简化了内部货物的包装。

（3）流程简便且有利于开展国际多式联运。采用集装箱运输，简化了计量、整理、保管、检验、交接等流程，从而加速了商品和资金的流通。同时，由于在交接时无须拆箱，很好地将传统单一的运输方式串联为连贯的成组运输，促进了国际多式联运的发展。

2．集装箱的种类和规格

为适应运输各类货物的需要，集装箱可从不同角度分类：按用途可分为干货集装箱、保温集装箱、罐式集装箱、液体集装箱等；按结构可分为内柱式集装箱、外柱式集装箱、折叠式集装箱和固定式集装箱等。

实践中使用最多的是干货集装箱（Dry Cargo Container），即通用集装箱（General Propose Container，GP），占全球使用量的 85%。这种集装箱可以用来装载除液体和控温货物以外的几乎所有杂货。

为统一集装箱规格，国际标准化组织推荐了 3 个系列 13 种规格的集装箱。在国际运输中常用的集装箱规格为 20ft（20GP）和 40ft（40GP）两种，有时会用到 40ft（40HQ）高箱和 45ft 高箱（45HQ）（见表 4-6）。目前国际上均以 20ft 柜为衡量单位，称为"相当于 20ft 单位"，以标箱 TEU（Twenty-foot Equivalent Unit）来表示不同型号的集装箱，一律折成 TEU 加以计算。

表 4-6　通用集装箱的规格

箱型	内容积	配货毛重	有效容积 /m³
20GP	5.79m×2.13m×2.18m	一般为 17.5t	25
40GP	11.8m×2.13m×2.18m	一般为 24.5t	55
40HQ	11.8m×2.13m×2.72m	一般为 22t	68
45HQ	13.58m×2.34m×2.71m	29t	86

注：表中的配货毛重在实践中以各船公司在不同航线上的规定为准。

▶ **例 3**　集装箱装箱数量的简略计算

某种货物装箱方式是 8 台装 1 个纸箱，纸箱的尺寸是 54cm×44cm×40cm，毛重为每箱 53kg。试简略计算该类货物集装箱运输出口时的装箱数量。（根据 20ft、40ft、重量和体积分别计算装箱的最大数量。）

（1）如果按重量计算，每个 20ft 集装箱可装数量为 17 500kg/53kg=330.189 箱，取整为 330 箱，计 2 640 台。

每个 40ft 集装箱可装数量为 24 500kg/53kg=462.264 箱，取整为 462 箱，计 3 696 台。

（2）如果按体积计算，每个 20ft 集装箱可装数量为 25m³/（0.54×0.44×0.4）m³=263.047 箱，取整为 263 箱，计 2 104 台。

每个 40ft 集装箱可装数量为 55m³/（0.54×0.44×0.4）m³=578.704 箱，取整为 578 箱，计 4 624 台。

综合（1）（2）可得，出口时每个 20ft 集装箱装 2 104 台，每个 40ft 集装箱装 3 696 台。

3. 集装箱货物的交接方式

集装箱按其装载货物所属货主，可分为整箱货（Full Container Load，FCL）和拼箱货（Less Container Load，LCL）。整箱货可由发货方自行装箱后直接送至集装箱堆场（Container Yard，CY），到达目的地后，送至堆场由收货人提取。堆场通常设在集装箱码头附近，是集装箱的中转站。

如果一家货主的货物不足一整箱，需送至集装箱货运站（Container Freight Station，CFS），由承运人把不同货主的货物按性质、流向进行拼装，称为拼箱货。货到目的地，拼箱货应送至货运站由承运人拆箱后分别由收货人提取。

集装箱货物的交接方式应在运输单据上予以说明，国际上通用的表示方式见表 4-7。

表 4-7　集装箱货物的交接方式

运输方式	交接地点	交接方式
整箱货运输	场到场（CY to CY）、门到门（Door to Door）、门到场（Door to CY）、场到门（CY to Door）	整箱交（FCL），整箱接（FCL）
拼箱货运输	站到站（CFS to CFS）	拼箱交（LCL），拆箱接（LCL）
	门到站（Door to CFS）、场到站（CY to CFS）	整箱交，拆箱接（不常见）
	站到门（CFS to Door）、站到场（CFS to CY）	拼箱交，整箱接（不常见）

　　集装箱运输有三个交接地点：①集装箱堆场，指集装箱码头堆场；②门（Door），指货主的工厂或仓库；③集装箱货运站，通常指货代的仓库。上述三个交接地点两两组合得到九种组合方式，见表 4-6 第二列。然而，在实践中常用的只有"场到场（CY to CY）""门到门（Door to Door）""站到站（CFS to CFS）"三种。

4. 集装箱运费的计算

　　集装箱海运运费由内陆运输费用、堆场服务费、拼箱服务费、设备使用费和海运运费等构成。对于拼箱货的运输，运费以运费吨为计算单位，除按传统的杂货等级费率收取基本运费外，还收取一定的附加费；对于整箱货的运输，则以一个集装箱为计算单位，按包箱费率（Box Rate）来计算。包箱费率主要有以下三种形式：

　　（1）FAK 包箱费率（Freight for All Kinds），即不分货物种类，也不分货量，统一规定的每个集装箱收取的费率，见表 4-8。

表 4-8　FAK 包箱费率表

SHANGHAI-MIDDLE EAST SERVICE (IN US $)

POD（PORT OF DESTINATION）	20GP	40GP	40HQ	SURCHARGE	SHIPPING DATE	VOYAGE	PERIOD OF VALIDITY
CHITTAGONG	1 035	1 900	1 900	ALL IN	2	20	2020-2-7
DOHA	1 000	1 800	1 800	ALL IN	5	21	2020-2-7
NHAVA SHEVA	650	1 100	1 100	ALL IN	3	13	2020-2-7
DAMMAN	1 075	1 550	1 550	ALL IN	1	21	2020-2-7
KUWAIT	725	1 300	1 300	ALL IN	3	21	2020-2-7

　　（2）FCS 包箱费率（Freight for Class），即按不同货物等级制定的包箱费率，见表 4-9。

表 4-9　FCS 包箱费率表

CHINA-JAPAN CONTAINER SERVICE（IN US $）

SHANGHAI-KOBE, OSAKA, NAGOYA, YOKOHAMA, MOJI, YOKKAICHI
NINGBO-KOBE, YOKOHAMA
WENZHOU-YOKOHAMA

CLASS	LCL W/M	20′	40′
1～7	55.00	770.00	1 460.00
8～10	58.00	820.00	1 560.00
11～15	61.00	870.00	1 650.00
16～20	64.00	920.00	1 750.00
CHEMICALS	61.00	870.00	1 650.00
SEMI-HAZARDOUS	68.00	1 200.00	2 280.00
HAZARDOUS	—	1 650.00	3 100.00
REFRIGERATED	—	2 530.00	4 800.00

（3）FCB 包箱费率（Freight for Class & Basis），即按不同货物等级或货类以及计算标准制定的包箱费率，见表 4-10。

表 4-10　FCB 包箱费率表

CHINA-MEDITERRANEAN CONTAINER SERVICE（IN US$）				
中国基本港：上海、天津新港、青岛、大连、黄埔、厦门—巴塞罗那、马赛、热那亚 CHINA-BASE PORTS: SHANGHAI, TIANJIN XINGANG, QINDAO, DALIAN, HUANGPU, XIAMEN-BARCELONA, MARSEILLES, GENOA				
等级 （CLASS）	计算标准		CY/CY	
	BASIS	CFS/CFS	20′	40′
1～7	M	90	1 750.00	3 500.00
8～10	M	94	1 900.00	3 800.00
11～15	M	101	2 050.00	4 100.00
16～20	M	107	2 200.00	4 400.00
1～7	W	118	1 750.00	3 500.00
8～10	W	127	1 900.00	3 800.00
11～15	W	136	2 050.00	4 100.00
16～20	W	145	2 200.00	4 400.00
CHEMICALS	W/M	128	2 050.00	4 100.00
SEMI-HAZARDOUS	W/M	166	2 550.00	5 100.00
HAZARDOUS	W/M	224	3 550.00	7 100.00
REFRIGERATED	W/M	246	3 900.00	7 850.00

■ 思考

某公司出口一批十字扳手到日本神户，共 600 件，总重量 16.2 M/T，总尺码为 23.316m³，由船公司装了一个 20ft 集装箱。经查船公司运价表，该货运费计算标准为 W/M，等级为 10 级，20ft 集装箱运费率是 US$870/M 和 US$850/W，装箱费是 US$120/20′。试计算该批十字扳手的总运费。

4.1.6　其他运输方式

1. 公路运输

公路运输（Road Transportation）具有机动灵活、速度快和方便等特点，尤其是可以实现"门到门"运输。但公路运输也有一定的不足之处，如载货量有限、运输成本高、容易造成货损事故等。公路运输在我国对外贸易运输中占有重要的地位，可以同有公路相通的邻国进行进出口货物贸易。

2. 内河运输

内河运输（Inland Water Transportation）是水上运输的一个组成部分。它是连接内陆腹地和沿海地区的纽带，具有投资少、运量大、成本低及耗能少等优点。我国拥有四通八达的内河航运网，长江、珠江等主要河流沿线的一些港口已对外开放，此外，我国同一些邻国还有国际河流相通。

3. 国际多式联运

国际多式联运（International Multimode Transportation）又称联合运输，是在集装箱运输的基础上产生和发展起来的一种综合性的连贯运输方式。它一般是以集装箱为媒介，把海、陆、空各种传统的单一运输方式有机地结合起来，组成一种国际的连贯运输。《联合国国际货物多式联运公约》对国际多式联运所下的定义是："国际多式联运是指按照多式联运合同，以至少两种不同的运输方式，由多式联运经营人把货物从一国境内接运货物的地点运至另一国境内指定交付货物的地点。"

根据上述定义，结合国际上的实际做法可以得出，构成国际多式联运应具备下列条件：

（1）必须有一份多式联运合同，合同中明确规定多式联运经营人和托运人之间的权利、义务、责任和豁免。

（2）必须至少是两种或两种以上不同运输方式的连贯运输。

（3）必须使用一份包括全程的多式联运单据，并由多式联运经营人对全程运输负总的责任。

（4）必须是全程单一的运费费率，其中包括全程各段运费的总和、经营管理费用和合理利润。

国际多式联运包括陆空联运、海空联运、陆空陆联运、陆海联运、大陆桥运输等方式。

多式联运合同（Multimodal Transport Contract）是指多式运输经营人与托运人之间订立的凭以收取运费、负责完成或组织完成国际多式运输的合同。它明确了多式运输经营人和托运人之间的权利、义务、责任和豁免。多式联运经营人（Multimodal Transport Operator，MTO）是指其本人或通过其代表与发货人订立多式运输合同的任何人，他是事主，而不是发货人的代表人或代表或参加多式联运的承运人的代理人或代表，他负有履行合同的责任。多式联运经营人可以出任实际承运人，办理全程或部分运输业务；也可以是无船承运人（Non-vessel Operating Common Carrier，NVOCC），即将全程运输交由各段实际承运人来履行。多式联运单据（Multimodal Transport Documents，MTD）是指证明多式运输合同成立及证明多式运输经营人接管货物并负责按照合同条款交付货物的单据。根据发货人要求，MTD 可以做成可转让的，也可做成不可转让的。

4. 大陆桥运输

大陆桥运输（Land Bridge Transport）是指以集装箱为媒介，以横贯大陆的铁路或公路运输系统为中间桥梁，把大陆两端的海洋连接起来的运输方式。这种运输方式构成海—陆—海的连贯运输。它除具有集装箱运输和国际多式联运的优点外，还能开辟最短的运输线路，从而缩短运输时间和降低运输成本。

世界上最早的大陆桥运输路线是 20 世纪 50 年代的北美大陆桥，它是基于当时的政治、经济形势，在美国和日本之间首先开辟的。第二条大陆桥路线是自 20 世纪 70 年代开始营运的西伯利亚大陆桥运输路线，也称为欧亚大陆桥。它利用苏联的西伯利亚大铁路作为陆地桥梁，东端由符拉迪沃斯托克（海参崴）的纳霍德卡港从海上连接韩国、日本、我国台湾和香港等地，两端则经由莫斯科以铁路与公路、铁路与海运相联合的方式延伸到欧洲各地和伊朗等中近东地区。

1992年9月，我国开通了第二条欧亚大陆桥运输路线。它东起我国江苏省的连云港，经由陇海、兰新、北疆铁路，横贯河南、陕西、甘肃、青海和新疆维吾尔自治区等省（自治区），经兰新线的终点阿拉山口国境站与哈萨克斯坦土西铁路的德鲁日巴站连接，再通过莫斯科、华沙、柏林等地可直通荷兰的鹿特丹港，全长约10 800km，沿途辐射20多个国家和地区，从而将我国和独联体、西欧国家连接起来，形成一条新的国际运输大动脉。这条大陆桥与西伯利亚大陆桥相比，对外贸易货物同样是从远东地区到欧洲地区，但极大地缩短了运输距离。

> **思考**
>
> 　　**资料**：我国某出口企业收到的一份信用证规定："装运自重庆至汉堡。多式运输单据可接受。禁止转运。"受益人经审查，认为信用证内容与买卖合同相符，遂按信用证规定委托重庆外运公司如期在重庆装上火车经上海改装轮船至汉堡，由重庆外运公司于装车当日签发多式运输单据。议付行审单认可后即将单据寄开证行索偿。开证行提出单证不符，拒绝付款。理由有两条：①运输单据上表示的船名有"预期"（Intended）字样，但无实际装船日期和船名的批注；②信用证规定禁止转运，而提供的单据却表示"将转运"。
>
> 　　**请问**：开证行拒绝付款的理由是否成立？

4.2 运输单据

运输单据是指证明货物已经装上运输工具或已由承运人接管的单据。在采用象征性交货方式下，运输单据是卖方凭以证明已履行交付货物的责任和买方凭以支付货款的主要单据。

4.2.1 海上货物运输单据

1. 海运提单

海运提单（Ocean Bill of Lading）简称提单（B/L）。根据我国《海商法》中的定义，提单是指用以证明海上货物运输合同和货物已经由承运人接收或者装船，以及承运人保证据以交付货物的单证。提单中载明的向记名人交付货物，或者按照指示人的指示交付货物，或者向提单持有人交付货物的条款，构成承运人据以交付货物的保证。

（1）海运提单的性质和作用：

1）提单是承运人或其代理人应托运人的要求所签发的货物收据。

2）提单是货物所有权的凭证。提单的持有人在船货抵达目的港之前，可以通过背书将提单转让，从而转移货物所有权，或凭提单向银行办理抵押贷款。

3）提单是承运人和托运人之间订立的运输契约的证明。

（2）海运提单的分类：

1）根据货物是否已装船，提单可分为已装船提单和备运提单。

已装船提单（On Board B/L；Shipped B/L）是指承运人在货物已经装上指定船舶后所签发的提单。提单签发日期即为装船日期。由于已装船提单对按时到货较有把握，因此，在国际贸易中，买方一般都要求卖方提供已装船提单。

备运提单（received for Shipment B/L）又称收货待运提单，是指承运人已收到托运货物，等待装运期间所签发的提单。

2）根据提单上对货物外表状况有无不良批注，提单可分为清洁提单和不清洁提单。

清洁提单（Clean B/L）是指货物在装船时表面状况良好，承运人在提单上未加注货物及/或包装有缺陷的批注的提单。

不清洁提单（Unclean B/L；Foul B/L）是指承运人在提单上加有明确宣称货物及/或包装有缺陷状况批注的提单。

3）根据提单收货人抬头的不同，提单可分为记名提单、不记名提单和指示提单。

记名提单（Straight B/L）又称收货人抬头提单，是指提单上的"收货人"（Consignee）栏内具体填明收货人名称，只能由指定收货人凭以提货。这种提单不能转让流通。

不记名提单（Bearer B/L）是指提单上的"收货人"栏内仅注明向提单持有人交付货物（To bearer）。这样任何持有提单的人均可提货，而且不加背书即可任意转让。不记名提单对买卖双方的风险都比较大，故在国际贸易中很少使用。

指示提单（Order B/L）是指提单收货人栏内填写"凭指示"（To order）或"凭××人指示"（To order of ××）字样。"凭指示"和"凭发货人指示"（To the order of shipper）的含意相同，都是指必须经发货人背书后才能提货。这种提单经过背书后可以转让，故其在国际贸易中使用最广。背书的方式有空白背书和记名背书两种。前者是指背书人只在提单背面签名或盖章而不注明被背书人名称；后者是指背书人除在提单背面签名或盖章外，还列明被背书人名称。记名背书的提单受让人如需再转让，必须再加背书。目前在实际业务中使用最广泛的是凭指示抬头并经空白背书的提单，习惯上称此为空白抬头、空白背书提单。

4）根据运输方式不同，提单可分为直达提单、转船提单和联运提单。

直达提单（Direct B/L）是指货物从装运港装船后，中途不再换船而直接驶往目的港卸货的提单。凡合同或信用证中规定不准转运者，必须使用这种直达提单。

转船提单（Transshipment B/L）是指货物在装运港装船后，中途需经转船才能驶往目的港卸货的包括运输全程的提单。其转船手续由第一承运人负责安排，费用也由其承担，但运输责任则由各程承运人分段负责。

联运提单（Through B/L）是指货物在运往目的港途中需要经过其他运输方式联合运输（如海陆、海空联运）时由第一承运人所签发的，包括运输全程并能在目的港或目的地凭以提货的提单，其运输安排、费用和责任如同转船提单。

小贴士

联运提单的特点

关于联运提单，有下列特点需引起注意：

（1）第一程必须是海运。

（2）转运手续由承运人办理。

（3）联运提单往往用于海—陆或海—空等联合运输中，由第一承运人收取全程运费，货到转运港后，由第一承运人或其代理人负责将货物交给下一运程的承运人或其代理人。

（4）各承运人只对自己运输的一段负责，联运提单的签发人只对第一程运输负责。

（5）联运提单包括转船提单，但转船提单不包括联运提单。

5）根据船舶营运方式不同，提单可分为班轮提单和租船提单。

班轮提单（Liner B/L）是指由班轮公司在承运货物后签发给托运人的提单。

租船提单（Charter Party B/L）是指承运人根据租船合同载运货物时签发的提单。提单上通常注明"一切条件、条款和免责事项按照××租船合同"字样。这时，原来的提单已不是一个独立的文件，而要受到租船合同条款的约束，因此买方或银行往往不愿接受租船提单，在接受这种提单时要有特别约定或要求提供租船合同副本。

6）根据提单内容的繁简，提单可分为全式提单和略式提单。

全式提单（Long Form B/L）又称繁式提单，是指不仅在提单正面列有必须记载的事项，而且在提单背面印有承运人和托运人在权利和义务方面详细条款的提单。

略式提单（Short Form B/L）又称简式提单，是指只在提单正面列有必须记载的事项而在提单背面无条款的提单，但一般都印有"本提单货物的收受、保管、运输和运费等事项均按本公司全式提单上的条款办理"的字样。略式提单和全式提单在法律上具有同等效力。

7）舱面提单（On Deck B/L）又称甲板提单，是指承运人签发的注明货物是装于甲板上的提单。有些货物如活动物、危险品，以及因货物体积过大，必须装在甲板上时，承运人在其签发的提单上都加注"货装甲板"的字样。按照《海牙规则》的规定，甲板货不包括在承运人负责的"货物"范畴之内，承运人对其在海上运输中除故意行为以外所发生的任何灭失或损失都不负责，由于货物装在甲板上受损的风险很大，所以买方一般不愿意将货物装在甲板上。在信用证业务中，除非另有约定，银行也不接受舱面提单。

8）其他提单。

过期提单（Stale B/L）又称陈旧提单，是指在提单签发日期21天之后，才交到银行的提单。这种提单违反了国际贸易惯例，买方和银行有权拒绝接受。此外，在近邻国家之间的贸易中，由于运输路线短，航运速度快，以致收货方有时不能在船到目的港之前收到提单，因而产生提单"过期"的情况，对此，为保证安全收汇，可在买卖合同或信用证中规定："过期提单可接受"（Stale B/L Acceptable）的条款。

倒签提单（Antidated B/L）是指承运人应托运人的要求在货物的实际装船日期迟于信用证或合同规定的装运期限时，倒签符合装运期限的提单。

预借提单（Advanced B/L）是指承运人应托运人的要求在信用证或合同规定的装运期已到而货物尚未装船或未完全装船时，签发并借给托运人的提单。

上述两种提单，承运人违背了已装船提单只能在货物全部装船完毕才能签发的国际航运规定，尽管它们是在托运人请求并提供"担保书"的情况下签发的，但推卸不了掩盖真实装船日期、签发"虚假提单"（False B/L）的事实，构成侵权行为。

2. 海上货运单

海上货运单（Sea Way Bill）又称海运单，是指证明海上货物运输合同已经成立、货物已由承运人装船或接管，承运人保证据以将货物交付单据所载明的收货人的一种不可流通的单证，因此又称"不可转让海运单"（Non-negotiable Sea Way Bill）。

海运单不是物权凭证。收货人不能凭海运单担保货物，承运人也不凭海运单交货而是凭收货人的提货凭条交付货物，只要该提货凭条能证明他是海运单上指明的收货人。

海运单是为适应近年来随着运输技术发展，货运速度加快，许多货物在运输途中又无须转运，并为克服提单在整个流转过程中经常不能满足时间上的要求，以致船、货双方交货延误的情况而产生并发展起来的。与海运提单相比，海运单具有更安全、更及时、更简便的优点，还可以一定限度地减少在国际贸易中常出现的以假提单进行的诈骗活动。另外，由于 EDI 技术在国际贸易中的推广使用，不可转让海运单也更适用于电子数据交换信息。

案例

提单倒签案

【案情】

我国某公司向德国出口某冷冻商品 1 500 箱，合同规定 1～5 月按同等数量装运，每月 300 箱，凭不可撤销即期信用证付款。客户按时开来信用证，我方 1～3 月交货正常，顺利结汇。但在 4 月时，由于船期延误，推迟到 5 月 6 日才装运出口，而海运提单则倒签为 4 月 30 日，并送银行议付，议付行也未发现问题。后在 5 月 10 日，我方公司又同船装运 300 箱运往目的地，开具的提单为 5 月 10 日。进口商取单时发现问题，拒绝收货。

请问：我方的失误在哪里？进口商为何拒收货物并拒付？

【分析】

我方的失误是：

（1）拖延交货期。

（2）将 5 月 6 日装运出口的货物装船日期倒签为 4 月 30 日，这是违法行为。

（3）最严重的错误是，5 月 10 日将信用证中规定分月等量装运的货物与 5 月 6 日的货物装在同一只船上。这个错误无疑告诉对方 4 月 30 日的提单是倒签的。再者，将分批装运的货物装在同一只船上，从根本上违背了信用证关于分批装运的规定。这是严重的失误。

进口商拒收货物的理由如下：

（1）卖方倒签提单的行为成立，这是一种侵权行为。

（2）对 5 月 6 日装运的货物，虽然是按信用证规定的数量装运的，但进口商以前批（4 月）应装的货物未按时装运为由，可断定 5 月 10 日装运的货物无效。因为《UCP 600》第三十二条规定："如信用证规定在指定的时间段内分期支款或分期发运，任何一期未按信用证规定期限支取或发运时，信用证对该期及以后各期均告失效。"

因此，进口商有权拒收货物。

4.2.2　铁路运单

铁路运单（Railway Bill）是铁路承运人收到货物后签发的货物收据，是收、发货人同铁路承运人的运输契约。铁路运单不是物权凭证，收货人一栏不能做成指示性抬头，而应做成记名抬头。铁路运单一式两份，正本在签发后与货物同行，副本签发给托运人作为承运人收到托运货物的收据。如果货物发生损失，托运人可凭副本向铁路承运人进行索赔。我国对外贸易铁路运输按营运方式分为国际铁路联运和通往我国港澳台地区的国内铁路运输两种，分别适用于国际铁路联运运单和承运货物收据。

1. 国际铁路联运运单

国际铁路联运运单是国际铁路联运的主要运输单据，是铁路与货主之间的运输契约。运单随同货物到达终点站并交给收货人，它既是铁路承运货物出具的凭证，也是铁路与货主交接货物、核收运杂费和处理索赔与理赔的依据。运单副本于运输合同缔结后交给发货人，是卖方凭以向收货人结算货款的主要证件。

2. 承运货物收据

承运货物收据（Cargo Receipt）是我国内地货物通过铁路运往港澳台地区时使用的一种特殊运输单据。它既是承运人出具的货物收据，又是承运人与托运人签订的运输契约。其内容和海运提单基本相同，主要区别是它只有第一联为正本。

4.2.3　航空运单

航空运单（Air Way Bill）是承运人与托运人之间签订的运输契约，也是承运人或其代理人签发的货物收据，还可作为承运人核收运费的依据和海关查验放行的基本单据。但航空运单不是代表货物所有权的凭证，也不能通过背书转让。收货人提货不是凭航空运单，而是凭航空公司的提货通知单。

航空运单依签发人的不同可分为主运单（Master Air Way Bill，MAWB）和分运单（House Air Way Bill，HAWB）。前者是由航空公司签发的，后者是由航空货运代理公司签发的，两者在内容上基本相同，法律效力也无不同。货物在航空公司责任范围内的丢失、损坏，收货人或其代理人可凭商务事故记录，向航空公司索赔。如果货损货差发生在代理人的责任范围内，则由代理人负责赔偿。航空运单的流转关系如图 4-3 所示。

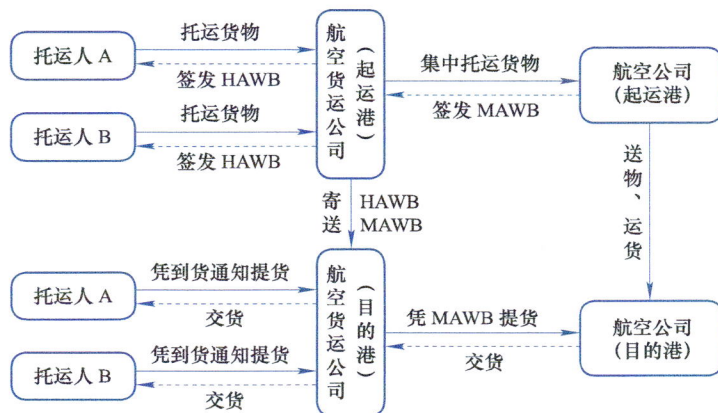

图 4-3　航空运单的流转关系

4.2.4 邮包收据

邮包收据（Parcel Post Receipt）是邮包运输的主要单据，它也是邮局收到寄件人的邮包后所签发的凭证，可以作为索赔和理赔的依据。但邮包收据不是物权凭证。

4.2.5 多式联运单据

多式联运单据可译作 Multimodal Transport Documents（MTD），也可译作 Combined Transport Documents（CTD），是指证明国际多式联运合同成立及证明多式联运经营人接管货物，并负责按照多式联运合同条款交付货物的单据。

多式联运单据是由承运人或其代理人签发的，其作用与海运提单相似，既是货物收据，也是运输契约的证明。根据发货人的要求，它可以做成可转让的，也可做成不可转让的。多式联运单据与联运提单的比较见表 4-11。

表 4-11　多式联运单据与联运提单的比较

不同点	多式联运单据	联运提单
适用的运输方式不同	任何两种及两种以上不同运输方式组成的联合运输	海运与其他不同运输方式组成的联合运输
签发运输单据人的身份不同	由多式联运经营人或其代理人签发	由第一运程的承运人或其代理人签发
签发运输单据人的责任不同	对全程运输负责	仅对第一运程海运负责
单据上表明的运输工具不同	可以不表明货物已装船，也无须载明具体的运输工具名称	表明货物已装船，并载明船名、航次及装船日期

4.3 合同中的装运条款

在国际货物买卖合同中，涉及装运方面的条款主要包括以下内容：装运期、装运港和目的港、分批装运和转船、装运通知以及滞期与速遣。

4.3.1 装运期

装运期又称装运时间，是指卖方装运货物的期限。它是买卖合同的主要条件，如果卖方违反该条件，买方有权撤销合同，并要求卖方赔偿其损失。

1. 装运期的规定办法

（1）明确规定具体的装运期限。

1）限于某月或几个月内装运：

Shipment during March 2021

Shipment during July and August 2021

Shipment at/before the end of May 2021

2）限于某月或某日前装运：

Shipment on/before May 31, 2021

3）规定跨月、跨季度装运：

Shipment on Oct./Nov.

（2）规定在收到信用证后若干天内装运。例如，规定"Shipment within 30 days after receipt of L/C"。对某些外汇管制较严的国家和地区，或为买方定制的商品，为防止买方不按时履行合同而造成损失，可采用这种规定方法。

（3）笼统地规定装运期。这种规定方法不规定具体期限，只是用"立即装运"（Immediate Shipment）、"即刻装运"（Prompt Shipment）等词语表示。为了避免不必要的纠纷，应尽量避免使用。

2．制定装运期条款的注意事项

（1）应考虑货源和船源的实际情况。

（2）对装运期的规定要明确。

（3）装运期限应当适度。装运期限的长短，应视不同商品和租船订舱的实际情况而定。

（4）在规定装运期的同时，应考虑开证日期的规定是否明确合理。装运期与开证日期是互相关联的，为保证按期装运，装运期和开证日期，应该互相衔接起来。

（5）出口业务中，一般不能接受对方提出的既规定装运时间又规定到达时间的做法。

4.3.2　装运港和目的港

1．装运港和目的港的表示方法

装运港（Port of Shipment）又称装货港，是指货物起始装运的港口。装运港一般由出口方提出，经进口方同意后确定。目的港（Port of Destination）是指货物最后卸货的港口。目的港一般由进口方提出，经出口方同意后确定。

2．装运港和目的港的规定方法

在买卖合同中，装运港和目的港的规定方法通常有以下几种：

（1）在一般情况下，装运港和目的港分别规定各为一个，如大连到新加坡。

（2）大宗贸易中，也可规定两个或两个以上的装运港和目的港。

> **↘ 例 4**　Port of Destination: London/Liverpool/Manchester

（3）在磋商交易时，如明确规定装运港或目的港有困难，也可以采用选择港的方法。应正确使用"选择港"。在实际业务中，有些国外客商是中间商，他们在洽谈交易时明确指定具体目的港有困难。为了照顾买方的实际困难和促成交易起见，可允许买方在几个港口中任选其中一个港口作为目的港，但应注意以下几个问题：

1）合同中规定的选择港的数目一般不宜超过三个。

2）备选港必须在同一条班轮航线上，而且是班轮公司的船只都能停靠的港口。

3）在核定价格和计算运费时，应按备选港中最高的费率和附加费计算。如成交的价格是按一般条件商定的，则在买卖合同中应明确规定因选择港而增加的运费、附加费均应由买方负担。

4）应在合同中明确规定买方宣布最后目的港的时间（一般规定买方在载货轮船到达合同所列第一个卸货港前 48 小时向船方宣布最后目的港）。

> **例 5**   CIF London, optional Hamburg/Rotterdam, optional additional for buyer's account.

3. 规定装运港和目的港时应注意的问题

装运港或目的港的规定，应力求明确具体；不接受内陆城市为装运港或目的港；应注意装卸港的具体条件；应注意港口有无重名问题；选择港口不宜过多，并在一条航线上；等等。

4.3.3 分批装运和转船

1. 分批装运

分批装运（Partial Shipment）是指一笔成交的货物，分若干批次装运。凡数量较大，或受运输、市场销售、资金等条件的限制，都可在买卖合同中规定分批装运条款。《UCP 600》规定，除非信用证有相反规定，可准许分批装运。

在国际货物买卖合同中规定分批装运的方法主要有以下两种：

（1）只规定允许分批装运，对具体的分批时间、批次和数量均不做规定，如 with partial shipment allowed。

（2）对具体分批数量、时间等做了明确规定，如 shipment during Mar./Apr./May in three monthly lots, each 1 000 M/T（在 3、4、5 月装运，每月 1 000 M/T）。

第一种规定方法对卖方来说比较主动；第二种规定方法则较被动，卖方应严格按照其规定装运，每月不得多装、少装或不装。《UCP 600》第三十二条规定，如信用证规定在指定的时间段内分期支款或分期发运，任何一期未按信用证规定期限支取或发运时，信用证对该期及以后各期均告失效。

需要注意的是，按惯例，运输单据表面注明同一运输工具、同一航次、同一目的地的多次装运，即使其表面上注明不同的装运日期及／或不同的装运港、接受监管地或发运地，将不视作分批装运。

> **思考**
>
> 　　**资料**：有一份 CIF 合同，出售矿砂 5 000 M/T，合同装运条款规定："CIF Hamburg，2009 年 2 月，由一船或数船装运。"卖方于 2 月 15 日装运了 3 100 M/T，余数又在 3 月 1 日装上另一艘轮船。当卖方凭单据向买方要求付款时，买方以第二批货物延期装运为由，拒绝接受全部单据，并拒付全部货款。卖方提出异议，认为买方无权拒收全部货物。
>
> 　　**请问**：买方的拒付有无道理？

2. 转船

转船（Transshipment）是指货物自装运港运至目的港的过程中，从一运输工具转移到另一运输工具上，或由一种运输方式转为另一种运输方式的行为。一般来说，当货物运往无直达船停靠，或虽有直达船而无固定船期或船期较少的港口，可在合同中规定"允许转船"的条款。《UCP 600》规定，除非信用证有相反的规定，可准许转船。

4.3.4 装运通知

装运通知（Shipping Advice）是指卖方向买方发出的货物已装船的通知。规定这一条款的目的在于明确买卖双方的责任，促使买卖双方互相配合，共同做好船货衔接工作。如在 CFR 条件下，卖方装船后应"及时而充分地"通知买方，以便买方办理保险。

4.3.5　滞期与速遣

在国际贸易中，大宗商品多使用程租船运输，在程租船运输的情况下，货物买卖合同中也要求规定装卸时间、装卸率、滞期和速遣条款。

1．装卸时间

装卸时间（Lay Time）是指船舶出租人与租船人约定的，允许租船人完成货物装卸任务的时间。装卸时间的规定方法主要有以下几种：

（1）按日（days）或连续日（running days 或 consecutive days）计算，其中没有任何扣除，24 小时为一个连续日，即按自然日计算。它一般用于运输矿石、石油等少数不受天气影响的货物的租船合同中。这种规定方法对租船人不利，对船东有利。

（2）按工作日（working days）计算，即按港口习惯规定，属于正常工作的日子，星期日和节假日除外。由于世界各港口的工作日时间不同，因此这种概念不确切，容易产生争议，在租船合同中很少使用。

（3）按晴天工作日（weather working days）计算，即按正常工作日计算，星期日、节假日及因坏天气不能进行装卸作业的日子不计算在工作日内。

（4）按连续 24 小时晴天工作日（weather working days of consecutive 24 hours）计算，即连续 24 小时为一个工作日，但星期日、节假日和因坏天气不能进行装卸作业的日子都一律扣除。这种方法一般适用于昼夜作业的港口，其规定也比较合理，因此在国际上采用较多，我国租船公司的租船合同基本上采用这种条款。

2．装卸率

装卸率（Lay Rate）是指日装卸货物的数量。装卸率的高低关系到装卸任务的完成时间和运费水平。一般应按照港口习惯的正常装卸速度，本着实事求是的原则，具体规定装卸率。规定过高，完不成装卸任务；规定过低，虽能提前完成装卸任务，但船方会因装卸率过低、船舶在港时间过长而增加运费，致使租船人得不偿失。因此，装卸率的规定一定要适当。

3．滞期费和速遣费

在国际贸易中，大宗商品在程租船运输的情况下，买卖合同中应规定滞期、速遣条款。滞期费（Demurrage）是指在合同规定的装卸时间内，由于租船人未能完成装卸作业，给船方造成经济损失，为了补偿船方由此而产生的损失，应由租船人向船东支付一定的罚金；反之，如果租船人在合同规定的时间内提前完成了装卸，给船方节约了船期，从而降低了费用成本、增加了收益，船方对所节约的时间要给租船人一定金额的奖励，这种奖金称为速遣费（Dispatch Money）。在实际业务中，速遣费通常为滞期费的一半。

4.3.6　装运条款实例

（1）3/4/5 月每月平均装一批，由香港转运。

Shipment during March/April/May in three monthly lots, to be transshipped at Hong Kong.

（2）1/2 月从上海至纽约，允许分批装运和转运。

Shipment from Shanghai to New York during Jan./Feb. with partial shipments and transshipment allowed.

（3）9 月装运，由伦敦至厦门，装船后 48 小时内将一份正本提单通过 DHL 快递给买方，不允许分批装运和转运。

Shipment during Sep. from London to Xiamen, 1/3 original B/L should be sent to the Buyers within 48 hours by DHL after shipment，partial shipments and transshipment prohibited.

思考

请解释下列运输条款：

1. Time of shipment, within 10 days upon receiving your letter of credit, from Shanghai to Singapore.

2. Shipment will be effected during March/April/May 2019 in three equal monthly lots.

实训项目（Training Project）

实训项目一　班轮运费的计算

⊃ 项目情境

表 4-12 和表 4-13 为部分货物等级及相关运费率。

表 4-12　某船公司的货物等级表

货名	计算标准	等级
机械设备	W/M	8
豆类	W	3
零件	M	10
五金及工具	W/M	10
玩具	M	11

表 4-13　大连至东非某主要港口的运费率

等级	单位运费（元）
1	243
2	254
3	264
4	280
10	443

⊃ 工作任务

计算下列题目中的班轮运费，掌握班轮运费的计算步骤和方法。

（1）若将绿豆 15 000kg 由大连运至东非某主要港口，请计算运费（燃油附加费 40%）。

（2）现有工具 100 箱，每箱的体积为 0.45m^3，重量为 510kg，计算由大连运至东非某港口的运费（燃油附加费 40%，港口拥挤附加费 10%）。

实训项目二　装船通知

➲ 项目情境

卖方在出口时，无论采用的是 FOB 还是 CFR，都要及时地在货物出运之后，把装船通知（Shipping Advice）发给进口方，以便进口方办理保险或准备提货、租仓。有时买方的信用证也要求提交装船通知的副本作为议付单据之一。

如果卖方未能在装船后及时将装船通知发给买方，从而使买方因未能投保而遭受到损失，卖方应负赔偿责任。由此可见，及时把装船通知发给买方是何等重要。装船通知也称装运通知，其内容主要包括：①货物的品名与包装；②数量；③总金额；④船名与航次；⑤提单号码；⑥起航日期；⑦装货港与卸货港；⑧运输标记。

以下是远大进出口公司给德国客户的装船通知：

YUAN DA I/E CO.,LTD.

345 ZHONGSHAN ROAD, DALIAN CHINA

SHIPPING ADVICE

To: Tivoli Products Co.

Dec.6th, 2020

Dear Sirs,

Re: Invoice No.HB201934　　L/C No.: 51346HKXB

We hereby inform you that the goods under the above mentioned credit have been shipped out. The details of the shipment are stated below.

Commodity: football

Quantity: 500 cartons

Amount: USD35 000.00

Ocean Vessel: per s.s. DONGFANG Voy.156

Bill of Lading No.: 01COS87654

Date of Departure: Dec.6th, 2020

Port of Loading: Dalian

Port of Discharge: Hamburg

Shipping Mark: T.P.P

　　　　　　　HB4321

　　　　　　　HAMBURG

　　　　　　　C/NO.1-500

We hereby certify that the above content is true and correct.

YUAN DA I/E CO., LTD.

CHET LUO

➲ 工作任务

请将上面的装船通知翻译成中文。

能力迁移（Skill Transfer）

应 知 考 核

一、单项选择题

1. 班轮运输的运费应该包括（　　）。
    A. 装卸费，不计滞期费、速遣费　　　　B. 装卸费，但计滞期费、速遣费
    C. 卸货费和滞期费，不计速遣费　　　　D. 卸货费和速遣费，不计滞期费

2. 当贸易术语采用 CIF 时，海运提单对运费的表示应为（　　）。
    A. Freight Prepaid　　　　　　　　　B. Freight Collect
    C. Freight Prepayable　　　　　　　　D. Freight Unpaid

3. 必须经背书才能进行转让的提单是（　　）。
    A. 记名提单　　　B. 不记名提单　　　C. 指示提单　　　D. 海运单

4. 签发多式联运提单的承运人的责任是（　　）。
    A. 只对第一程运输负责　　　　　　　B. 必须对全程运输负责
    C. 对运输不负责　　　　　　　　　　D. 只对最后一程运输负责

5. 信用证的到期日为 12 月 31 日，最迟装运期为 12 月 15 日，最迟交单日期为运输单据出单后 15 天，出口人备妥货物安排出运的时间是 12 月 10 日，则出口人最迟应于（　　）向银行交单议付。
    A. 12 月 15 日　　B. 12 月 25 日　　C. 12 月 20 日　　D. 12 月 31 日

6. 根据《UCP 600》，若信用证条款中未明确规定是否"允许分批装运""允许转运"，则应视为（　　）。
    A. 可允许分批装运，但不允许转运　　B. 可允许分批装运和转运
    C. 可允许转运，但不允许分批装运　　D. 不允许分批装运和转运

二、多项选择题

1. 国际货物买卖合同中比较常见的装运期的规定方法有（　　　　）。
    A. 规定在某一天装运　　　　　　　　B. 规定在收到信用证后若干天内装运
    C. 笼统地规定装运期　　　　　　　　D. 明确规定具体的装运期限

2. 联运提单与国际多式联运单据在性质上的区别是（　　　　）。
    A. 适用的运输方式不同　　　　　　　B. 签发运输单据人的身份不同
    C. 签发运输单据人的责任不同　　　　D. 运费率不同

3. 构成国际多式联运应具备的条件是（　　　　）。
    A. 必须要有一份多式联运合同和使用一份包括全程的多式联运单据，并有一个多式联运经营人对全程运输负责
    B. 必须是至少两种不同运输方式的连贯运输

C．必须是国际货物运输

D．必须是全程单一的运费费率

应 会 考 核

三、计算题

1. 某公司出口箱装货物一批，原报价为每箱 50 美元 FOB 上海，英国商人要求改 CFR 汉堡。我方应报价多少？已知，该批货物体积 0.05m³，每箱毛重 40kg，商品计费标准为 W/M，每运费吨基本运费率为 200 美元，并加收燃油附加费 10%。

2. 我方出口商品共 100 箱，每箱的尺寸为 30cm×60cm×50cm，毛重为 40kg，查运费表得知该货物为 9 级，计费标准为 W/M，基本运费为每运费吨 280 港元，另加燃油附加费 30%，港口拥挤附加费 10%。请问：该批货物的运费为多少港元？

四、请根据下列情境，完成工作任务

1. 我方出口一批货物，CIF 新加坡。我方于 8 月 25 日将货物运至大连港码头，8 月 29 日开始装船，8 月 30 日装完货物，8 月 31 日开航，9 月 17 日抵达新加坡，9 月 20 日客户提取货物。试完成：

任务 1：出口公司 8 月 25 日将货交承运人时，承运人此时签发何种提单？

任务 2：签发已装船提单日期应是哪一天？

任务 3：签发提单的地点应是何处？

2. 我方某公司按 CFR 条件、即期不可撤销信用证以集装箱装运出口成衣 350 箱，装运条件是 CY/CY。货物交运后，我公司取得"清洁已装船"提单，提单上表明："Shippers load and count"。在信用证规定的有效期内，我公司及时交单议付了货款。20 天后，接买方来函称：经有关船方、海关、保险公司、公正行会同对到货开箱检验，发现其中有 20 箱包装严重破损，每箱均有短少，共缺成衣 512 件。各有关方均证明集装箱外表完好无损，为此，买方要求我公司赔偿其货物短缺的损失，并承担全部检验费 2 500 美元。试完成：

任务 1：对方的要求是否合理？

任务 2：我公司要赔偿吗？赔多少？

五、请根据下列条件，填制海运提单

⊃ 情境资料

CHUAWEI (JIANGSU) GLOVES CO., LTD.

Shanghai International Trade Center 2201 Yan An Road(W), SHANGHAI 200336

TEL: +86 21 ××××× 9099　FAX: +86 21 ××××× 9569

向加拿大公司

JAMES BROWN&SONS.

#304-310 JaJa Street, Toronto, Canada

TEL：（1）770××10, FAX：（1）770××00

出口 1521A Latex Full Coated Cotton Woven，Knit Wrist Liner 共 1 000 箱，每件 2.2 美元 CIF 蒙特利尔，纸箱包装，每箱 12 件。毛重为 16.65kg/ 箱，体积为 10.8m³。运输标志（唛头）为：N/M。

该货物于 2020 年 11 月 25 日在上海装 V.26GW 航次 "CMA CGM" 号货轮运往蒙特利尔。

⊃ 工作任务

请根据上列条件填制一份 "清洁、已装船、空白抬头" 的提单，要求通知 JAMES BROWN &SONS.。请填制海运提单。

海运提单

Shipper	SINOTRANS B/L No.
Consignee or Order	中国对外贸易运输总公司 CHINA NATIONAL FOREIGN TRADE TRANSPORTATION CORP. **BILL OF LADING** **DIRECT OR WITH TRANSSHIPMENT**
Notify Address	SHIPPED on board in apparent good order and condition (unless otherwise indicated) the goods or packages specified herein and to be discharged at the mentioned port of discharge or as near thereto as the vessel may safely get and be always afloat.

		The weight, measure, marks and numbers, quality, contents and value, being particulars furnished by the Shipper, are not checked by the carrier on loading.
Pre-carriage by	Place of Loading	The Shipper, Consignee and the Holder of this Bill of Lading hereby expressly accept and agree to all printed, written or stamped provisions, exceptions and conditions of this Bill of Lading including those on the back hereof.
Ocean Vessel	Port of Transshipment	IN WITNESS Where of the number of original Bills of Lading stated below have been signed, one of which being accomplished, the other(s) to be void.
Port of Discharge	Final Destination	

Container No./Seal No. or Marks & Nos.	Number and kind of Packages	Description of Goods	Gross Weight (kg)	Measurement (m³)

ABOVE PARTICULARS FURNISHED BY SHIPPER			
Freight & Charges			Regarding Transshipment Information Please Contact
Ex. rate	Prepaid at	Freight payable at	Place and date of issue
	Total Prepaid	Number of original B(s)/L	Signed for or on behalf of the Master as Agents

航空运单

ORIGINAL 3（For Shipper）

Shipper's Name and Address	Shipper's Account Number	No Negotiable **Air Waybill** ISSUED BY Copies 1, 2 and 3 of this Air Waybill are originals and have the same validity
Consignee's Name and Address	Consignee's Account Number	It is agreed that the goods described herein are accepted in apparent good order and condition (except as noted) for carriage SUBJECT TO THE CONDITIONS OF CONTRACT ON THE REVERSE HEREOF. ALL GOODS MAY BE CARRIED BY ANY OTHER MEANS INCLUDING ROAD OR ANY OTHER CARRIER UNLESS SPECIFIC CONTRARY INSTRUCTIONS ARE GIVEN HEREON BY THE SHIPPER. THE SHIPPER'S ATTENTION IS DRAWN TO THE NOTICE CONCERNING CARRIER'S LIMITATION OF LIABILITY Shipper may increase such limitation of liability by declaring a higher value for carriage and paying a supplemental charge if required

Issuing Carrier's Agent Name and City		Accounting Information
Agent's IATA Code	Account No.	

Airport of Departure(Addr. of First Carrier) and Requested Routing	Reference number	Optional shipping information

To	By First Carrier	Routing and Destination	To	by	To	by	Currency	CHGS Code	WT/VAL PPD	COLL	Other PPD	COLL	Declared Value for Carriage	Declared Value for Customs

Airport of Destination	Flight/Date	For Carrier Use only	Flight/Date	Amount of Insurance	INSURANCE-If carrier offers insurance and such insurance is requested in accordance with the conditions thereof indicate amount to be insured in figures in box marked "Amount of Insurance"

Handling Information

SCI

No.of Pieces RCP	Gross Weight	kg / lb	Rate Class / Commodity Item No.	Chargeable Weight	Rate/Charge	Total	Nature and Quantity of Goods (incl. Dimensions or Volume)

Prepaid	Weight Charge	Collect	Other Charges
	Valuation Charge		
	Tax		
	Total Other Charges Due Agent		Shipper certifies that the particulars on the face hereof are correct and that insofar as any part of the consignment contains dangerous goods, such part is properly described by name and is in proper condition for carriage by air according to the applicable Dangerous Goods Regulations
	Total Other Charges Due Carrier		
			Signature of Shipper or his Agent
Total Prepaid	Total Collect		
Currency Conversion Rates	CC Charges in dest. Currency		Executed on(date) At(place) Signature of issuing Carrier or its Agent
For Carrier's Use Only at Destination	Charges at Destination	Total Collect Charges	AWB No.

铁路运单

铁 路 运 单

运单副本（给发货人）

发送路（简 称 中 铁） 32	1. 发货人、通信地址		批号 ＿＿＿＿＿ 25.（检查标签一）		2. 合同号码	
			3. 发 站			
			4. 发货人的特别声明			
	5. 收货人、通信地址		26. 海关记载			
6. 对铁路无约束效力的记载			27. 车辆 ＿＿＿ 28. 标记载重（t） 29. 轴数 30. 自重 ＿＿＿ 31. 换装后的货物重量 ＿＿＿			
7. 通过的国境站			27	28	29	30	31
8. 到达路和到站						
国际货协—运单（慢运）	9. 记号、标记、号码	10. 包装种类	11. 货物名称	12. 件数	13. 发货人确定的重量（kg）	铁路确定的重量（kg）
14. 共计件数		15. 共计重量（大写） 零担/整车			16. 发货人签字 发货人/铁路	
17. 互换托盘数量		集装箱/运送用具				
		18. 种类/类型			19. 所属者及号码	
20. 发货人负担下列铁路过境的费用			21. 办理种别 零担/整车		22. 由何方装车 发货人/铁路	33
						34
			不需要者画掉			35
23. 发货人添附的文件			24. 货物的声明价值			36
			45. 铅封			37
			个数	记号		38
						39
						40
						41
46. 发站日期戳		47. 到站日期戳	48. 确定重量方法		49. 过磅站戳记、签字	42
						43
						44

承运货物收据

中国对外贸易运输公司 ×× 分公司

承运货物收据　　　　　　　　　运单编号 **No.**_____

CARGO RECEIPT　　　　　　　发票号码 **No.**_____

第一联（凭提货物）　　　　　　　合约 **No.**_____

委托人： Shipper	发货人： Consignee 通知： Notify

自 From　　　　　　　至 To	

发　运
装　车　日期：　　　　　　车　号 Car No.：

Marks 标记	Packages 件数	Description of Goods 货物名称	Remarks 附记

全程运费在　付讫 Freight Prepaid at		请向下列地点接洽提货 For Delivery Apply to

中国对外贸易运输公司 ×× 分公司

押汇银行签收　　　　收货人签收
Bank's Endorsement　　Consignee's Signature

快递收据

多式联运提单

Shipper		SINOTRANS B/L No.
Consignee or order		中国对外贸易运输总公司 CHINA NATIONAL FOREIGN TRADE TRANSPORTATION CORP. **COMBINED TRANSPORT** **BILL OF LADING**
Notify address		
Pre-carriage by	Place of Receipt	RECEIVED the goods in apparent good order and condition as specified below unless otherwise stated herein. The Carrier in accordance with the provisions contained in this document.
Ocean Vessel	Port of Loading	1）Undertakes to perform or to procure the performance of the entire transport from the place at which the goods are taken in charge to the place designated for delivery in this document. 2）Assumes liability as prescribed in this document for such transport. One of the Bills of Lading must be surrendered duly indorsed in exchange for the goods or delivery order.
Port of Discharge	Place of Delivery	Freight payable at　　　　Number of original B/L

Container No./Seal No. or Marks and Nos	Number and kind of Packages	Description of Goods	Gross Weight (kg)	Measurement (m³)

ABOVE PARTICULARS FURNISHED BY SHIPPER	
FREIGHT & CHARGES	IN WITNESS where of the number of original Bills of Lading stated above have been signed ,one of which being accomplished, the other（s）to be void.
	Place and date of issue
	Signed for or on behalf of the Carrier as Agents

进出口货物运输保险

Import and Export Cargo Transportation Insurance

· 情境导入（Lead-in Situation）

↘ 情境

浙江远大进出口公司按 CIF 条件出口一批玻璃花瓶，投保一切险，由上海经新加坡转运至汉堡。货运抵新加坡后，由中信公司办理转运时，因绝大部分包装袋破损，船方拒绝承运。为赶船期，中信公司在新加坡雇工重新包装，更换包装交运共花费用 3 900 美元。

↘ 分析

更换包装的费用应由保险公司赔偿吗？

这笔费用应由保险公司负担。因为，货物投保一切险已包括"包装破裂险"。凡投保包装破裂险的货物，保险公司对用袋装、箱装、篓装的块、粒、粉状货物在运输途中因搬运、装卸不当使包装破裂造成短少、沾污、受潮等损失均须负责。此外，为了续运安全，保险公司对修补或调换包装所支付的费用也予以负责。因此，中信公司代垫 3 900 美元更换包装的费用应由保险公司赔付。

那么，什么是一切险？进出口货物运输中常见的险别还有哪些？保费应如何计算？保险凭证又有哪些？

· 学习目标（Learning Aims）

↘ 应知目标

掌握海上货物运输保险承保的范围，熟悉我国海、陆、空、邮运输货物保险的险别，了解英国伦敦保险业协会海运货物保险条款。

↘ 应会目标

能够操作货运保险业务及订立合同中的保险条款。

· 知识支撑（Knowledge Support）

5.1　海运风险、损失和费用

在保险业务中，风险、损失和险别三者之间有着紧密的联系：风险是造成损失的起因，险别则是保险人对风险与损失的承保责任范围。海运货物保险起源最早、历史最久，其他运输方式的货物保险都是借鉴海运货物保险的基本原则和做法，因此，本节重点介绍国际货运保险业务中的海运货物保险。

5.1.1　风险

海运货物保险的风险分为海上风险和外来风险两类。

1. 海上风险

海上风险（Perils of the Sea）又称海难，是指船舶或货物在海上运输过程中发生的或随附海上运输所发生的风险，包括自然灾害和意外事故。在保险业务中，海上风险有特定的内容。

（1）自然灾害（Natural Calamities）。自然灾害是指不以人的意志为转移的自然界的力量所引起的灾害。它是客观存在的、人力不可抗拒的灾害事故，是承保人承保的主要风险。但在海运保险业中，自然灾害并不是泛指一切由于自然力量造成的灾害，而仅指恶劣气候（Heavy Weather）、雷电（Lightning）、地震（Earthquake）、海啸（Tsunami）、火山爆发（Volcanic Eruption）、洪水（Flood）、浪击落海（Washing Overboard）等灾害。

（2）意外事故（Fortuitous Accidents）。意外事故是指由于偶然的、难以预料的原因造成的事故。但意外事故并不是泛指海上所有的意外事故，而仅指运输工具遭遇的搁浅（Grounded）、触礁（Stranding）、沉没（Sunk）、碰撞（Collision）、火灾（Fire）、爆炸（Explosion）、失踪（Disappearance）、倾覆（Capsized）或其他类似事故。

需要指出的是，按照国际保险市场的一般解释，海上风险并非局限于海上发生的灾害和事故，那些与海上航行有关的发生在陆上或海陆、海河或与驳船相连接之处的灾害和事故，如地震、洪水、火灾、爆炸、海轮与驳船或码头碰撞，也属于海上风险。

2. 外来风险

外来风险（Extraneous Risks）是指由于自然灾害和意外事故以外的其他外来原因造成的风险，但不包括货物的自然损耗和本质缺陷。外来风险可分为一般外来风险和特殊外来风险两种。

（1）一般外来风险。海上货物运输保险业务承保的一般外来风险主要有偷窃、提货不着、淡水雨淋、短量、渗漏、破碎、受潮受热、霉变、串味、混杂沾污、钩损、生锈、碰损等。

（2）特殊外来风险。它是指由于战争、种族冲突或一国的军事、政治、国家政策法律以及行政措施等变化所造成的全部或部分损失，包括战争、罢工、交货不到、进口关税、拒收等。例如，因政治或战争因素，运送货物的船只被敌对国家扣留而造成交货不到，某些国家颁布的新政策或新管制措施及国际组织的某些禁令，都可能造成货物无法出口或进口而造成损失。

5.1.2　损失

被保险货物因遭受海洋运输中的风险所导致的损失称为海损或海上损失。海损按损失程度的不同，可分为全部损失和部分损失。

1. 全部损失

全部损失（Total Loss）简称全损，是指被保险货物在海洋运输中遭受全部损失。从损失的性质看，全损又可分为实际全损和推定全损两种。

（1）实际全损（Actual Total Loss），又称绝对全损，是指保险标的物在运输途中全部灭失或等同于全部灭失。在保险业务上构成实际全损的情况主要有以下几种：

1）保险标的物全部灭失。例如，载货船舶遭遇海难后沉入海底，保险标的物实体完全灭失。

2）保险标的物的物权完全丧失已无法挽回。例如，载货船舶被海盗抢劫，或船货被敌对国扣押等。虽然标的物仍然存在，但被保险人已失去标的物的物权。

3）保险标的物已丧失原有商业价值或用途。例如，水泥受海水浸泡后变成水泥硬块，无法使用；茶叶被海水浸泡后丧失了香味，无法再饮用；烟叶受潮发霉后失去其原有价值等。

4）载货船舶失踪，无音讯已达相当一段时间。在国际贸易实务中，一般根据航程的远近和航行的区域来决定时间的长短。

（2）推定全损（Constructive Total Loss），又称商业全损，是指保险货物在海上运输途中遭遇到承保风险之后，虽未达到完全灭失的状态，但是可以预见到其全损已经不可避免，或者为了避免全损，需要支付的抢救、修理费用加上继续将货物运抵目的港的费用之和将超过货物的保险价值或货物到达目的地时的价值，在这种情况下，被保险人可推定货物发生了全部损失，称为推定全损。构成被保险货物推定全损的情况主要有以下几种：

1）保险标的物受损后，其修理费用超过货物修复后的价值。

2）保险标的物受损后，其整理和继续运往目的港的费用超过货物到达目的港的价值。

3）保险标的物的实际全损已经无法避免，为避免全损所需的施救费用将超过获救后标的物的价值。

4）保险标的物遭受保险责任范围内的事故，使被保险人失去标的物的所有权，而收回标的物的所有权，其费用已超过收回标的物的价值。

被保险货物发生推定全损时，被保险人可以要求保险人按部分损失赔偿，也可以要求按全部损失赔偿。如果要求按全部损失赔偿，被保险人必须向保险人发出委付通知（Notice of Abandonment）。所谓委付，就是被保险人表示愿意将保险标的的一切权利和义务转移给保险人，并要求保险人按全部损失赔偿的一种行为。委付必须经保险人同意方能生效，但保险人应在合理时间内将是否接受委付的决定通知被保险人。委付一经保险人接受不得撤回。

2. 部分损失

部分损失（Partial Loss）是指被保险货物的损失没有达到全部损失的程度。部分损失按其性质，可分为共同海损和单独海损。

（1）共同海损（General Average）。根据1974年国际海事委员会制定的《约克 - 安特卫普规则》，载货船舶在海运途中遇难时，船方为了共同安全，以使同一航程中的船、货脱离危险，有意而合理地做出的牺牲或引起的特殊费用，称为共同海损。

构成共同海损必须具备以下条件：①共同海损的危险必须是实际存在的，或者是不可避免的；②船方所采取的措施，必须是为了消除船、货的共同危险，有意识而且是合理的；③所做的牺牲具有特殊性，支出的费用是额外的，是为了消除危险，而不是危险直接造成的；④牺牲和费用的支出最终必须是有效的，也就是说采取某种措施后，船舶和/或货物的全部或一部分最后安全抵达航程的终点港或目的港，从而避免了船、货同归于尽的局面。

因为共同海损行为所做出的牺牲或引起的特殊费用，都是为使船主、货主和承运方不遭受损失而支出的，因此，根据惯例，共同海损的牺牲和费用，不管其大小如何，都应由船主、货主和承运方各方按获救的价值，以一定的比例分摊。这种分摊称共同海损的分摊（General Average Contribution）。在分摊共同海损费用时，不仅包括未受损失的利害关系人，而且还需包括受到损失的利害关系人。

（2）单独海损（Particular Average）。它是指除共同海损以外的，由海上风险直接导致的船舶或货物的部分损失。这种损失只属于特定利益方，而不属于所有其他的货主或船方，由受损方单独承担。例如，在运输过程中，有面粉、机器设备、钢材三种货物，途中遇到暴风雨，部分海水进入船舱，浸泡了部分面粉，使其变质。面粉的损失只是使面粉一家货主的利益受到影响，与同船所装的其他货物的货主和船东利益无关，因而属于单独海损。

共同海损与单独海损都属于部分损失。两者的区别主要有三点：①损失的构成不同。单独海损一般是指货物本身的损失，不包括费用损失；而共同海损既包括货物损失，又包括因采取共同海损行为而引起的费用损失。②造成损失的原因不同。单独海损是海上风险直接导致的货物损失；而共同海损是为了减轻船主、货主、承运方三方的共同危险而人为造成的损失。③损失的承担者不同。单独海损由受损方自行承担损失；而共同海损则由船主、货主、承运方三方按获救财产价值的比例分别承担。

> **小贴士**
>
> ### 共同海损分摊额的计算
>
> 某载货船舶在航程中发生共同海损，船体损失 30 万元，货物牺牲 20 万元，救助费 5 万元，损失运费 5 万元，共 60 万元。设各方分摊价值如下：
>
> | | |
> |---|---|
> | 船舶： | 1000 万元 |
> | 　　　货主甲（200 万元） | |
> | 货物：货主乙（100 万元） | 400 万元 |
> | 　　　货主丙（100 万元） | |
> | 运费： | 100 万元 |
> | 分摊总值： | 1500 万元 |
> | 分摊比例： | 60 万元 /1 500 万元 = 4% |
> | 各方分摊如下： | |
> | 船主分摊： | 1000 万元 ×4% = 40 万元 |
> | 货主甲分摊： | 200 万元 ×4% = 8 万元 |
> | 货主乙分摊： | 100 万元 ×4% = 4 万元 |

货主丙分摊：　　　　　　　　　　　　100 万元 ×4% ＝ 4 万元

承运方分摊：　　　　　　　　　　　　100 万元 ×4% ＝ 4 万元

值得指出的是，上述船、货及运费的共同海损分摊额与保险公司的赔偿金额是两回事，保险人对共同海损的赔偿以保险单上所载保险金额为依据。如果共同海损分摊价值等于或低于保险金额，保险公司可予全部赔偿；如果共同海损分摊价值高于保险金额，保险公司只按保险金额赔偿，其差额由船、货各方自己负责。

5.1.3　费用

保险公司对为减少货物的实际损失而支付的费用也负责赔偿，分为施救费用和救助费用。

1. 施救费用

施救费用（Sue & Labor Expenses）是指被保险货物在遭受保险责任范围内的灾害事故时，被保险人或其代理人为防止损失扩大而采取抢救所支出的费用。此项费用由保险人给予补偿。

2. 救助费用

救助费用（Salvage Charges）是指被保险货物在遭遇保险责任范围内的灾害事故时，由保险人和被保险人以外的第三者对受损货物采取抢救措施而支付的费用。

施救费用与救助费用的区别主要有以下几点：

（1）采取行为的主体不同。施救是由被保险人及其代理人等采取的行为；而救助是保险人和被保险人以外的第三者。

（2）给付报酬的原则不同。施救费用是施救不论有无效果，都予以赔偿；而救助则是"无效果、无报酬"。

（3）保险人的赔偿责任不同。施救费用可在保险货物本身的保额以外，再赔偿一个保额；而保险人对救助费用的赔偿责任是以不超过获救财产的价值为限，也即救助费用与保险货物本身损失的赔偿金额二者相加，不得超过货物的保额，而且是按保险金额与获救的保险标的的价值比例承担责任。

案例

怎样鉴定损失性质

【案情】

某货轮从天津新港驶往新加坡，在航行途中船舶货舱起火，大火蔓延到机舱，船长为了船、货的共同安全，下令往舱内灌水，火很快被扑灭。但由于主机受损，无法继续航行，于是船长雇用拖轮将船拖回新港修理，修好后继续驶往新加坡。这次造成的损失共有：

（1）1 000 箱货被火烧毁。

（2）600 箱货被水浇湿。

（3）主机和部分甲板被烧坏。

（4）拖轮费用。

（5）额外增加的燃料和船上人员的工资。

问：从损失的性质看，上述损失各属于何种损失？为什么？

【分析】

在此案例中，判定所列各项损失的性质应从造成该项损失的原因入手分析。根据构成共同海损的条件及单独海损的定义，逐一分析如下：

（1）1000 箱货被火烧毁。该批货物致损是货舱起火这一意外事故直接造成的，故属于单独海损。

（2）600 箱货被水浇湿。因为货舱起火，大火蔓延到机舱，若不扑灭大火，势必威胁到船、货的共同安全。该批货物致损是船长为消除或减轻火灾引起的风险而人为地、有意识地采取引水灭火这一合理措施而造成的，故属于共同海损。

（3）主机和部分甲板被烧坏。同（1），该项损失是由火灾直接造成的，故属于单独海损。

（4）拖轮费用。由于灭火过程中致使主机受损，一旦海轮失去动力，必将威胁船、货共同安全。该项损失是为避免这一风险雇用拖轮而产生的额外费用，故属于共同海损。

（5）额外增加的燃料和海上人员的工资。这一部分费用开支不在正常的营运费用范围内，其也是为消除船、货面临的共同危险而产生的，故属于共同海损。

5.2　海洋运输货物保险的险别与条款

5.2.1　我国海洋运输货物保险的险别与条款

我国为适应对外经济贸易业务发展的需要，由中国人民保险公司（PICC）根据我国的实际情况，分别制定了海洋、陆地、航空等多种运输方式的货物保险条款，总称为《中国保险条款》（China Insurance Clause，CIC）。其中使用最普遍的是《海洋运输货物保险条款》。本书介绍时，引用最新的 2009 年修订版。

海运货物保险险别分为基本险别和附加险别两类。基本险又称主险，是可以独立投保的险别，包括平安险、水渍险和一切险；附加险是对基本险的补充和扩展，不能单独投保，只能在投保了基本险的基础上加保，包括一般附加险和特殊附加险，见表 5-1。

表 5-1　CIC 下海洋货物保险险别对比表

保险险别		损失原因					
		自然灾害		意外事故		外来风险	
		全部损失	部分损失	全部损失	部分损失	一般风险	特殊风险
基本险	平安险	负责	只负责共同海损，不负责单独海损	负责	负责	不负责	不负责
	水渍险	负责	全部负责	负责	负责	不负责	不负责
	一切险	负责	负责	负责	负责	负责	不负责
一般附加险		不负责	不负责	不负责	不负责	负责	不负责
特殊附加险		不负责	不负责	不负责	不负责	不负责	负责

1. 基本险

基本险按其责任范围，平安险最小，水渍险居中，一切险最大。投保人应该根据货物本身的特点、货物去向及船公司的营运状况等条件选择投保的险别。

（1）平安险。平安险（Free from Particular Average，F.P.A.）是我国保险业的习惯叫法，英文原意是"单独海损不赔"。平安险承诺以下八项责任：

1）货物在运输途中由于恶劣气候、雷电、海啸、地震、洪水自然灾害造成整批货物的全部损失或推定全损。当被保险人要求赔付推定全损时，必须将受损货物及其权利委付给保险人。被保险货物用驳船运往或运离海轮的，每一驳船所装的货物可视作一个整批。推定全损是指被保险货物的实际全损已经不可避免，或者恢复、修复受损货物以及运送货物到原定目的地的费用超过该目的地的货物价值。

2）由于运输工具造成搁浅、触礁、沉没、互撞、与流冰或其他物体碰撞及失火、爆炸意外事故造成货物的全部或部分损失。

3）在运输工具已经发生搁浅、触礁、沉没、焚毁意外事故的情况下，货物在此前后又在海上遭受恶劣气候、雷电、海啸等自然灾害造成的部分损失。

4）在装卸或转运时，由于一件或数件整件货物落海造成的全部或部分损失。

5）被保险人对遭受承担责任范围内危险的货物采取抢救、防止或减少货物损失的措施而支付的合理费用，但以不超过该批被救货物的保险金额为限。

6）运输工具遭遇海难后，在避难港由于卸货所引起的损失，以及在中途港、避难港由于卸货、存仓及运送货物所产生的特别费用。

7）共同海损的牺牲、分摊和救助费用。

8）运输契约订有"船舶互撞责任"条款，根据该条款规定应由货方偿还船方的损失。

（2）水渍险。水渍险（With Particular Average，W.P.A.，或 With Average，W.A.）也是我国保险业的习惯叫法，英文原意是"负责单独海损"。水渍险承保的责任范围是：除包括上列平安险的各项责任外，还负责被保险货物由于恶劣气候、雷电、海啸、地震、洪水自然灾害所造成的部分损失。

（3）一切险。一切险（All Risks，A/R）承保的责任范围是：除包括上列平安险和水渍险的各项责任外，还负责被保险货物在运输途中由于外来原因所致的全部或部分损失。

一切险的承保责任范围是各种基本险中最广泛的一种，因而比较适用于价值较高、可能遭受损失因素较多的货物投保。

对海洋运输货物保险的三种基本险别，保险公司规定有下列除外责任（Exclusions）：①保险人的故意行为或过失所造成的损失；②属于发货人责任所引起的损失；③在保险责任开始前，被保险货物已存在品质不良或数量短差所造成的损失；④被保险货物的自然损耗、本质缺陷、特性及市价跌落、运输延迟所引起的损失或费用；⑤属于海洋运输货物战争险条款和货物运输罢工险条款规定的责任范围和除外责任。

与国际保险市场的习惯做法一样，我国海洋运输货物保险条款规定的保险责任起讫期限，也是采用"仓至仓"条款（Warehouse to Warehouse Clause，W/W Clause），即保险公司的保险责任自被保险货物运离保险单所载明的起运地仓库或储存处所开始运输时生效，包括正常运输过程中的海上、陆上、内河和驳船运输在内，直至该项货物到达保险单所载明目的地收货人的最后仓库或储存处所或被保险人用作分配、分派或非正常运输的其他储存处所为止。如未抵达上述仓库或储存处所，则以被保险货物在最后卸载港全部卸离海轮后满 60 天为止。如在上述 60 天内被保险货物需转运至非保险单所载明的目的地，则以该项货物开始转运时终止。

关于赔偿的处理，保险人收到被保险人的赔偿请求后，应当及时就是否属于保险责任做出核定，并将核定结果通知被保险人。情况复杂的，保险人在收到被保险人的赔偿请求并提供理赔所需资料后 30 日内未能核定保险责任的，保险人与被保险人根据实际情形商议合理期间，保险人在商定的期间内做出核定结果并通知被保险人。对属于保险责任的，在与被保险人达成有关赔偿金额的协议后 10 日内，履行赔偿义务。

以上三种基本险别的索赔时效，从保险事故发生之日起算，最多不超过两年。

2. 附加险

（1）一般附加险（General Additional Risks）。一般附加险承保一般外来风险所造成的损失，共有 11 种。

1）偷窃、提货不着险（Theft, Pilferage and Non-Delivery Risks, T.P.N.D.）。对偷窃行为所致的损失和整体提货不着等损失，保险公司负责按保险价值赔偿。

2）淡水雨淋险（Fresh Water and/or Rain Damage Risks, F.W.R.D.）。对直接遭受雨水、淡水及雪融水浸所致损失，保险公司负责赔偿。淡水是相对海水而言，包括船上淡水管漏水、舱汗等。

3）渗漏险（Leakage Risks）。对因容器损坏而引起的渗漏损失，或用气体储藏的货物因气体的渗漏而引起的货物腐蚀等损失，保险公司负责赔偿。如以流体装存的温肠衣，因为流体渗漏而使肠衣发生腐烂、变质等损失，均由保险公司负责赔偿。

4）短量险（Shortage Risks）。对因外包装破裂或散装货物发生数量损失和实际重量短缺的损失，保险公司负责赔偿，但不包括正常运输途中的损耗。

5）混杂、沾污险（Intermixture and Contamination Risks）。对在运输过程中因混进杂质或沾污所致的损失，保险公司负责赔偿。

6）碰撞、破碎险（Clash and Breakage Risks）。对金属、木质等货物因震动、颠簸、挤压所造成的碰损和易碎性货物运输途中由于装卸野蛮、运输工具颠震所造成的破碎损失，保险公司负责赔偿。

7）钩损险（Hook Damage Risks）。对在装卸过程中使用手钩、吊钩所造成的损失，保险公司负责赔偿。如粮食包装袋因吊钩钩坏而造成粮食外漏的损失。

8）锈损险（Rust Risks）。对运输中发生的锈损，保险公司负责赔偿。但生锈必须是在保险期内发生的，如原装船时就已发生锈损，保险公司不负责赔偿。

9）串味险（Taint of Odor Risks）。对被保险的食用物品、中药材、化妆品原料等因受其他物品的影响而引起的气味损失，保险公司负责赔偿。如茶叶、香料与皮张、樟脑等堆放在一起产生异味而不能使用。

10）包装破裂险（Breakage of Packing Risks）。对因运输或装卸不慎，包装破裂所造成的损失，以及为继续运输安全的需要对包装进行修补所支付的费用，保险公司均负责赔偿。

11）受潮受热险（Sweat and Heating Risks）。对因气温突然变化或由于船上通风设备失灵导致船舱内水汽凝结、受潮或受热所造成的损失，保险公司负责赔偿。

值得注意的是，上述 11 种附加险，只能在投保平安险和水渍险的基础上加保一种或数种险别；但若投保一切险，因上述险别均包含在内，故不需加保。

（2）特殊附加险（Special Additional Risks）。特殊附加险承保特殊外来风险所造成的损失。

1）战争险（War Risks）。根据中国人民保险公司《海洋运输货物战争险条款》，海运战争险负责赔偿直接由于战争、类似战争行为和敌对行为、武装冲突或海盗行为所致的损失，以及由此而引起的捕获、拘留、扣留、禁止、扣押所造成的损失，还负责各种常规武器所致的损失及由于上述责任范围而引起的共同海损的牺牲、分摊和救助费用。但对使用原子或热核武器所造成的损失和费用，不负赔偿责任。战争险的保险责任起讫是以水上危险（Waterborne Risk）为限，即自货物在起运港装上海轮或驳船时开始，直到目的港卸离海轮或驳船时为止。如不卸离海轮或驳船，则从海轮到达目的港的当日午夜起算满 15 天，保险责任自行终止；如在中途港转船，不论货物是否在当地卸货，保险责任以海轮到达该港或卸货地点的当日午夜起算满 15 天为止，待再装上续运海轮时恢复有效。

2）罢工险（Strike Risks），又称罢工暴动民变险（Strikes Riots and Civil Commotions，S.R.C.C.）。保险公司对被保险货物由于罢工、工人被迫停工或参加工潮、暴动等人员的行动或任何人的恶意行为所造成的直接损失和上述行动或行为所引起的共同海损的牺牲、分摊和救助费用负责赔偿。但对在罢工期间由于劳动力短缺所造成的被保险货物的损失，包括因罢工而引起的动力或燃料缺乏使冷藏机停止工作所致的冷藏货物的损失，以及无劳动力搬运货物，使货物堆积在码头淋湿受损，不负赔偿责任。罢工险对保险责任起讫的规定与其他海运货物保险险别一样，采用"仓至仓"条款。按国际保险业惯例，已投保战争险后另加保罢工险，不另增收保险费。如仅要求加保罢工险，则按战争险费率收费。

（3）其他附加险。在中国人民保险公司附加险条款中，还列有六种不包括在基本险中的其他附加险别，分别是交货不到险（Failure to Deliver Risks）、进口关税险（Import Duty Risks）、舱面险（on Deck Risks）、拒收险（Rejection Risks）、黄曲霉素险（Aflatoxin Risks）、出口货物到香港（包括九龙在内）或澳门存仓火险责任扩展条款（Fire Risk Extension Clause，F.R.E.C.—for storage of cargo at destination Hongkong，including Kowloon or Macao）。

小贴士

由个案引发的对"仓至仓"的思考

有一份 FOB 合同，买方已向保险公司投保"仓至仓"条款的一切险。货物在从卖方仓库运往装运港码头途中，发生承保范围内的风险损失，事后卖方以保险单含有"仓至仓"条款为由，要求保险公司赔偿，但遭拒绝。后来卖方又请买方以自己的名义凭保险单向保险公司索赔，但同样遭到拒绝。本例中货物是在从卖方仓库运往装运码头途中发生承保范围内的损失，所保一切险又含"仓至仓"条款，为什么保险公司会拒绝赔偿呢？

思考 1：

这主要与 FOB 合同的特殊性有关。

（1）在 FOB 合同下，保险由买方办理并支付有关费用。因而，与货物有关的风险，也在装运港从货物装上船时起，由卖方转移给买方。买方投买保险，只保其应该负责的风险（即转移后的风险），而风险转移前（如从卖方仓库运往转运码头期间）发生的风险损失，买方概不负担。因此，买方投保的保险公司也自然不负责任。

（2）即使发生的损失属保险公司承保责任，向保险公司索赔还必须具备以下三个条件：

1）索赔人与保险公司之间，必须有有效的合同关系。

保险合同一般指保险单，只有保险单的合法持有人（投保人或受让人）才有权向保险公司提出索赔。本例中的卖方不是保险单的合法持有人，故无权向保险公司索赔。

2）索赔人不仅是保险单的合法持有人，而且必须享有保险利益。

保险利益不仅指被保险货物本身，而且指被保险人对保险标的所具有的利益。如FOB合同，在货物装船之前，风险由卖方负责，卖方对货物具有保险利益；如卖方凭提单、发票等货运单据向银行办理押汇，在买方付款赎单之前，办理押汇的银行控制货运单据，对该批货物拥有保险利益；如买方已付款赎单，则对货物有保险利益的只能是买方。无论如何，只有享有保险利益的人才能提出索赔。本例中的买方虽然是投保人（被保险人），但在损失发生时，不具备保险利益，故无权向保险公司索赔。

3）索赔人要求赔偿的损失，必须是所保险别的承保范围所属。

为保证FOB合同下货物从卖方仓库运至码头期间发生的损失能得到有效补偿，卖方必须向保险公司另行投买保险。本例中保险公司拒赔卖方，是因为损失发生时卖方虽拥有保险利益，但他不是保险单的被保险人或合法的受让人，故无权向保险公司索赔。

思考2：

此例中的合同如果是CFR或CIF合同，保险公司对此项损失是否负有赔偿责任？为什么？

循着思考1的思路，不难知道：CFR合同下，保险公司不负赔偿责任；CIF合同下，保险公司应负赔偿责任。

思考3：

得出如下结论：

（1）货物若按CIF（指定目的港）价格条件成交，由出口方办理投保，则其保险责任适用"仓至仓"条款，如图5-1所示。

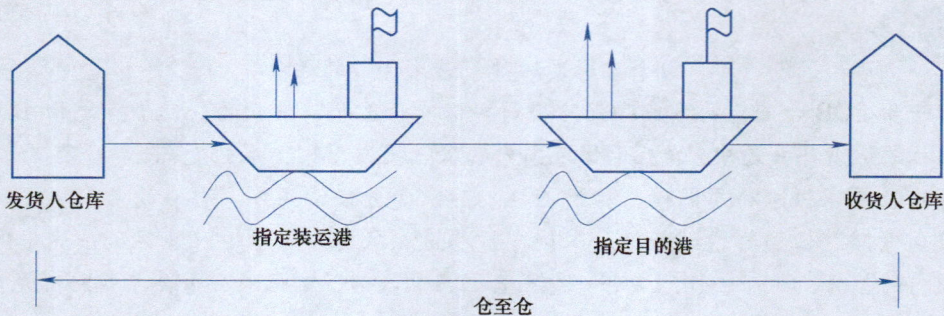

发货人仓库　　　指定装运港　　　指定目的港　　　收货人仓库

仓至仓

图5-1　按CIF成交基本险责任起讫

（2）货物若按FOB（指定装运港）或CFR（指定目的港）术语条件成交，由进口方办理投保，则保险公司不承担在装运港装船前的保险责任，只负责货物在装上海轮后，直到抵达目的港收货人的最后仓库为止的风险，不再是原始意义上的"仓至仓"，如图5-2所示。

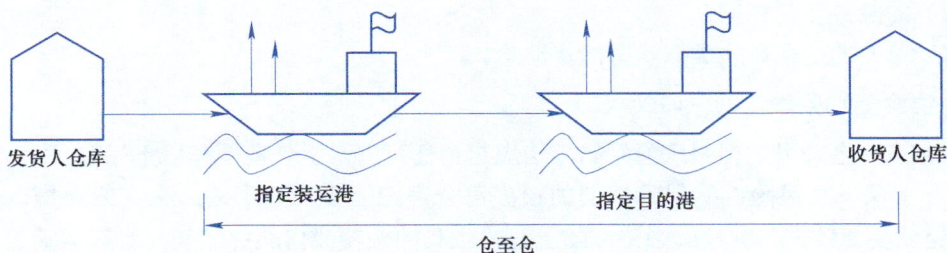

图 5-2　按 FOB 或 CFR 成交基本险责任起讫

5.2.2　伦敦保险业协会海运货物保险条款

在国际保险市场上，最有影响力的保险条款当属英国伦敦保险业协会制定的《协会货物条款》（Institute Cargo Clauses，ICC）。ICC 保险条款最早制定于 1912 年，现行 ICC 保险条款是 2009 年 1 月 1 日的修订本，与我国现行 CIC 保险条款相比，保险期限大体相同，也是采用"仓至仓"（W/W）条款，战争险也依据"水上危险"（Waterborne Risk）的原则；但其形式和内容都有所不同。该条款共有六种险别。

1. 协会货物条款（A）（ICC（A））

ICC（A）采取"一切风险减除外责任"的方式规定责任范围。其责任范围有以下三项：

（1）承保除外责任以外的一切保险标的的损失的风险。

（2）承保为避免任何原因（除外责任除外）所造成的损失或与避免该损失有关而引起的共同海损和救助费用。

（3）承保被保险人于运输合同中"船舶互撞责任"条款下应负的责任。

除外责任有：①一般除外责任，如因包装原因造成损失、由船方原因造成损失、使用原子或热核武器造成损失；②不适航、不适货除外责任，如被保险人在装船时已知船舶不适航、不适货；③战争除外责任；④罢工除外责任。

ICC（A）的承保风险类似我国的一切险。

2. 协会货物条款（B）（ICC（B））

ICC（B）采用"列明风险"的方法规定责任范围。责任范围有以下三项：

（1）承保下列风险：①保险标的的损失可合理归因于下列事故：火灾或爆炸；船舶或驳船遭受搁浅、触礁、沉没或倾覆；陆上运输工具的倾覆或出轨；船舶、驳船运输工具同除水以外的任何外界物体碰撞或接触；在避难港卸货；地震、火山爆发或雷电。②由下列原因造成的保险标的的损失：共同海损牺牲；抛货或浪击落海；海水、湖水或河水进入船舶、驳船、其他运输工具、集装箱或海运集装箱贮存处所。③货物在船舶或驳船装卸时落海或跌落造成的任何整件的全损。

（2）承保为避免任何原因（除外责任除外）所造成的损失或与避免该损失有关而引起的共同海损和救助费用。

（3）承保被保险人于运输合同中"船舶互撞责任"条款下应负的责任。

ICC（B）的除外责任，除对"海盗行为"和恶意损害险的责任不负责外，其余均与ICC（A）的除外责任相同。

ICC（B）的承保风险类似我国的水渍险。

3. 协会货物条款（C）（ICC（C））

ICC（C）也采用"列明风险"的方法规定责任范围。责任范围有以下三项：

（1）承保下列风险：①保险标的的损失可合理归因于下列事故：火灾或爆炸；船舶或驳船遭受搁浅、触礁、沉没或倾覆；陆上运输工具的倾覆或出轨；船舶、驳船运输工具同除水以外的任何外界物体碰撞或接触；在避难港卸货；地震、火山爆发或雷电。②由下列原因造成的保险标的的损失：共同海损牺牲、抛货。

（2）承保为避免任何原因（除外责任除外）所造成的损失或与避免该损失有关而引起的共同海损和救助费用。

（3）承保被保险人于运输合同中"船舶互撞责任"条款下应负的责任。

ICC（C）的除外责任与ICC（B）完全相同。

ICC（C）的承保风险类似我国的平安险，但比平安险的责任要小一些。

ICC（A）、ICC（B）、ICC（C）三险是基本险，可以单独投保；其余的是附加险，但战争险和罢工险条款有完整的结构，可以单独投保。

4. 协会货物战争险条款（货物）

该险的承保范围是：

（1）除除外责任外，由下列事项所致的保险标的的损失：①战争、内战、革命、叛乱、暴动或民争所致或任何交战势力所为或抵抗的任何战斗行为导致的损失。②由于第①项所列事项产生的捕获、查扣、拘押、管制或征收，及其任何后果或其任何企图造成的损失。③遭弃水雷、鱼雷、炸弹或其他遭弃的战争武器所导致的损失。

（2）为避免本条款承保风险造成的损失引起的共同海损和救助费用。协会战争险的责任起讫仅限于海上。

5. 协会货物罢工险条款（货物）

该险的承保范围是：

（1）除除外责任外，由下列事项所致的保险标的的损失：①罢工者、被迫停工工人或参与工潮、暴动或民变的人员所致的损失。②为颠覆或影响无论是否合法成立的政府，任何组织或个人使用武力或暴力等恐怖主义手段导致的损失。③出于政治意识形态、宗教动机采取行动的人所致的损失。

（2）为避免本条款承保风险造成的损失引起的共同海损和救助费用。

6. 恶意损害险条款

恶意损害险承保除被保险人以外的其他人（如船长、船员）的故意破坏行为所造成的被保险货物的灭失或损坏，但出于政治动机的人的行为除外。它在ICC（A）中列为承保责任，在ICC（B）和ICC（C）中均列为除外责任。因此，在投保ICC（B）和ICC（C）时，如需取得这种风险的保障，应另行加保恶意损害险。

> **思考**
>
> 　　**资料**：我国某外贸公司按照 CIF 条件对外发盘，若按下列险别作为保险条款提出：
> 　　（1）一切险、锈损险、串味险。
> 　　（2）平安险，一切险，偷窃、提货不着险，战争险，罢工险。
> 　　（3）水渍险、淡水雨淋险。
> 　　（4）短量险，碰撞、破碎险，战争险，罢工险。
> 　　**请问**：这样是否妥当？如有不妥，请予更正并说明理由。

5.3　我国陆、空、邮运输货物保险的险别与条款

5.3.1　我国陆上运输货物保险险别与条款

中国人民保险公司 2009 年 1 月 1 日修订的《陆上运输货物保险条款》规定，陆上货物的运输险分为陆运险和陆运一切险两种基本险及附加险。

1．陆运险和陆运一切险

（1）责任范围。陆运险（Overland Transportation Risks）的承保责任范围是指保险公司负责赔偿被保险货物在运输途中遭受风暴、洪水、地震等自然灾害或由于运输工具遭受碰撞、倾覆、出轨或在驳运过程中因驳运工具遭受搁浅、触礁、沉没，或由于遭受隧道坍塌、崖崩、失火等意外事故所造成的全部或部分损失，以及被保险人对遭受承保责任内危险的货物采取抢救、防止或减少货损的措施而支付的合理费用，但以不超过该批被救货物的保险金额为限。由此可见，陆运险的保险责任范围与海洋运输保险条款中的"水渍险"相似。

陆运一切险（Overland Transportation All Risks）的承保责任范围除上述陆运险的责任外，还包括运输途中由外来原因造成的短量、偷窃、渗漏、碰损、破碎、雨淋、生锈、受潮、受热、发霉、串味、沾污等全部或部分损失。陆运一切险与海洋运输货物保险条款中的"一切险"相似。

以上陆运险和陆运一切险的责任范围均适用于火车和汽车运输。

（2）除外责任。陆运险、陆运一切险的除外责任与海洋运输货物险的除外责任相同。

（3）责任起讫。陆上货物运输保险也采用"仓至仓"条款，即保险责任从被保险货物运离保险单所载明的起运地发货人仓库或储存处所开始生效，直到该货物送至保险单所载明的目的地收货人仓库或储存处所为止。如果没有运抵保险单所载明的目的地收货人仓库或储存处所，则以到达最后卸载车站后 60 天为限。

2．陆上运输冷藏货物险

陆上运输冷藏货物险（Overland Transportation Insurance-Frozen Products）是陆上货物险中的一种专门险。陆上运输冷藏货物的责任自被保险货物运离保险单所载明起送地点的冷藏仓库装入运送工具开始运输时生效，直至该项货物到达保险单所载明的目的地收货人仓库为止。最长保险责任以被保险货物到达目的地车站后 10 天为限。

3. 陆上运输货物战争险（火车）

陆上运输货物战争险（Overland Transportation Cargo War Risks-by Train）是陆上运输货物险的特殊附加险，在投保陆运险和陆运一切险的基础上可加保。保险人的具体责任同海运战争险类似，陆上运输货物战争险（火车）保险责任自被保险货物装上保险单所载明的起运地发货人的火车时开始，到卸离保险单所载目的地的火车为止。如果被保险货物不卸离火车，本保险责任最长期限以火车到达目的地的当日午夜起 48 小时为止。

5.3.2 我国航空运输货物保险险别与条款

近年来，航空运输货物保险业务发展迅速，但尚未形成像海上货物运输保险那样完整、独立的体系。在英国，伦敦保险协会到 1965 年才开始制定航空运输货物保险条款。1982 年修订后，现行协会空运货物保险条款只有三种，即《协会空运货物险条款（不包括邮递）》《协会空运货物战争险条款（不包括邮递）》及《协会空运货物罢工险条款》。目前，国际保险市场较多采用上述条款进行航空运输货物保险。

根据 2009 年修订的中国人民保险公司《航空运输货物保险条款》，我国航空运输货物保险的基本险有"航空运输险"和"航空运输一切险"两种。另外还有一种特殊附加险，即"航空运输货物战争险"。此外，海运货物保险中的附加险也可在航空运输货物保险中使用。

1. 航空运输险和航空运输一切险

（1）责任范围。航空运输险（Air Transportation Risks）的承保责任范围与海洋运输保险条款中的"水渍险"相似。保险人负责赔偿被保险货物在运输途中遭受雷电、火灾、爆炸或其他危难事故而被抛弃，或由于飞机遭受碰撞、倾覆、坠落或失踪意外事故所造成的全部或部分损失。

航空运输一切险（Air Transportation All Risks）的承保责任范围与海洋运输货物保险条款中的"一切险"相似，在航空运输险责任范围的基础上增加承保海运货物保险中的 11 种一般附加险的责任。

（2）除外责任。航空运输险和航空运输一切险的除外责任与海洋运输货物险的除外责任基本相同。

（3）责任起讫。航空货物运输保险的两种基本险的责任起讫也采用"仓至仓"条款。保险责任自被保险货物运离保险单所载明的起运地仓库或储存处所开始运输时生效，直至该项货物运达保险单所载明目的地收货人的最后仓库或储存处所为止。如未运抵上述仓库或储存处所，则以被保险货物在最后卸载地卸离飞机后满 30 日为止。如在上述 30 日内被保险的货物需转送到非保险单所载明的目的地，则以该项货物开始转运时为止。

2. 航空运输货物战争险

航空运输货物战争险（Air Transportation Cargo War Risks）是航空运输货物险的一种附加险，在投保了航空运输险或航空运输一切险的基础上可加保。航空运输货物战争险的保险责任期限是自被保险货物装上保险单所载明的起运地的飞机时开始生效，直至卸离保险单所载明目的地飞机为止。如果被保险货物不卸离飞机，以飞机到达目的地当日午夜起算满 15 天为止。

5.3.3 我国邮包运输货物保险险别与条款

中国人民保险公司 2009 年修订的《邮包险条款》规定，邮包险分为邮包险和邮包一切险两种基本险及附加险。

1. 邮包险和邮包一切险

（1）责任范围。邮包险（Parcel Post Risks）的承保责任范围是被保险货物在运输途中由于雷电、海啸、洪水等自然灾害，或由于运输工具遭受搁浅、触礁、沉没、倾覆、出轨、失踪，或由于失火、爆炸等意外事故所造成的全部或部分损失；另外，还负责被保险人对遭受保险责任范围内的货物采取抢救、防止货损的措施而支付的合理费用，但以不超过该批被抢救货物的保险金额为限。

邮包一切险（Parcel Post All Risks）的承保责任范围除上述邮包险的各项责任外，还负责被保险的邮包在运输途中由于外来原因所致的全部或部分损失。

（2）除外责任。邮包险和邮包一切险的除外责任与海洋运输货物险条款中基本险的除外责任相同。

（3）责任起讫。邮包险的保险责任自被保险邮包离开保险单所载明的寄件人起运地点运往邮局时开始生效，直至被保险邮包运达保险单所载明的目的地邮局，自邮局签发到货通知书当日午夜起算满 15 天终止。但此期限内，邮包一经递至收件人处所，保险责任即行终止。

2. 邮包战争险

邮包战争险（Parcel Post War Risks）是邮包险的一种附加险。保险公司的责任范围与上述陆运、空运保险条款的战争险基本相同，但保险责任起讫有所区别。它的保险责任是自被保险的邮包经邮政机构收讫后，自储存处所运送时开始生效，直至该项邮包运达保险单所载明的目的地邮政机构送交收件人为止。

此外，在附加险方面，除战争险外，海洋运输货物保险中的一般附加险和特殊附加险险别和条款均适用于陆、空、邮运输货物保险。

> **■思考**
>
> **资料**：我国某外贸公司按照 CIP 条件对外发盘，若按下列险别作为保险条款提出：
> （1）陆运险、短量险。
> （2）航空运输一切险、淡水雨淋险。
> （3）邮包险、受潮受热险。
> **请问**：这样是否妥当？如有不妥，请予更正并说明理由。

5.4 进出口货物运输保险实务

5.4.1 确定保险金额

保险金额（Insured Amount）是保险人对保险标的承担的最高赔偿金额，也是保险人计算保险费的依据。因此投保人在投保时须按照保险价值申报保险金额。

根据保险市场的习惯做法，保险金额一般都是以 CIF 或 CIP 的发票金额为基础确定的，除应包括商品的价值、运费和保险费外，还应包括被保险人在贸易过程中支付的经营费用（如电报费、借款利息、税款等）和本来可以获得的预期利润，因此，各国保险法及国际贸易惯例一般都规定进出口货物运输保险的保险金额可在 CIF 价格的基础上适当加成。

保险金额计算的公式为

$$保险金额 = CIF（CIP）价格 \times（1 + 保险加成率）$$

关于保险加成率，在《UCP 600》和《INCOTERM 2010》中均规定，最低保险金额为货物的 CIF 价格或 CIP 价格加 10%。当然，如国外进口商要求保险加成超过 10%，也可酌情考虑。

在实际工作中，如已有成本价 FOB，要计算 CFR 价格及 CIF 价格，可先算出运费额，然后与成本价相加得出成本加运费价（CFR 价格），再按下列公式计算出 CIF：

$$CIF 价格 = \frac{货价（FOB）+ 运费（F）}{1 - 保险加成 \times 保险费率}$$

5.4.2　办理投保和交付保险费

保险费率（Premium Rate）是由保险公司根据一定时期、不同种类的货物的赔付率，按不同险别和目的地确定的。

以 CIF 或 CIP 条件成交的合同，其保险费计算的一般公式为

$$保险费 = CIF（或 CIP）价格 \times 保险加成 \times 保险费率$$

> ↱ **例1**　杭州贸易有限公司出口一批服装到加拿大多伦多，CFR 价总金额为 1 000 美元。现买方要求改报 CIF 价格，投保一切险，加保战争险，保险加成率为 10%。已知该批服装一切险保险费率为 0.6%，战争险保险费率为 0.06%，该批服装的保险金额和保险费各为多少？
>
> 　　**解**：CIFλ=CFR+I=CFR+CIF×110%×（0.6%+0.06%），则
>
> 　　　　　　　　CIF=CFR÷[1−110%×（0.6%+0.06%）]
>
> 　　　　　　　　　　=1 000 美元 ÷[1−110%×（0.6%+0.06%）]
>
> 　　　　　　　　　　=1 007.31 美元
>
> 　所以
>
> 　　　　　　　保险金额 =CIF×110%
>
> 　　　　　　　　　　　=1 007.31 美元 ×110%
>
> 　　　　　　　　　　　=1 108.04 美元
>
> 　　　　　　　保险费 = 保险金额 × 保险费率
>
> 　　　　　　　　　　=1 108.04 美元 ×（0.6%+0.06%）
>
> 　　　　　　　　　　=7.31 美元
>
> 或
>
> 　　　　　　　保险费 =CIF−CFR
>
> 　　　　　　　　　　=1 007.31 美元 −1 000 美元
>
> 　　　　　　　　　　=7.31 美元

5.4.3　取得保险单据

保险单据是保险公司向投保人出具的承保证明，是被保险人凭以向保险公司索赔和保险公司进行理赔的依据。在国际贸易中，保险单据可以转让。它分为以下几种类型：

1．保险单

保险单（Insurance Policy）俗称大保单，它是保险人和被保险人之间成立保险合同关系的正式凭证，除载明正面内容（被保险人名称、保险货物、数量和标志、保险金额、运输工具名称、起至日期和投保险别）外，还在背面列有保险公司与被保险人双方各自的权利、义务等方面的详细条款。因此，保险单在国际贸易中最为常用。

2．保险凭证

保险凭证（Insurance Certificate）俗称小保单，其背面没有列入详细保险条款，但其他内容与保险单基本一致，且与保险单具有同等法律效力。一般情况下，如果信用证规定提交保险单，不能提供保险凭证；如果信用证要求提供保险凭证，则可提供保险单。

3．预约保险单

预约保险单（Open Policy）是一种长期性的货物运输保险合同。合同中规定了承保范围、险别、费率等项目，属于合同约定的运输货物在合同有效期内自动承保。它往往与保险通知书、保险声明书一起使用。当交易以 FOB 或 CFR 价格进行出口时，由进口方办理保险手续。一般情况下，进口商和保险公司订有较长期的预约保险单。每当货物装船后，由出口方把货物的详细情况，包括品名、金额、运输工具、运输日期及信用证中的预约保险单号码直接通知保险公司和进口商，并以其作为正式保单生效的依据。

> **思考**
>
> 　　资料：A 公司出口箱装货物一批，价格条件为 CIF 纽约，合同规定按发票金额 110% 投保一切险、战争险和罢工险，如出口发票金额为 100 000 美元，一切险保险费率为 0.8%，战争险保险费率为 0.08%，罢工险保险费率为 0.08%。
> 　　请问：保险金额是多少？应付多少保险费？

5.4.4　保险索赔

进出口货物在保险责任有效期内发生属于保险责任范围内的损失，被保险人按照保险单的有关规定向保险公司提出赔偿要求，称为保险索赔。

1．索赔手续

在索赔工作中，被保险人应做好下列工作：

（1）损失通知与残损检验。当被保险人获悉或发现被保险货物已遭损失，应立即通知保险公司或保险单上所载明的保险公司在当地的检验、理赔代理人，并申请检验。

（2）向承运人等有关方面提出索赔。被保险人或其代理人在提货时发现被保险货物整件短少或有明显残损痕迹，除向保险公司报损外，还应立即向承运人或有关当局（如海关、港务当局等）索取货损货差证明。

（3）采取合理的施救、整理措施。被保险货物受损后，被保险人应迅速对受损货物采取必要合理的施救、整理措施，防止损失扩大。

（4）备妥索赔单证。被保险货物的损失经过检验，并办妥向承运人等第三责任方的追偿手续后，应立即向保险公司或其代理人提出赔偿要求。提出索赔时，除应提供检验报告外，通常还须提供其他单证，包括：保险单或保险凭证正本；运输单据；发票；装箱单；向承运人等第三责任方请求赔偿的函电；货损、货差证明；海事报告；列明索赔金额及依据的索赔清单。

对易碎和易短量货物的索赔，应了解是否有免赔的规定，即所谓不论损失程度（Irrespective of Percentage，I.O.P.）均予赔偿，或规定免赔率。免赔率是指保险人对保险货物在运输途中发生的货损货差，在一定比率内不负赔偿责任。这是因为有些货物由于商品本身的特点或在装运作业过程中必然会发生损失，是正常现象，而非偶然事故，因此，保险公司不予赔偿。免赔率分为相对免赔率和绝对免赔率两种。

1）相对免赔率。相对免赔率是指如果货损或货差的程度超过免赔率，保险公司在赔偿时不扣除免赔率，全部予以赔偿。

2）绝对免赔率。绝对免赔率是指如果货损或货差超过免赔率，保险公司在赔偿时要扣除免赔率，只负责赔偿超过免赔率的部分。中国人民保险公司现在实行的是绝对免赔率。

（5）代位追偿。在保险业务中，为了防止被保险人双重获益，保险人在履行全损赔偿或部分损失赔偿后，在其赔付金额内，要求被保险人转让其对造成损失的第三责任方要求全损赔偿和相应部分赔偿的权利。这种权利称代位追偿权（Right of Subrogation），或称代位权。

2. 索赔应注意的问题

（1）索赔时效。《中国保险条款》规定的索赔时效为两年。超过时效，保险公司不再受理。

（2）关于船舶的适航性。远洋货轮承运货物与航行，必须经过船舶检验，取得船舶适航证书。

（3）承运人对货物运输的责任。如果船舶本身的适航性不成问题，发生不可抗力的海事事故可以免除船方的责任。

> **思考**
>
> **资料**：我国某公司出口某商品净重 100 M/T，装 5 000 箱，每箱单价为 89 美元，加一成投保一切险。货到目的港后，买方发现除短少 5 箱外，还短量 380kg。
>
> **请问**：货主遭受多少损失？保险公司是否负责赔偿？被保险人在办理索赔时，应提供哪些必不可少的单证？

5.5 买卖合同中的保险条款

1. 买卖合同中保险条款示例

为了明确交易双方在货物运输保险方面的责任，通常在合同中订有保险条款，内容包括保险投保人、保险公司、保险险别、保险费率及保险金额等事项。

以 FOB、CFR 或 FCA、CPT 条件成交的合同，保险一般由买方办理；以 CIF 或 CIP 成交的出口合同由卖方办理保险手续。例如：

保险由卖方按发票金额的 110% 投保一切险、战争险，以中国人民保险公司 2009 年修订的有关海洋运输货物保险条款为准。

Insurance: To be covered by the seller for 110% of total invoice value against all risks and war risks, as per and subject to the relevant ocean marine cargo clauses of the People's Insurance Company of China, revised in 2009.

2. 议定保险条款应注意的问题

（1）明确保险条款的选择，一般按照《中国保险条款》投保，也可以接受英国伦敦保险业协会制定的《协会货物条款》或美国保险条款。

（2）明确投保险别，如需要加保某一种或者多种附加险，也应写明。

（3）明确投保人，如为 FOB、CFR 合同，由买方负责投保；如为 CIF 合同，由卖方投保。

（4）明确投保加成率，如果加成率超过 10%，则由此产生的超额保险费通常由买方负担。

（5）保险单的签订日期不能迟于提单上所显示的装运日期。

（6）根据不同商品的性质和特点，选择加保有关附加险。比如出口花生时，通常要选择加保黄曲霉素险。

■ 思考

请将下列保险条款翻译成英文：

由卖方按发票金额的 110% 投保海运险，按照 2009 年 1 月 1 日伦敦保险业协会货物（A）险条款负责。

实训项目（Training Project）

实训项目一　投保险种的选择

⮑ 项目情境

有如下商品：

1. 钢材，包括有色金属块、条、管、板等商品。

2. 粮谷，主要包括大米、豆类、玉米、干果仁等商品。

⮑ 工作任务

在办理投保时，应如何选择适合的险种？请你为其设计应投保的保险险种。

实训项目二　缮制保险单

⮑ 项目情境

下面两个情境资料是关于同一个外贸合同的。

1. 来自信用证的信息：

SOME MSG FROM COMING L/C:

…

L/C NO. AND DATED:Y/24/404 SEP.18, 2020

BENEFICIARY:GUANG DONG MACHINERY IMPORT AND EXPORT GORP. (GROUP)

EVIDENCING SHIPMENT OF : SPORTS GOODS 1125 GROSSES (S/C 88G1055)

结汇单证保险
单据的缮制

DOCUMENTS :

…

INSURANCE POLICY OF CERTIFICATE IN DUPLICATE BLANK ENDORSED COVERING MARINE INSTITUTE CARGO CLAUSES (ALL RISKS)AND WAR CLAUSES FOR 110% INVOICE VALUE UP TO FINAL DESTINATION IN NEPAL AND INSURANCE POLICY OR CERTIFICATE MUST BE VALID FOR 60 DAYS AFTER THE DISCHARGE OF GOODS FROM THE VESSEL AT THE PORT OF DESTINATION CLAIMS, IF ANY, PAYABLE AT CALCULTTA.

2．来自装货单的信息：

SOME MSG FROM S/O :

THE GOODS ARE PACKED IN 1125 GROSSES WITH MAYER 225 ON 15/10/2020. FROM GUANGZHOU TO CALCUTTA.

INVOICE NO.: GMS-025.

Amount Insured: USD 17 600.00.

➲ 工作任务

请根据这两个情境资料缮制保险单。

保险单（企业样本）

中保财产保险有限公司
The People Insurance (Property) Company of China ,Ltd.
PICC PROPERTY

发票号码（1）　　　　　　　　　　　　　　　　　　　　　　保险单号（2）
Invoice No. GMS-025　　　　　　　　　　　　　　　　　　Policy No. 0071925

海洋货物运输保险单
MARINE CARGO TRANSPORTATION INSURANCE POLICY

被保险人：（3）　　　GUANG DONG MACHINERY IMPORT AND EXPORT GORP.（GROUP）
Insured: ⋯⋯⋯⋯⋯⋯⋯⋯⋯⋯⋯⋯⋯⋯⋯⋯⋯⋯⋯⋯⋯⋯⋯⋯⋯⋯⋯⋯⋯⋯⋯⋯⋯⋯

中保财产保险有限公司（简称本公司）根据被保险人要求，及其所缴付约定的保险费，按照本保险单承担险别和背面所载条款与下列特别条款承保下列货物运输保险，特签发本保险单。

This policy of Insurance witnesses that The People Insurance（Property）Company of China, Ltd.（hereinafter called "the Company"）,at the request of the Insured and in consideration of the agreed premium paid by the Insured, undertakes to insure the undermentioned goods in transportation subject to the conditions of this Policy as per the Clauses printed overleaf and other special clauses attached hereon.

保险货物项目 Descriptions of Goods	包装　单位　数量 Packing　Unit　Quantity	保险金额 Amount Insured
SPORTS GOODS TOTAL: 1125 GROSSES　　（4）	（5） 1125 GROSSES	（6） USD 17 600.00

承保险别（Conditions）（7）　　　　　货物标记（Marks of Goods）（8）

COVERING ALL RISKS AND WAR RISKS AS PER OCEAN

MARINE CARGO CLAUSES （WAREHOUSE TO WAREHOUSE CLAUSE

IS INCLUDED） AND OCEAN MARINE CARGO WAR RISK

CLAUSES OF THE PEOPLES INSURANCE COMPANY OF CHINA （1/1/2009）

总保险金额：（9）

Total Amount Insured:U.S.DOLLARS SEVENTEEN THOUSAND SIX HUNDRED ONLY

保费（10）　　载运输工具（11）　　　　　　　　　　　　开航日期（12）
Premium As arranged　Per Conveyance S.S. MAYER 225　　Sig.on or abt Oct.15,2020
起运港（13）　　目的港（14）
From　GUANGZHOU　　To　　CALCUTTA

所保货物，如发生本保险单项下可能引起索赔的损失或损坏，应立即通知本公司下述代理人查勘。如有索赔，应向本公司提交保险单正本（本保险单共有 **2** 份正本）及有关文件。如一份正本已用于索赔，其余正本则自动失效。

In the event of loss or damage which may result in a claim under this Policy, immediate notice must be given to the Company Agent as mentioned hereunder.Claims, if any, one of the Original Policy which has been issued in（15）2 Original（s）together with the relevant documents shall be surrendered to the Company, if one of the Original Policy has been accomplished, the others to be void.

中保财产保险有限公司
THE PEOPLE INSURANCE (PROPERTY) COMPANY OF CHINA,LTD.

赔款偿付地点（16）
Claim payable at　　CALCUTTA
日期（17）　　　　　　在（18）
Data　　Oct.15, 2020　　at　　GUANGZHOU
Address：

能力迁移（Skill Transfer）

应 知 考 核

一、单项选择题

1. 在海洋运输货物保险业务中，共同海损（　　　）。
   A．是部分损失的一种　　　　　　　　B．是全部损失的一种
   C．有时为部分损失，有时为全部损失　D．是推定全损

2. 根据我国"海洋货物运输保险条款"规定，"一切险"包括（　　　）。
   A．平安险加 11 种一般附加险　　　　B．一切险加 11 种一般附加险
   C．水渍险加 11 种一般附加险　　　　D．11 种一般附加险加特殊附加险

3. 预约保险以（　　　）代替投保单，说明投保的一方已办理了投保手续。
   A．提单　　　　　　　　　　　　　　B．国外的装运通知
   C．大副收据　　　　　　　　　　　　D．买卖合同

4. "仓至仓"条款是（　　　）。
   A．承运人负责运输起讫的条款　　　　B．保险人负责保险责任起讫的条款
   C．出口人负责交货责任起讫的条款　　D．进口人负责付款责任起讫的条款

5. 某批出口货物投保了水渍险，在运输过程中由于雨淋致使货物遭受部分损失，这样的损失保险公司将（　　　）。
   A．负责赔偿整批货物
   B．负责赔偿被雨淋湿的部分
   C．不给予赔偿
   D．在被保险人同意的情况下，负责赔偿被雨淋湿的部分

6. 有一批出口服装，在海上运输途中，因船体触礁导致服装严重受浸，如果将这批服装漂洗后再运至原定目的港，所花费用已超过服装的保险价值。这批服装应属于（　　　）。
   A．共同海损　　　B．实际全损　　　C．推定全损　　　D．单独海损

7. 我方按 CIF 条件成交一批罐头食品，卖方投保时，按下列（　　　）投保是正确的。
   A．平安险＋水渍险　　　　　　　B．一切险＋偷窃、提货不着险
   C．水渍险＋偷窃、提货不着险　　D．平安险＋一切险

二、多项选择题

1. 伦敦保险业协会海运货物保险条款（ICC）所规定的险别中可单独投保的是（　　　）。
 　A. ICC（A）、ICC（B）、ICC（C）　B. 协会货物战争险条款
 　C. 协会货物罢工险条款　　　　　　　D. 恶意损害险条款
2. 出口茶叶，为防止运输途中串味，办理保险时，应投保（　　　）。
 　A. 串味险　　　　　　　　　　　B. 平安险加串味险
 　C. 水渍险加串味险　　　　　　　D. 一切险
3. 土畜产公司出口肠衣一批，为防止在运输途中容器渗漏，保险时应投保（　　　）。
 　A. 渗漏险　　　　B. 一切险　　　　C. 一切险加渗漏险　　D. 水渍险加渗漏险
4. 共同海损与单独海损的区别是（　　　）。
 　A. 共同海损属于全部损失，单独海损属于部分损失
 　B. 共同海损由保险公司负责赔偿，单独海损由受损方自行承担
 　C. 共同海损是为了消除或减轻风险而人为造成的损失，单独海损是承保范围内的风险直接导致的损失
 　D. 共同海损由受益方按受益大小的比例分摊，单独海损由受损方自行承担

应 会 考 核

三、英译汉

1. CIC　　　　　　2. W.P.A.　　　　　　3. All Risks
4. Open Policy　　　5. T.P.N.D.　　　　　6. F.W.R.D.

7. Insurance to be covered by the seller for 110% of total invoice value against W.P.A., War Risks and S.R.C.C. as per ocean marine cargo clause of PICC dated 1/1/2009.

四、计算题

1. 某货主在货物装船前，按发票金额的 110% 办理了货物投保手续，投保一切险加保战争险。该批货物以 CIF 成交的总价值为 20.75 万美元，一切险和战争险的保险费率合计为 0.6%。

计算：①该货主应缴的保险费是多少？②若发生了保险公司承保范围内的风险导致该批货物全部灭失，保险公司的最高赔偿金额是多少？

2. 我国某外贸公司以 CFR 神户每公吨 350 美元出售农产品 1 000 M/T，日商要求改报 CIF 价，按加两成投保水渍险，保险费率为 0.8%。试计算在不影响我国外汇收入前提下的 CIF 报价。

五、请根据下列情境，完成工作任务

某货轮航行途中发生船舶搁浅事故，为了强行起浮脱险，船长命令使用顺车倒车，致使轮机受损，船底划破，同时海水渗入货舱，造成部分货物损失。为了使船舶能继续航行，船舶驶入避难港进行修理，暂时卸下大部分货物，前后花了 10 天时间，增加支出各项费用，包括船员工资。当船修复后，装上原货起航后不久，A 舱起火，船长下令对该舱灌水灭火。A 舱原载有文具用品、茶叶等，灭火后发现文具用品一部分被焚毁，另一部分文具用品和全部茶叶被浸湿。试完成以下任务。

任务 1：分别说明以上各项损失的性质。

任务 2：说明在投保《中国保险条款》（2009 版）何种险别的情况下，保险公司才负责赔偿？

进出口商品价格

Prices of import and export commodities

情境导入（Lead-in Situation）

↘ 情境

国内某公司向国外出口女士衬衫，单价为每件 2.10 美元，共 2 000 件。国外开来的信用证中规定的金额为 "about USD4 200,CIF London，less 5% commission and 5% discount"（约 4 200 美元，CIF 伦敦，减 5% 的佣金和 5% 的折扣）。该公司将衬衫装船发运后，向银行交单议付时，需要缮制出口商品发票。该公司的经办人员认为信用证规定的"减 5% 的佣金和 5% 的折扣"，就是 CIF 净价在 4 200 美元的总价上直接减 10% 就可以了，于是将发票缮制如下：

Ladies Blouses	Unit Price	Amount
2 000 pieces	USD 2.10	USD 4 200.00
less 5% commission and 5% discount		USD 420.00
CIF London net:	USD 3 780.00	

↘ 分析

这样缮制发票对吗？

错误。这个公司的经办人员由于对国际贸易中的商品价格表示方法及计算方法缺乏了解，所以使公司在这笔业务中受到了损失。请问，该业务员的失误在哪里？

按商业习惯做法，在缮制出口发票时，应在总金额（单价 × 数量）中先扣除 5% 的优惠（折扣），得出一个毛净价；然后在此基础上再扣除 5% 的佣金，得出净价。在既有折扣又有佣金的交易中，应先扣除折扣，然后再扣除佣金，因为折扣部分是不应支付佣金的。

该公司应该将发票缮制如下：

Ladies Blouses	Unit Price	Amount
2 000 pieces	USD 2.10	USD 4 200.00
less 5% discount		USD 210.00
		USD 3 990.00
less 5% commission		USD 199.50
CIF London net:	USD 3 790.50	

两种计算方法相比较，由于业务员的业务不精，致使该公司损失了 10.50 美元。

根据国际商会制定的《UCP600》，凡"约""大概""大约"或类似的词语用于信用证金额、货物数量和单价时，应解释为有关金额、数量或单价不超过 10% 的增减幅度。该公司发票金额没有超过信用证规定的 4 200 美元增减 10% 的幅度，所以银行不会拒付，但使公司造成不该有的损失还是非常遗憾的。

在国际货物买卖中，货物的价格是买卖双方争论的焦点，是决定货物能否进入市场的重要因素，关系着买卖双方的切身利益。那么，如何根据客户要求进行价格核算？如何进行出口报价？又应如何进行出口还价？

学习目标（Learning Aims）

↘ 应知目标

了解国际商品作价方法、原则和计价货币的选择，掌握佣金和折扣的表示方法和计算方法，掌握商品成本核算。

↘ 应会目标

能够将贸易术语与商品价格正确结合使用，能够独立完成商品成本核算。

知识支撑（Knowledge Support）

6.1　国际商品价格概述

货物的价格通常是指单位商品的价格，简称单价（Unit Price）。进出口业务中使用的单价，比国内贸易中使用的单价要复杂一些，它的表述包括四项内容，即计价货币、单价金额、计量单位和贸易术语。

> **例 1**　每公吨 200 美元 CIF 伦敦
>
> |　USD　|　200　|　per Metric Ton　|　CIF London　|
> | :--: | :--: | :--: | :--: |
> | 计价货币 | 单价金额 | 计量单位 | 贸易术语 |

6.1.1　商品作价方法

1．固定价格

在交易磋商过程中，买卖双方将价格确定下来之后，任何一方不得擅自改动。这是业务中的常见做法，它意味着双方都要承担从订约到交货付款期间国际市场价格变动的风险。

> **例 2**　合同成立后，不得调整价格。
>
> No price adjustment shall be allowed after conclusion of this contract.

2．非固定价格

所谓非固定价格，即业务上所说的"活价"。具体分为以下三种：

（1）具体价格待定。有两种做法：①规定定价时间和定价方法（如装运月份前 50 天，参照当地及国际市场价格，确定正式价格）；②只规定作价时间（如双方在 2019 年 12 月 4 日确定价格）。

（2）暂定价格。制定一个初步价格，作为开证和初步付款的依据，双方确定最后价格之后再进行清算，多退少补。

> **例 3**　每件 5 000 港元 CIF 香港
>
> **备注**：上列价格为暂定价，于装运月份 15 天前由买卖双方另行协商确定价格。
>
> HKD5 000 per bale CIF Hongkong
>
> Remarks: The above is a provisional price，which shall be determined through negotiation between the buyer and the seller 15 days before the month of shipment.

（3）部分固定价格，部分非固定价格。近期交货的商品采取固定价格，远期交货的商品采取非固定价格，可以在交货前一定期限内由双方另行商定。这种方法主要用于分期分批交货或者外商长期包销的商品。相对于固定价格来说，非固定价格是先订约后作价，双方均不承担市价变动的风险，这给合同的履行带来了较大的不稳定性。

3. 滑动价格

滑动价格是指按照原料价格和工资的变动来计算合同的最后价格。一般规定，最后价格与初步价格之间的差额不超过约定的范围（如 5%），初步价格可不做调整。例如，如果卖方与其他客户的成交价高于或低于合同价格的 5%，对本合同执行的数量，双方可协商调整价格。此种做法旨在把价格变动的风险固定在一定范围之内。联合国欧洲经济委员会已将此项条款写入一些标准合同，且应用范围已从加工周期较长的机械设备交易扩展到一些初级产品交易。

> **例 4**　以下基础价格将按下列调整公式根据 ×××（机构）公布的 20××年×月的工资指数和物价指数予以调整。
>
> The following basic price will be adjusted according to the following formula based on the wage and price indexes published by the ...(organization) as of ...(month)20...
>
> 调整公式：
>
> Adjustment Formula:
>
> $$P_1 = P_0(a + b \times \frac{M_1}{M_0} + c \times \frac{W_1}{W_0})$$
>
> 式中　P_1——调整后的最后价格；
>
> 　　　P_0——订约时的基础价格；
>
> 　　　a——管理费用，基础价格的固定部分；
>
> 　　　b——原材料成本，基础价格的可变部分；
>
> 　　　c——工资成本，基础价格的可变部分；
>
> 　　　M_1——若干月后交货时的原材料批发价格指数；
>
> 　　　M_0——订约时的原材料批发价指数；
>
> 　　　W_1——若干月后交货时的工资指数；
>
> 　　　W_0——订约时的工资指数。

6.1.2 计价货币

1．计价货币的选择

计价货币是指合同中规定的用来计算价格的货币。这些货币可以是出口国或进口国的货币，也可以是第三国的货币，但必须是自由兑换货币，见表6-1。

表6-1 进出口交易中常用的计价货币

货币名称	货币符号	简写
英镑	£	GBP
美元	US$	USD
港元	HK$	HKD
瑞士法郎	CHF，SFr.（旧）	CHF
澳大利亚元	A$	AUD
日元	J¥	JPY
欧元	€	EUR

国际上普遍实行浮动汇率的情况下，买卖双方都要承担一定汇率风险。出口贸易中，计价和结汇争取使用硬币（Hard Currency），即币值稳定或具有一定上浮趋势的货币；进口贸易中，计价和付汇力争使用软币（Soft Currency），即币值不够稳定且具有下浮趋势的货币。

2．计价货币的汇率折算

汇率是用一个国家的货币折算成另一个国家的货币的比率。汇率的折算有直接标价与间接标价两种方法。我国采用直接标价法，即用本国货币来表示外国货币的价格（外币是常数，本币是变量）。例如，100美元=681.14元人民币。

国家外汇管理总局对外公布的外汇牌价，一般列有买入价和卖出价两栏。买入价是银行买入外汇的价格；卖出价是银行卖出外汇的价格。出口结汇是银行付出本国货币，买入外汇，用买入价；进口付汇是银行买入本国货币，卖出外汇，用卖出价。

业务中，有时需要把本币折成外币，有时需要把外币折成本币，还有时需要将一种外币折算成另一种外币。分别介绍如下：

（1）将本币折成外币用买入价。出口商需要把收取的外币卖给银行，换回所需本币，而银行是买入外汇，因此用买入价。所以，出口商以外币报价时，就只能以银行买入价进行本币与外币的换算。

$$外币 = \frac{本币 \times 100}{汇率（买入价）}$$

> ▶ **例5** 某公司出口一批玩具，价值人民币40 000元，客户要求以美元报价。当时外汇汇率为买入价100美元=681.73元，卖出价100美元=684.47元，那么，对外美元报价应为
>
> $$\frac{40\ 000 \times 100}{681.73} 美元 = 5\ 867.43\ 美元$$

（2）将外币折成本币用卖出价。在进口时，企业向银行购买外汇，银行卖出外汇时使

用卖出价。所以，进口商以外币报价时，就只能以银行卖出价进行本币与外币的换算。

$$本币 = \frac{外币 \times 汇率（卖出价）}{100}$$

> **例 6**　某公司进口一批价值 5 867.43 美元的货物，当时外汇汇率为买入价 100 美元 =681.73 元人民币，卖出价 100 美元 =684.47 元，那么，付汇时需向银行支付人民币
>
> $$\frac{5\ 867\ 43 \times 684.47}{100} 元 = 40\ 160.80\ 元$$

（3）一种外币折成另一种外币。按照银行外汇牌价（用买入价则都用买入价）将两种外币都折成人民币，然后间接计算出两种外币的兑换率。

> **例 7**　某出口商品对外报价每公吨 300 英镑 CIF 纽约。国外客户要求改为美元报价。当日银行外汇牌价为 100 英镑 =1 063.82 元（买入价）/1 072.37 元（卖出价），100 美元 =681.73 元（买入价）/684.47 元（卖出价），则 1 英镑 =1 063.82 元 /681.73 元 =1.56 美元。
>
> 　　因此，对外可改报 468 美元 CIF 纽约 [（300×1.56）美元 =468 美元]。

6.1.3　佣金与折扣

1. 佣金与折扣的含义和作用

佣金（Commission）又称手续费（Brokerage），是指卖方或买方付给中间商为其对货物的销售或购买提供中介服务的酬金。中间商通常为经纪人（Middleman 或 Broker）或代理人（Agent）。但在实际业务中，凡是为招揽生意、促成交易提供服务的企业或个人，都可能成为佣金的收受者。折扣（Discount）是指卖方按原价给予买方一定百分比的减让。

佣金还有"明佣"和"暗佣"之分。在价格中体现佣金的为明佣；在价格中看不出含佣但实际上含佣的为暗佣，两者通称为含佣价。暗佣表面上与净价没有区别，为了明确起见，一般在净价的贸易术语后加"Net"字样。例如：

每公吨 300 美元 FOB 上海净价

USD300 per metric ton FOB Shanghai net

2. 佣金和折扣的表示方法

（1）佣金的表示方法。凡价格中包含佣金的，称为"含佣价"（Price Including Commission）。"含佣价"可用文字表示，例如：

每公吨 335 美元 CIF 纽约包含佣金 2%

USD335 per metric ton CIF New York including 2% commission

也可在贸易术语后面加注"佣金"的英文缩写字母"C"并注明佣金的百分比来表示。例如：

每公吨 335 美元 CIFC2% 纽约（或 CIFC2）

USD335 per metric ton CIFC2% (or CIFC2) New York

（2）折扣的表示方法。如价格中允许给予折扣，一般应用文字表示。例如：

每公吨 300 美元 FOB 上海减折扣 2%

USD300 per metric ton FOB Shanghai less 2% discount

3. 佣金和折扣的计算方法

（1）佣金的计算方法。在国际贸易中，佣金的计算方法不一，有的按成交金额约定的百分比计算，也有的按成交商品的数量来计算，即按每一单位数量收取若干佣金计算。还有人认为，以 FOB 或 FCA 价值计算较为合理，否则，似乎卖方除对货物本身价值支付佣金外，还要对运费或保险费部分甚至对佣金本身支付佣金。其实，不管按何种价值，它只是作为给中间商多少酬金的计算基础。而按成交金额（含佣价）计算佣金，在操作上简便明了，故在实践中被大量采用。计算公式为

$$佣金 = 含佣价 \times 佣金率$$

由此又可得出公式

$$含佣价 = \frac{净价}{1- 佣金率}$$

> **↘ 例 8**　已知 CFRC3 为 1 200 美元，保持卖方净收入不变。试改报为 CFRC5 价。
>
> **解：**
>
> 先把 CFRC3 价改为 CFR 价
>
> $$CFR = CFRC3 \times （1- 佣金率）= 1\ 200\ 美元 \times （1-3\%）= 1\ 164\ 美元$$
>
> 再把 CFR 价改为 CFRC5 价
>
> $$CFRC5 = CFR\ 净价 / （1- 佣金率）= 1\ 164\ 美元 / （1-5\%）= 1\ 225.26\ 美元$$
>
> 或
>
> $$CFRC5 = CFRC3（1-3\%）/ （1-5\%）= 1\ 225.26\ 美元$$
>
> 故改报后的 CFRC5 价为 1 225.26 美元。

（2）折扣的计算方法。折扣的计算方式有很多种，但最主要的计算方法为

$$折扣 = 原价 \times 折扣率$$
$$折实售价 = 原价 \times （1- 折扣率）$$

> **↘ 例 9**　某出口商品对外报价为 FOB 上海价每打 50 美元，含 3% 折扣。如出口该商品 1 000 打，试计算其折扣额和实收外汇各为多少。
>
> **解：**
>
> 因为
>
> $$折扣 = 原价 \times 折扣率$$
> $$折实售价 = 原价（1- 折扣率）$$
>
> 所以
>
> $$折扣额 = 1\ 000 \times 50\ 美元 \times 3\% = 1\ 500\ 美元$$
> $$折实售价 = 50\ 美元 \times （1-3\%）= 48.5\ 美元$$
> $$实收外汇 = 48.5\ 美元 \times 1\ 000 = 48\ 500\ 美元$$
>
> 或
>
> $$实收外汇 = 50\ 000\ 美元 - 1\ 500\ 美元 = 48\ 500\ 美元$$
>
> 答：折扣额为 1 500 美元，实收外汇为 48 500 美元。

4. 佣金和折扣的支付方法

在出口业务中，佣金通常由我国出口企业于收到全部货款后再支付给中间商或代理商。

佣金可于合同履行后逐笔支付，也可按月、按季、按半年甚至一年汇总计付，通常由双方事先就此达成书面协议，凭以执行。

折扣一般由买方在支付货款时扣除。

📝思考

我国某公司出口商品每公斤 100 美元 CFRC2% 纽约。试计算 CFR 净价和佣金各为多少。如果对方要求将佣金增加到 5%，我方可同意，但出口净收入不能减少。请问 CFRC5% 应报何价。

6.2 出口报价

6.2.1 出口商品的价格构成

在国际商品买卖中，出口商品的价格构成包括成本、费用和预期利润三个部分。

1. 成本

出口成本也称为实际成本，是外贸业务员出口报价考虑的最基本因素。在我国现行外贸制度下，要准确地对外报价，必须区分企业成本核算的两个概念：

（1）采购成本。采购成本一词主要来源于外贸公司的产品成本，由于大多数外贸企业的产品都是从生产企业采购而来，所以，这一成本称为采购成本；对于生产型外贸企业来讲，这一成本即生产成本。这一成本是包含了增值税在内的企业产品成本。所以

$$增值税额 = 货价 \times 增值税率$$

$$采购成本 = 货价 + 增值税额 = 货价 \times (1 + 增值税率)$$

（2）出口成本。出口退税是国家用于鼓励出口的政策，它在客观上降低了出口成本。对于出口企业来讲，企业的出口成本是其采购成本扣除国家退税收入的成本，计算公式为

$$出口成本 = 采购成本 - 出口退税额$$

$$出口退税额 = 货价 \times 退税率 = \frac{采购成本}{1 + 增值税率} \times 出口退税率$$

所以

$$出口成本 = 采购成本 \times \frac{1 + 增值税率 - 出口退税率}{1 + 增值税率}$$

➲ 例 10 某公司出口陶瓷茶杯，每套进货成本人民币 90 元（包括 13% 的增值税），退税率为 13%。出口成本核算如下：

计算方法 1：

$$出口成本 = 采购成本 - 出口退税额$$

$$出口退税额 = \frac{采购成本}{1 + 增值税率} \times 出口退税率$$

$$=90\ 元 \div (1+13\%) \times 13\%$$
$$=10.35\ 元$$

所以

$$出口成本 = 90\ 元 - 10.35\ 元 = 79.65\ 元$$

计算方法 2：

$$出口成本 = 采购成本 \times \frac{1+ 增值税率 - 出口退税率}{1+ 增值税率}$$
$$=90\ 元 \div (1+13\%) \times (1+13\%-13\%)$$
$$=79.65\ 元$$

故陶瓷茶杯的出口成本（即实际成本）为每套 79.65 元。

思考

请填制下面的空格（保留小数点后两位）

品名	单位购货成本（元）	增值税率（%）	出口退税率（%）	实际成本（元）
电动玩具	80	13	10	
CD 架		13	9	119
多功能健身机		13	6	1 668
组合餐具	180	13		174

2. 费用

出口费用有两种核算方法：

（1）经验核算法。根据企业经营状况和管理规定，按采购成本的一定比例（出口费用率）计算出口费用。如某商品采购成本为 50 000 元，出口费用定额率为 10%，则可计算出口费用为 50 000 元 ×10%=5 000 元。

（2）明细算法。把可能产生的费用相加算出出口费用。下面介绍一些可能产生的费用。

1）包装费（Packing Charges）。包装费通常包括在采购成本之中，但如果客户对货物的包装有特殊要求，则须另加。

2）仓储费（Warehousing Charges）。需要提供提前采购或另外存仓的货物往往会发生仓储费用。

3）国内运输费（Inland Transport Charges）。出口货物在装运前所发生的内陆运输费用，通常有货车运输费等。

4）认证费（Certification Charges）。出口商办理出口许可证、配额、产地证明及其他证明所支付的费用。

5）港区港杂费（Port Charges）。出口货物装运前在港区码头所需支付的各种费用。

6）商检费（Inspection Charges）。出口商品检验机构根据国家的有关规定或出口商的请求对货物进行检验所发生的费用。

7）捐税（Duties and Taxes）。国家对出口商品征收、代收或退还的有关税费，通常有出口关税、增值税等。

8）垫款利息（Interest）。出口商买进卖出期间垫付资金支付的利息。

9）业务费用（Operating Charges）。出口商在经营过程中发生的有关费用，也称经营管理费。比如，通信费、交通费、交际费等，一般都按采购成本规定一定的比率。

10）银行费用（Banking Charges）。在出口业务中，外贸企业可能涉及的国内外银行费用包括通知费、议付费、不符点处理费、电报费、偿付费、修改费、托收费、委托调查费等。

11）出口运费（Freight Charges）。货物出口时支付的海运、陆运、空运及多式联运费用。

12）保险费（Insurance Premium）。出口商向保险公司购买货运保险或信用保险所支付的费用。

13）佣金（Commission）。出口商向中间商支付的报酬。佣金的计算通常以发票金额作为基础。

3. 预期利润

出口公司的利润与该公司的预期利润率有关。利润率这个概念有成本利润率和销售利润率之分。前者是利润占成本的百分比，后者是利润占销售价格的百分比。计算利润的依据不同，销售价格和利润额也不一样。下面分别举例说明：

某公司的实际成本（即出口成本）为人民币 180 元，利润率为 15%，计算价格和利润额。

（1）以实际成本为依据

$$销售价格 = 实际成本 + 利润额$$
$$= 实际成本 + 实际成本 \times 利润率$$
$$= 180 \ 元 + 180 \ 元 \times 15\%$$
$$= 207 \ 元$$
$$利润 = 实际成本 \times 利润率 = 180 \ 元 \times 15\% = 27 \ 元$$

（2）以销售价格为依据

$$销售价格 = 实际成本 + 利润额$$
$$= 实际成本 + 销售价格 \times 利润率$$

等式两边移项得

$$销售价格 = 实际成本 / （1 - 利润率）$$
$$= 180 \ 元 \div （1 - 15\%）$$
$$= 211.76 \ 元$$
$$利润 = 销售价格 \times 利润率 = 211.76 \ 元 \times 15\% = 31.76 \ 元$$

在实际业务中，采用哪一种利润率计算价格并没有统一的规定，但一般更多地采用销售利润率，本书在计算利润时也采用此方法。

6.2.2　出口盈亏核算

1. 换汇成本

出口换汇成本即出口商品获得每一单位外汇的人民币成本，也就是出口净收入 1 美元所耗费的人民币数额。出口换汇成本如高于银行外汇牌价，则出口为亏损；反之则为盈利。其公式为

$$出口换汇成本 = \frac{出口总成本（人民币）}{FOB \ 出口销售外汇净收入（美元）}$$

其中：

（1）出口总成本是实际采购成本与出口前费用之和，即

出口总成本（人民币）＝采购成本＋出口费用－出口退税额

（2）出口销售外汇净收入是指出口商品的 FOB 外汇净收入，即扣除运保费、佣金以后的外汇净收入。

2. 出口盈亏额

出口盈亏额是出口销售人民币净收入与出口总成本的差额，前者大于后者为盈利；反之为亏损。通过盈亏额还可以计算出盈亏率。其公式为

出口盈亏额＝（FOB 出口销售外汇净收入×银行外汇买入价）－出口总成本（人民币）

$$出口盈亏额 = \frac{出口盈亏额}{出口总成本（人民币）} \times 100\%$$

> **例 11**　出口健身椅（Sit-up Bench）1 000 只，出口价为每只 17.30 美元 CIF 纽约，CIF 总价 17 300 美元，其中运费 2 160 美元，保险费 112 美元。进价为每只人民币 97 元，共计人民币 97 000 元（含增值税 13%），出口费用定额率 10%，出口退税率 13%。当时银行美元买入价为 6.92 元。试计算出口健身椅的换汇成本、出口盈亏额和出口盈亏率。
>
> **解：**
>
> $$健身椅换汇成本 = \frac{97\,000\,元 + 97\,000\,元 \times 10\% - [97\,000\,元 \div (1+13\%) \times 13\%]}{17\,300\,美元 - 2\,160\,美元 - 112\,美元}$$
> $$= 95\,540.707\,965\,元 / 15\,028\,美元$$
> $$= 6.357\,513\,元 / 美元$$
>
> 出口健身椅的盈亏额有两种计算方法：
>
> 方法 1：
>
> $$[(6.92 - 6.357\,513) \times 15\,028]\,元 = 8\,453.05\,元$$
>
> 方法 2：
>
> $$(15\,028 \times 6.92 - 95\,540.707\,965)\,元 = 8\,453.05\,元$$
>
> 出口健身椅的盈亏率也相应有两种计算方法：
>
> 方法 1：
>
> $$(6.92 - 6.357\,513)（元 / 美元）/6.357\,513（元 / 美元）= 8.85\%$$
>
> 方法 2：
>
> $$8\,453.05\,元 / 95\,540.707\,965\,元 = 8.85\%$$
>
> 故出口健身椅的换汇成本是 6.357 513 元 / 美元，盈利额为 8 453.05 元，盈亏率为 8.85%。

思考

出口碳刷（Carbon Brush）1 442 250 只，出口总价为 73 000 美元 CIF 旧金山，其中运费 1 540 美元，保险费 443 美元。进价 574 980 元（含增值税 13%）。出口费用定额率 6%，出口退税率 13%。当时银行美元买入价为 6.85 元。试计算出口碳刷的换汇成本、出口盈亏额、出口盈亏率。

6.2.3 三种贸易术语的对外报价核算

出口报价通常使用 FOB、CFR 和 CIF 三种价格。FOB、CFR 和 CIF 三种价格的基本构成如下：

$$FOB= 出口成本 + 出口费用 + 预期利润$$
$$CFR= 出口成本 + 出口费用 + 出口运费 + 预期利润$$
$$CIF= 出口成本 + 出口费用 + 出口运费 + 出口保险费 + 预期利润$$

> **➔例 12** 吉信贸易公司收到爱尔兰公司求购 6 000 双牛粒面革腰高 6in 军靴（一个 40ft 集装箱）的询盘。经了解，每双军靴的进货成本人民币 90 元（含增值税 13%），进货总价为 90×6 000=540 000 元；出口包装费每双 3 元，国内运杂费共计 12 000 元，出口商检费 350 元，报关费 150 元，港区港杂费 900 元，其他各种费用共计 1 500 元。吉信贸易公司向银行贷款的年利率为 8%，预计垫款两个月，银行手续费率为 0.5%（按成交价计），出口军靴的退税率为 13%。海运费：大连—都柏林，一个 40ft 集装箱的包箱费率是 3 800 美元，客户要求按成交价的 110% 投保，保险费率为 0.85%，并在价格中包括 3% 佣金。若吉信贸易公司的预期利润为成交额的 10%，人民币对美元的汇率为 6.81:1，试报每双军靴的 FOBC3、CFRC3、CIFC3 价格。

步骤 1：计算出口成本（即实际成本）

$$出口成本 = 采购成本 - 出口退税额$$
$$= 采购成本 \times \frac{1+ 增值税率 - 出口退税率}{1+ 增值税率}$$
$$=90 元 / 双 \div （1+13\%）\times （1+13\%-13\%）$$
$$=79.65 元 / 双$$

步骤 2：计算出口费用

出口费用 1= 包装费 + 运杂费 + 商检费 + 报关费 + 港区港杂费 + 其他费用 + 垫款利息
$$= （3×6 000+12 000+350+150+900+1 500+540 000×8\%×2/12）元$$
$$= 40 100 元$$

单位货物所摊费用 =40 100 元 /6 000 双 =6.6 833 元 / 双

出口费用 2= 银行手续费 = 报价 ×0.5%

出口费用 3= 客户佣金 = 报价 ×3%

出口费用 4= 出口运费 = （3 800÷6 000×6.81）元 / 双 =4.313 元 / 双

出口费用 5= 出口保险费 = 报价 ×110%×0.85%

步骤 3：计算利润

$$利润 = 报价 ×10\%$$

步骤 4：总算

（1）FOB 报价的核算

FOBC3 报价 = 出口成本 + 出口费用 + 预期利润
= 出口成本 + 出口费用 1+ 出口费用 2+ 出口费用 3+ 预期利润

$$= 出口成本+（包装费+运杂费+商检费+报关费+港区港杂费+其他$$
$$费用+垫款利息）+银行手续费+客户佣金+预期利润$$
$$=79.65+6.683\ 3+FOBC3\ 报价×0.5\%+FOBC3\ 报价×3\%+FOBC3\ 报价×10\%$$

整理后，得

$$FOBC3\ 报价=\frac{79.65+6.683\ 3}{1-0.5\%-3\%-10\%}\ 元/双$$
$$=99.807\ 3\ 元/双$$

折算为美元：

$$FOBC3=（99.807\ 3÷6.81）美元/双=14.66\ 美元/双$$

（2）CFR 报价的核算

$$CFRC3\ 报价=出口成本+出口费用+出口运费+预期利润$$
$$=出口成本+出口费用1+出口费用2+出口费用3+出口费用4+预期利润$$
$$=出口成本+（包装费+运杂费+商检费+报关费+港区港杂费+其他$$
$$费用+垫款利息）+银行手续费+客户佣金+出口运费+预期利润$$
$$=79.65+6.683\ 3+CFRC3\ 报价×0.5\%+CFRC3\ 报价×3\%+4.313+CFRC3\ 报价×10\%$$

整理后，得

$$CFRC3\ 报价=\frac{79.65+6.683\ 3+4.313}{1-0.5\%-3\%-10\%}\ 元/双$$
$$=104.793\ 4\ 元/双$$

折算为美元，$CFRC3=（104.793\ 4÷6.81）美元/双=15.39\ 美元/双$

（3）CIFC3 报价的核算

$$CIFC3\ 报价=出口成本+出口费用+出口运费+出口保险费+预期利润$$
$$=出口成本+出口费用1+出口费用2+出口费用3+出口费用4+出口$$
$$费用5+预期利润$$
$$=出口成本+（包装费+运杂费+商检费+报关费+港区港杂费+其他费用+$$
$$垫款利息）+银行手续费+客户佣金+出口运费+出口保险费+预期利润$$
$$=79.65+6.683\ 3+CIFC3\ 报价×0.5\%+CIFC3\ 报价×3\%+4.313+CIFC3\ 报价×$$
$$110\%×0.85\%+CIFC3\ 报价×10\%$$

整理后，得

$$CIFC3\ 报价=\frac{79.65+6.683\ 3+4.313}{1-0.5\%-3\%-110\%×0.85\%-10\%}\ 元/双$$
$$=105.938\ 5\ 元/双$$

折算为美元

$$CIFC3=105.938\ 5÷6.81=15.56\ 美元/双$$

步骤 5：三种价格对外报价

（1）USD14.58/pair FOBC3 Dalian （每双 14.66 美元，大连港船上交货）。

（2）USD15.32/ pair CFRC3 Dublin （每双 15.39 美元，成本加运费至都柏林）。

（3）USD15.48/ pair CIFC3 Dublin（每双 15.56 美元，成本加运费、保险费至都柏林）。

如果掌握了出口报价中各个部分的关系，通过分析上述分步计算中"整理后"的公式规律，可以得到三个出口报价的简便计算公式：

$$FOBC=\frac{\text{出口成本}+\text{出口费用（已知部分）}}{1-\text{银行费用率}-\text{佣金率}-\text{利润率}}$$

$$CFRC=\frac{\text{出口成本}+\text{出口费用（已知部分）}+\text{出口运费}}{1-\text{银行费用率}-\text{佣金率}-\text{利润率}}$$

$$CIFC=\frac{\text{出口成本}+\text{出口费用（已知部分）}+\text{出口运费}+\text{出口保险费}}{1-\text{银行费用率}-（1+\text{投保加成率}）\times\text{保险费率}-\text{佣金率}-\text{利润率}}$$

小贴士

快速对外报价法

在国际贸易业务实践中，国内出口费用具有不稳定因素，若采用"构成因素"加总计算对外报价，相当麻烦，也不太符合实际业务操作，并且有些出口费用是实际出货以后才可能具体明了的。故外贸企业快速对外报价时，一般先不考虑出口费用，即假设其为零，出口报价算出来后，提高毛利润率，以抵偿出口费用。

外贸企业快速对外报价，一般采用"盈亏换汇比"法，分为两步：

第一步：求盈亏换汇比。盈亏换汇比是指盈亏平衡点时的出口换汇成本。

$$\text{盈亏换汇比}=\frac{\text{银行外汇买入价}}{1-\dfrac{\text{出口退税率}}{1+\text{增值税率}}}$$

其推导如下：

假设某产品的采购价格为 A，出口退税率为 R，盈亏换汇比为 Y。

由于采购成本＝出口成本＋出口退税额，故

$$\frac{A}{Y}\times\text{银行外汇买入价}+R\times\frac{A}{1+\text{增值税率}}=A$$

利用此式，即可推出

$$Y=\frac{\text{银行外汇买入价}}{1-\dfrac{R}{1+\text{增值税率}}}$$

第二步，得出报价。

$$FOB=\frac{\text{采购价格}}{Y}\times（1+\text{毛利润率}）$$

采购价格 $/Y$ 就是不盈不亏时的美元报价，这样业务员可以根据自己期望的利润率，加上利润点后进行报价。FOB 价出来后，加上单位商品的海洋运费就是 CFR 价，进一步报 CIF 价也很容易了。

例如，当前银行外汇买入价为 6.81 元 / 美元，增值税率为 13%、退税率为 13% 的围巾盈亏换汇比就是

$$Y= \frac{6.81 \, 元 / 美元}{1-\frac{0.13}{1+0.13}} =7.70 \, 元 / 美元$$

若围巾的采购价格为 35 元，则业务员不盈不亏时的美元报价就是 35 元 /6.81（元 / 美元）=5.14 美元，然后就可以根据自己的利润期望灵活报价了。

需特别指出的是，"快速对外报价法"忽略了"出口费用"，因而并不能精准地计算出口报价。

6.3　出口还价核算

当出口商对外报出价格后，最理想的情况是进口商能够接受该报价。但在实际业务中，进口商难免会希望降价，那么出口商应如何进行还价核算呢？

6.3.1　出口还价的基本方法

在考虑接受进口商的还价或适当降价的策略中，要对利润、费用等的影响进行充分的计算。在出口报价中，基本要求是在已知出口商品的采购成本、国内费用、国外费用及公司预期利润的条件下，计算出口报价。这是一个将报价作为计算结果的"正算"过程。而在出口还价核算时，将外商的还价作为一个"已知数"，以此来倒推采购成本、国内费用（国外费用变化的可能性不大）及公司的预期利润。所以，出口还价的基本方法包括：

（1）如果接受外商的还价，在其他条件（采购成本、国内费用等）不变的情况下，计算公司的利润或利润率。因为利润或利润率的多少是能否接受对方还价的基础。此种情况的计算方法是

销售利润 = 销售收入（外商的还价）− 出口成本 − 出口费用

（2）如果既接受外商的还价，又保持公司的预期利润率不变，计算出能够接受的国内采购成本或供货价格。此种情况的计算方法是

出口成本 = 销售收入（外商的还价）− 出口费用 − 销售利润

（3）不接受外商的还价，在其他条件不变的情况下，降低利润率进行还价，即重新报价。

FOB= 出口成本 + 出口费用 + 预期利润

CFR= 出口成本 + 出口费用 + 出口运费 + 预期利润

CIF= 出口成本 + 出口费用 + 出口运费 + 出口保险费 + 预期利润

下面通过一个情境资料讨论上述三种基本还价方法。

【情境资料】

浙江远大公司出口 1 个 20ft 货柜的陶瓷餐具，进货成本 150 元 / 套（含 13% 增值税，退税率 13%），每个纸箱装一套，纸箱尺寸为 40cm×35cm×38cm。20ft 货柜需发生的费用有：运杂费 900 元，商检报关费 200 元，港区港杂费 700 元，公司业务费 1 300 元，其他费用 950 元，上海—纽约 20ft 集装箱包箱费 2 250 美元，利润为报价的 10%，美元对人民币汇率 1:6.81。远大公司对外报价每套 29.32 美元 CFR 纽约，美国 CLARK 公司还价每套 24.5 美元 CFR 纽约。

6.3.2　出口还价方法一

当进口方不能接受出口方的报价而要求降价时，出口方比较简单和直接的方法是接受进口方的还价，在其他条件如采购成本、国内费用等不变的情况下，这样做会使出口方的利润减少。在贸易中，获利是出口商的根本，因此，不可贸然接受还价，应先计算一下利润减少的程度再做出决定。

> ↘ **例 13**　计算利润率（在其他条件不变的情况下接受对方还价）。
>
> 　如果考虑接受美国 CLARK 公司每套 24.5 美元 CFR 纽约还价，在采购成本、出口费用等不变的情况下，计算浙江远大公司的利润率降低到多少。

步骤 1：计算远大公司每套商品出口的预期销售收入

$$每套销售收入 =（24.5×6.81）元 =166.845 元$$

步骤 2：计算远大公司每套商品的出口成本

$$出口成本 = 采购成本 - 出口退税额$$

$$= 采购成本 × \frac{1+ 增值税率 - 出口退税率}{1+ 增值税率}$$

$$=150 元 / 套 ÷（1+13\%）×（1+13\%-13\%）$$

$$=132.74 元 / 套$$

步骤 3：计算远大公司每套商品的出口费用

出口费用 1=（运杂费 + 商检报关费 + 港区港杂费 + 公司业务费 + 其他费用）/ 套数

$$=[（900+200+700+1\,300+950）/470] 元$$

$$=（4\,050/470）元 =8.617 元$$

由于是 CFR 纽约报价，故还应计算出口运费。

$$纸箱体积 =40cm×35cm×38cm=53\,200cm^3=0.053\,2m^3$$

$$出口套数 =（25/0.053\,2）套 =470 套（20ft 货柜按 25m^3 计）$$

$$出口费用 2= 餐具出口运费 =（2\,250÷470×6.81）元 / 套 =32.601\,1 元 / 套$$

步骤 4：计算远大公司每套商品的利润额与利润率

$$销售利润 = 销售收入 - 出口成本 - 出口费用$$

$$= 销售收入 - 出口成本 - 出口费用 1- 出口费用 2$$

$$= 销售收入 - 出口成本 -（运杂费 + 商检报关费 + 港区港杂费 +$$

$$公司业务费 + 其他费用）- 出口运费$$

$$=（166.845-132.74-8.617-32.601\,1）元 / 套$$

$$=-7.113\,1 元 / 套$$

即利润呈负数，亏损为 7.113 1 元 / 套。

亏损占销售收入的比率为 7.113 1/166.845=4.26%。

6.3.3　出口还价方法二

如果出口商报出价格后，外商提出要求降价，有一定实力的出口商可能利用自己在出口市场上的优势，采用"堤外损失堤内补"的办法，为了保持公司的预期利润率不变，转而要求供货厂家降低供货价格，或者是与国内其他方谈判，以降低出口费用。

在此种情况下，要求业务员计算出公司在预期利润率不变的情况下，能够接受的国内供货价格、其他费用。

> **例 14**   计算供货价格（公司预期利润率与其他费用不变）。
>
> 如果考虑接受美国 CLARK 公司每套 24.5 美元 CFR 纽约还价，同时又保证公司预期的 10% 利润率不变，且出口中的费用水平没有办法降低，那么，需要计算一下公司能够接受的国内采购成本是多少，然后才能与供货厂家进行谈判。请计算浙江远大公司能够接受的国内供货价格。

步骤 1：计算远大公司每套商品出口的预期销售收入

$$每套销售收入 = （24.5×6.81）元 =166.845 元$$

步骤 2：计算远大公司每套商品的出口费用

出口费用 1=（运杂费＋商检报关费＋港区港杂费＋公司业务费＋其他费用）/ 套数

$$= [（900+200+700+1\,300+950）/470] 元$$

$$=（4\,050/470）元 =8.617 元$$

由于是 CFR 纽约报价，故还应计算出口运费。

$$纸箱体积 = 40cm×35cm×38cm=53\,200cm^3=0.053\,2 \ m^3$$

$$出口套数 = （25/0.053\,2）套 =470 套（20ft 货柜按 25m^3 计）$$

$$出口费用 2= 餐具出口运费 =（2\,250÷470×6.81）元 / 套 =32.601\,1 元 / 套$$

步骤 3：计算远大公司每套商品的利润

$$利润 =166.845 元 ×10\%=16.684\,5 元$$

步骤 4：总算

出口成本 = 销售收入 － 出口费用 － 销售利润

= 销售收入 － 出口费用 1 － 出口费用 2 － 销售利润

= 销售收入 －（运杂费＋商检报关费＋港区港杂费＋公司业务费＋

其他费用）－ 出口运费 － 销售利润

$$=（166.845-8.617-32.601\,1-16.684\,5）元 / 套$$

$$=108.942\,4 元 / 套$$

由于

$$出口成本 = 采购成本 × \frac{1+ 增值税率 － 出口退税率}{1+ 增值税率}$$

所以

$$采购成本 = \frac{出口成本 ×（1+ 增值税率）}{1+ 增值税率 － 出口退税率}$$

$$= \frac{108.942\,4×(1+13\%)}{1+13\%-13\%} 元 / 套$$

$$=123.11 元 / 套$$

故接受美国 CLARK 公司每套 24.5 美元的还价,同时又将利润率保持 10%,则须将采购成本压低至 123.11 元 / 套,也就是说,供货厂家每套须降价 26.89 元(150 元 –123.11 元)。

6.3.4 出口还价方法三

在其他条件不变的情况下接受对方还价会导致亏损,这是每一个出口公司都不能接受的;要保持预期利润率不变,则须较大幅度地压低供货厂家的供货价格,这也是比较难做到的。折中的方法就是双方各退一步,出口公司将利润率降低一些进行还价。

> **例 15** 降低利润率进行还价(在其他条件不变的情况下)
> 在采购成本、出口费用等不变的情况下,浙江远大公司将利润率从 10% 降到 5%,对美国 CLARK 公司进行还价。试计算远大公司利润率调到 5% 时,CFR 纽约报价是多少。

步骤 1:计算远大公司每套商品的出口成本

$$出口成本 = 采购成本 – 出口退税额$$

$$= 采购成本 \frac{1+ 增值税率 – 出口退税率}{1+ 增值税率}$$

$$=150 元 / 套 \div(1+13\%)\times(1+13\%–13\%)$$

$$=132.74 元 / 套$$

步骤 2:计算远大公司每套商品的出口费用

出口费用 1=(运杂费 + 商检报关费 + 港区港杂费 + 公司业务费 + 其他费用)/ 套数

$$= [(900+200+700+1\,300+950)/470] 元$$

$$=(4\,050/470)元 =8.617 元$$

由于是 CFR 纽约报价,故还应计算出口运费。

纸箱体积 =40cm×35cm×38cm=53\,200cm^3=0.053\,2m^3

出口套数 =(25/0.053\,2)套 =470 套(20ft 货柜按 25m^3 计)

出口费用 2= 餐具出口运费 =(2\,250÷470×6.81)元 / 套 =32.601\,1 元 / 套

步骤 3:计算远大公司每套商品的利润

$$利润 =CFR 报价 ×5\%$$

步骤 4:总算

CFR= 出口成本 + 出口费用 + 预期利润

  = 出口成本 + 出口费用 1 + 出口费用 2 + 预期利润

  = 出口成本 +(运杂费 + 商检报关费 + 港区港杂费 + 公司业务费 + 其他费用)+ 出口运费 + 预期利润

  =138.461\,5+8.617+32.601\,1+CFR×5\%

整理后,得

$$CFR= \frac{138.461\,5+8.617+32.601\,1}{1–5\%} 元 / 套$$

$$= 189.136\,4 元 / 套$$

折算为美元:

$$CFR=（189.1364/6.81）美元/套=27.77 美元/套$$

故浙江远大公司将利润率调低到 5% 时，对美国 CLARK 公司还价为 27.77 美元/套。

> **思考**
>
> **资料**：泰国华太公司向北京图文进出口公司订购文件夹，起订量为 1 个 20ft 货柜。华太公司主动递盘为每打 36.85 美元 CFRC5 曼谷。已知文件夹 5 打装一个纸箱，尺寸为 70cm×30cm×40cm。工厂供货价为每打 280 元，含 13% 增值税，出口退税率为 10%，国内费用按购货成本的 3% 计，美元对人民币汇率为 1:6.81。
>
> **任务 1**：在这笔业务中，北京图文进出口公司能否达到 8% 的最低利润率？
>
> **任务 2**：如果我方要保持 8% 的利润率，供货价必须降低多少？

6.4 买卖合同的价格条款

1. 价格条款的主要内容

在国际货物买卖中，进出口商通常采用固定作价方法，因此，价格条款一般包括两项内容：①货物单价（Unit Price）；②货物总值（Total Amount）。

2. 价格条款实例

（1）HKD5.00 per dozen CIF Hong Kong net.

每打 5 港元 CIF 香港净价。

（2）USD30.00/mt FOB Dalian including 5% commission. The commission shall be payable only after seller has received the full amount of all payment due to seller.

每公吨 30 美元含 5% 佣金 FOB 大连，佣金以收付全部货款为条件。

（3）Seller reserves the right to adjust the contracted price，if prior to delivery，there is any variation in the cost of labor or raw material or component parts.

如果在交货前劳动力、原材料成本或其组成部分发生任何变化，卖方有权调整合同价格。

（4）Exchange risks，if any，for buyer's account.

如有任何汇率风险，则由买方承担。

3. 制定价格条款的注意事项

（1）根据实际情况，在权衡利弊的基础上选用适当的贸易术语，争取选择有利的计价货币。

（2）参照国际贸易的习惯做法，注意佣金和折扣的合理运用。

（3）如交货品质和数量约定有一定的机动幅度，则对机动部分的作价也应一并规定。

> **思考**
>
> **资料**：我方与利比亚商人订立的出口合同，目的港为的黎波里，我方交货时误将货物运往黎巴嫩的的黎波里（Tripoli），造成损失。
>
> **请问**：我方工作应吸取什么教训？

✎ · 实训项目（Training Project）

实训项目一　海藻香皂的出口成本核算

⊃ 项目情境

创翔进出口公司向孟加拉国 Soul Brown Co. 出口货号为 AQL186 的高级海藻香皂，每块进货成本是 9.30 元人民币，其中包括 13% 增值税，退税率 13%，纸箱包装，数量 450 件，每件装 72 块，外箱尺寸为 36cm×27.5cm×28cm，毛重 12.5kg，净重 10.8kg，交货日期为 2019 年 12 月底之前，L/C 支付，起运港为宁波，成交条件 CFR 吉大港 1.50 美元 / 件，海运费 2 800 美元，定额费用率为进货成本的 16%。美元对人民币汇率为 1:6.81。

⊃ 工作任务

任务 1：试计算退税额。

任务 2：试计算出口成本（实际成本）。

任务 3：试计算出口费用（包括海运费）。

任务 4：试计算出口利润。

任务 5：试计算海藻香皂的出口换汇成本。

实训项目二　电动缝纫机的出口还价核算

⊃ 项目情境

美国 KERIS 公司与天津凯立公司就家用电动缝纫机进行交易磋商，KERIS 公司起订量为 1 个 20ft 集装箱，希望凯立公司报价。该产品的资料如下：

国内供货价格：260 元 / 台（含 17% 增值税）。

出口退税率：13%。

包装：每 2 台装一个纸箱，尺码为 43cm×34cm×36cm，毛重 49kg。

国内费用（按 1 个 20ft 集装箱计）：运杂费 1 000 元，包装费 1 400 元，仓储费为每天 50 元（预计存仓 10 天），商检费 600 元，报关费 50 元，港口费 350 元，其他费用 1 100 元，银行手续费率为 0.5%，预计垫款 60 天，贷款年利率为 8.5%。

海运运费：20ft 集装箱包箱费为 1 900 美元，散货基本运费为每运费吨 120 美元，计算标准为 W/M。

保险：按成交价格的 110% 投保一切险和战争险，费率分别为 0.85% 和 0.5%。

公司预期利润率：15%。

客户要求的佣金率：3%。

人民币对美元的汇率为 6.8:1。

⊃ 工作任务

任务 1：请报出 FOBC3%、CFRC3% 和 CIFC3% 价格。

任务 2：如果外商还价为 40 美元 CIFC3% 纽约，那么公司的利润率下降多少？

任务 3：若公司要保持 15% 的利润率，则国内购货价应为多少？

任务 4：经过考虑，公司决定只维持 10% 的利润率，且与国内供货商联系后，购货价最后定为 240 元 / 台，试重新报出 CIFC3% 价格。

能力迁移（Skill Transfer）

应知考核

一、单项选择题

1. 下列是我国某公司业务员和外商达成的进口报价，其中（   ）是正确的。
   A. USD58.00 PER METRIC TON CIF LONDON
   B. USD58.00 PER TON FCA SHANGHAI
   C. USD58.00 PER METRIC TON FOB LONDON
   D. USD58.00 PER TON CIF SHANGHAI

2. 在国际贸易中，佣金的计算方式是（   ）。
   A. 净价×佣金率   B. 含佣价×佣金率
   C. 净价/（1−佣金率）   D. 单价×佣金率

3. 在国际贸易中，通常由（   ）来收取佣金。
   A. 卖方   B. 买方   C. 船方   D. 中间商

4. 国际贸易业务中，如果出口销售人民币净收入大于出口总成本，说明该笔贸易为（   ）。
   A. 盈   B. 平   C. 亏   D. 以上皆有可能

二、多项选择题

1. 在国际货物买卖合同中，商品单价条款应包括哪些内容？（   ）
   A. 贸易术语   B. 计价货币   C. 单价金额   D. 计量单位

2. 下列我方进口业务报价写法不正确的有（   ）。
   A. USD10/PC FOB QINGDAO   B. GBP125/TON CIF LIVERPOOL
   C. $15.25/PC FOB SHANGHAI   D. USD2.00/KG FOB JINAN

3. CFR、CIF、CPT和CIP等几个贸易术语的价格构成中，都包括（   ）。
   A. 进货成本   B. 运费   C. 保险费   D. 利润

应会考核

三、价格条款书写

⊃ 项目情境

有一些出口报价如下：

1. 每吨1000美元FOBC伦敦。
2. 每打200欧元CFR净价含2%的佣金。
3. 1000美元CIF上海减1%的折扣。

⊃ 工作任务

上列出口单价的写法是否正确？若有错误或不完整，请更正或补充，并翻译成英文。

四、计算题

1. 我国某公司出口350件服装到美国洛杉矶，成交价格为每件125美元CIF洛杉矶，如价格中含有5%佣金或给予5%的折扣，请填制表6-2。

表 6-2　成交价格

Quantity（数量）	Unit Price（单价）	Amount（总价）

2．我国某外贸公司出售一批货物至日本，出口总价为 10 万美元 CIFC5% 横滨，其中从我国口岸至横滨的运费和保险费占 12%。这批货物的国内购进价为人民币 702 000 元（含增值税 13%），该外贸公司的出口费用定额率为 5%，出口退税率为 13%。结汇时，银行外汇买入价为 1 美元兑换人民币 6.80 元。试计算这笔出口交易的换汇成本和盈亏额。

3．请就表 6-3 中的数据算出出口 FOB 的报价，运算过程中保留 4 位小数，最后报价四舍五入保留 2 位小数。

表 6-3　成交数据

品名：R/C Nitro Gas Engine Car 货号：TY9898			
计量单位：	辆	包装：	纸箱
包装方式：	2pcs/ctn		
每个纸箱尺寸：	32cm（长）	20cm（宽）	30cm（高）
每个纸箱重量：	G.W.: 14.20kg	N.W.: 11.2kg	
报价数量：	200 辆	集装箱装箱：	LCL

核算数据：采购成本：150 元人民币 / 辆（含增值税）

出口费用：件杂货 / 拼箱海运费率为（计费标准"M/W"）60.00 美元 / 每运费吨

出口定额费用率：（按采购成本计）3.50%

海运货物保险费率：0.70%

投保加成率：10.00%

增值税率：13.00%

出口退税率：13.00%

国外客户的佣金：（按报价计）3.00%

银行手续费率：（按报价计）0.35%

当时汇率：1 美元兑换人民币 6.80 元

预期利润：销售利润率为 10.00%

4．恒昌贸易公司出口健身器材到美国纽约，货物每套装 1 个纸箱，共计 530 箱（20ft 货柜），装运港为美国纽约，一个 20ft 货柜的包箱费率为 2 050 美元。恒昌贸易公司出口该产品的定额费用率为 6%，进货成本为每套 85 元人民币（含 13% 增值税），出口退税率为 13%，进口商的佣金为售价的 5%，货运保险按 CIF 价格的 110% 投保，费率为 0.85%；汇率是 6.80 人民币兑换 1 美元。试按上述资料，根据 7% 和 10% 的销售利润率分别计算 FOB 和 CIF 价格。如果美国客户还价每套 CIFC5 纽约为 14.50 美元，那么：

（1）如果恒昌贸易公司要保证 5% 的销售利润，卖方 CIFC5 的还价应为多少？

（2）若客户坚持按 CIFC5 纽约每套 14.50 美元成交，恒昌贸易公司仍保持 5% 利润率，其进货价应调整至每套人民币多少元？

报价单（企业样本）

	Photograph	Type	Specifications	Measurement	Packing Details	Quantity（40HQ）	Price Per Set（USD）
1	Contact Person:Yang Fang Email:××_exporter@yahoo.cn						
2	Price list				Nov.25th.2019		
3	Photograph	Type	Specifications	Measurement	Packing Details	Quantity（40HQ）	Price Per Set（USD）
4		YKL-NA6	2.5HP Dc motor with PWM control system Speed: 0.8～16.0km/h Max load:110kg Running area :L1300mm×W450mm Occupying area:L1800mm×W750mm	L1865mm×W770mm×H335mm	foam and plastic bag for inner packing,carton forouter packing	126 sets	300
5		YKL-NB5A	2.0HP DC motor with PWM control system Speed: 0.8～12.0km/h Max load: 100kg Running area :L1200mm×W400mm Occupying area:L1600mm× W775mm	L1630mm×W750mm×H320（235）mm	foam and plastic bag for inner packing, carton for outer packing	168 sets	220
6		YKL-NB503	1.5HP DC motor with PWM control system Speed: 0.8～12.0km/h Max load:90kg Running area :L1200mm×W390mm Occupying area:L1600mm×W720mm	L1700mm×W750mm×H260mm	foam and plastic bag for inner packing, carton for outer packing	189 sets	190
7		YKL-NQ3	3.0HP DC motor with PWM control system Speed: 0.8～16.0km/h Incline: 0～18% Max load:120kg Running area: L1350mm×W470mm Occupying area: L1860mm×W785mm	L1940mm×W850mm×H355（175）mm（A） L875mm×W840mm×H250mm（B）	foam and plastic bag for inner packing, carton for outer packing	100 sets	345
8		YKL-LS001	8KG Flywheel, magnetic break system	L90mm×W25mm×H65mm	foam and plastic bag for inner packing, carton for outer packing	340 sets	85
9		YKL-LS03	7.5KG Flywheel, magnetic break system	L86mm×W26mm×H58mm	foam and plastic bag for inner packing, carton for outer packing	440 pcs	70
10		YKL-TY02	7.5KG Flywheel, magnetic break system	L108mm×W40mm×H56mm	foam and plastic bag for inner packing, carton for outer packing	229 sets	105
11	1. The above mentioned prices are based or FOB Ningbo and available within 60 days						
12	2. Load port:Ningbo						
13	3. Terms of Payment:By T/T or by Irrevocable L/C,payable by draft at sight						
14	4. Delivery time:will be 45 days after we received your deposit or L/C						
15	We will try our best to supply you						
16	End***						

进出口货款结算
Settlement of import and export payment

· 情境导入（Lead-in Situation）

↘ 情境

浙江远大进出口公司向澳大利亚 JBE TRADERS 出口鲜活制品一批，双方规定以即期信用证为付款方式。JBE TRADERS 在合同规定的开证时间内开来信用证，信用证中规定："一俟开证申请人收到单证相符的单据并承兑后，我行立即付款。"通知行在审核信用证时，把问题提出来，要求受益人注意该条款。但远大公司的业务员认为该客户为老客户，应该问题不大，遂根据信用证的规定装运出口。当结汇单据交到开证行时，开证行以开证申请人认为单据不符不愿承兑为由拒付。

↘ 分析

银行拒付有无道理？远大公司的失误在哪里？

银行的拒付是有道理的。本案例中，信用证条款规定："一俟开证申请人收到相符的单据并承兑后，我行立即付款。"该条款改变了信用证支付方式下，开证行承担第一性付款责任的性质，使本信用证下开证行付款的前提条件不是"单单一致、单证一致"，而是"开证申请人收到单证相符的单据并承兑后"，只要开证申请人不承兑，开证行就可以此为由拒付。因此，银行的拒绝付款是有道理的。

远大公司的失误在于收到信用证后，对我方银行提出的问题没有引起注意，过于相信老客户的资信，导致了问题的发生。

出口的最终目的是安全、及时地收汇，而结算是收汇的最终环节，其内容主要包括结算工具和结算方式两部分。那么，常见的结算工具有哪些？常见的结汇方式又有哪些？各种结汇方式应如何结合使用？

· 学习目标（Learning Aims）

↘ 应知目标

了解进出口货款结算的方式及其特点、规律；了解各种结算单据的内容与作用；了解国际贸易融资及各种支付方式的结合使用。

↘ 应会目标

掌握票据中汇票的使用、各种支付方式的业务流程，尤其是信用证的收付程序、合同中支付条款的规定方法。

⌐• 知识支撑（Knowledge Support）

7.1　票据

进出口贸易货款的结算，大多为非现金结算，通过使用代替现金作为流通手段和支付手段的信用工具来结算买卖双方的债权债务。票据就是一种基本的支付工具，广泛用于进出口贸易的结算中。票据是以支付金钱为目的的有价证券，是由出票人签名于票据上，约定由自己或另一人无条件地支付确定金额的可流通转让的证券。票据具有四个特性：流通性、无因性、文义性和要式性。正因为票据具备这四个特性，才能减少票据纠纷，保证票据的顺利流通，才能更好地发挥票据在经济活动中的汇兑、支付和信用工具的功能。

为了便于票据流通，保障有关当事人的权益，各个国家大都制定了专项的法律——票据法。从具体规定来看，各国票据法虽然大体相同，但也存在不少分歧与差异。从 20 世纪初期起，有些国际组织虽曾试图统一各国的票据法并制定了一些公约，但迄今为止，就世界范围来说，各国票据法还未统一起来。目前世界上影响较大的票据法有两类：一类是以英国《1882 年票据法》（Bills of Exchange Act,1882）为代表的英美法系；另一类是以《日内瓦统一法》为代表的大陆法系。《日内瓦统一法》是在国际联盟主持下，由以欧洲大陆国家为主的 20 多个国家于 1930 年和 1931 年签订的两个公约。它们的全称是《1930 年汇票和本票统一法公约》（Convention Providing a Uniform Law for Bills of Exchange and Promisory Notes,1930）和《1931 年支票统一法公约》（Convention Providing a Uniform Law for Cheques,1931）。因上述两个文件是在日内瓦签署的，所以通常把它们简称为《日内瓦统一法》。我国于 1995 年 5 月 10 日第八届全国人民代表大会常务委员会第十三次会议通过了《中华人民共和国票据法》，并于 1996 年 1 月 1 日起施行。

票据可分为汇票、本票和支票三种，在国际货款结算中，主要使用汇票，有时也使用本票和支票。

7.1.1　汇票

汇票（Bill of Exchange，简称 Draft 或 Bill）是出票人签发并委托付款人在见票时或者在指定日期无条件支付确定金额给收款人或持票人的票据。

汇票的缮制

1. 汇票的必备内容

汇票必须要式齐全。所谓要式齐全，即应当具备必要的形式和内容。我国《票据法》第二十二条明确规定，汇票必须记载下列事项：①表明"汇票"的字样；②无条件支付的委托；③确定的金额；④付款人（Payer）名称；⑤收款人（Payee）名称；⑥出票日期；⑦出

票人（Drawer）签章。汇票上未记载上述规定事项之一的，汇票无效。商业汇票样本如图 7-1 所示。

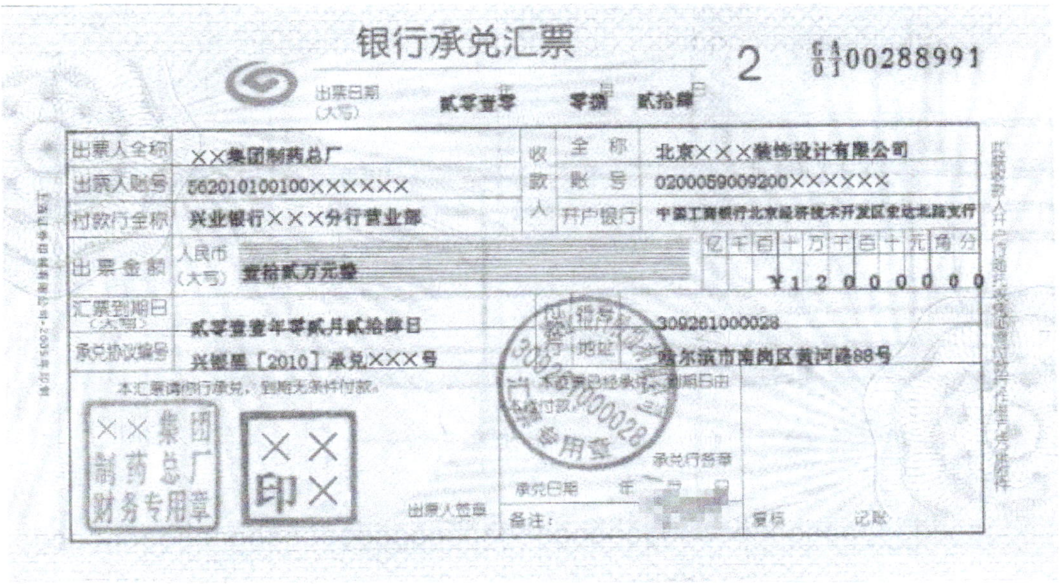

银行承兑汇票　2　GA 01 00288991

出票日期（大写）　贰零壹零 年 零捌 月 贰拾肆 日

出票人全称	××集团制药总厂	收款人	全　称	北京×××装饰设计有限公司
出票人账号	562010100100××××××		账　号	0200059009200××××××
付款行全称	兴业银行×××分行营业部		开户银行	中国工商银行北京经济技术开发区金达北路支行
出票金额	人民币（大写）壹拾贰万元整		亿千百十万千百十元角分	¥1 2 0 0 0 0 0 0
汇票到期日（大写）	贰零壹壹年零贰月贰拾肆日	付款行	行号	309261000028
承兑协议编号	兴银里〔2010〕承兑×××号		地址	哈尔滨市南岗区黄河路88号

本汇票请你行承兑，到期无条件付款。　本汇票已经承兑，到期日由本行付款。

××集团制药总厂财务专用章　××印××　出票人签章　承兑行签章　承兑日期　年　月　日　备注：　复核　记账

此联收款人开户行随托收凭证寄付款行作借方凭证附件

图 7-1　商业汇票样本

在实际业务中，汇票通常需列明付款日期、付款地点和出票地点等内容。对此，我国《票据法》第二十三条也做了下述具体规定："汇票上记载付款日期、付款地、出票地等事项的，应当清楚、明确。汇票上未记载付款日期的，为见票即付。汇票上未记载付款地的，付款人的营业场所、住所或者经常居住地为付款地。汇票上未记载出票地的，出票人的营业场所、住所或者经常居住地为出票地。"

除了上述必备项目外，汇票还可以有一些票据法允许的其他内容的记载。例如，利息和利率、付一不付二、禁止转让、汇票编号、出票条款等。

2. 汇票的种类

汇票可从不同的角度进行分类：

（1）按照出票人的不同，汇票可分为银行汇票（Banker's Draft）和商业汇票（Commercial Draft）。

银行汇票的出票人和付款人都是银行。在国际结算中，银行汇票签发后，一般交汇款人，由汇款人寄交国外收款人向指定的付款银行取款。出票行签发汇票后，必须将付款通知书寄给国外付款行，以便付款行在收款人持票取款时进行核对。银行汇票一般为光票，不随附货运单据。银行汇票样本如图 7-2 所示。

商业汇票的出票人是工商企业或个人，付款人可以是工商企业或个人，也可以是银行。在国际贸易结算中，使用商业汇票居多，商业汇票通常由出口人开立，向国外进口人或银行收取货款时使用。商业汇票的出票人不必向付款人寄送付款通知书。商业汇票大都附有货运单据，图 7-1 便是商业汇票。

（2）按照付款时间的不同，汇票可分为即期汇票（Sight Draft 或 Demand Draft）和远期汇票（Time Draft 或 Usance Draft）

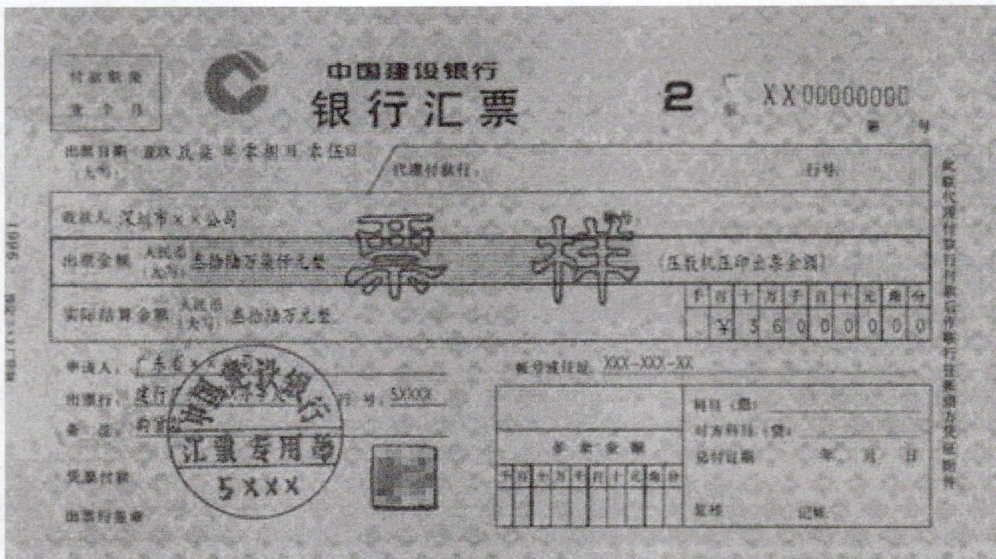

图 7-2   银行汇票样本

即期汇票是指在提示或见票时立即付款的汇票。远期汇票是指在一定期限或特定日期付款的汇票。

在实际业务中，关于远期汇票付款日期的规定主要有：

1）见票后若干天付款（at…days after sight）（业务中最常见）。

2）出票后若干天付款（at…days after date）。

3）提单签发后若干天付款（at…days after date of B / L）。

4）指定日期付款（fixed date）。

（3）按照承兑人的不同，汇票可分为商业承兑汇票（Commercial Acceptance Draft）和银行承兑汇票（Banker's Acceptance Draft）。

商业承兑汇票是指由工商企业或个人承兑的远期汇票。商业承兑汇票是建立在商业信用基础之上的，其出票人也是工商企业或个人，如出口企业。

银行承兑汇票是指由银行承兑的远期商业汇票。银行承兑汇票通常由出口人签发，银行对汇票承兑后即成为该汇票的主债务人，而出票人则成为从债务人，或称次债务人。所以，银行承兑汇票是建立在银行信用基础之上的，便于在金融市场上进行流通。

（4）按照是否附有货运单据，汇票可分为光票（Clean Draft）和跟单汇票（Documentary Draft）。

光票又称净票或白票，是指不附带货运单据的汇票。视使用场合不同，光票的出票人既可以是工商企业或个人，也可以是银行；付款人同样也可以是工商企业、个人或银行。光票的流通全靠出票人、付款人或出让人（背书人）的信用，在国际结算中，除少量用于货款结算外，一般仅限于贸易从属费用、货款尾数、佣金等的托收或支付时使用。

跟单汇票又称押汇汇票，是指附有运输单据的汇票。跟单汇票的付款以附交货运单据，如提单、发票、保险单等单据为条件。汇票的付款人要取得货运单据提取货物，必须付清货款或提供一定的担保。跟单汇票体现了钱款与单据对流的原则，为进出口双方提供了一定的安全保证。因此，在国际货款结算中，大多采用跟单汇票作为结算工具。

一份汇票通常同时具备几种属性，如一份商业汇票，可以同时是即期的跟单汇票或远期的银行承兑跟单汇票或远期的商业承兑跟单汇票。

■ 思考

资料：有一份国外来证，证内有条款如下（畜产出口公司为受益人）：

…beneficiaries'draft on A.B.C. Bank in duplicate at sight drawn to the order of Algemene Bank，Netherlands.

请问：开出的汇票是即期汇票还是远期汇票？出票人、受票人和收款人分别是谁？

3. 汇票的使用

汇票的使用即汇票的票据行为随其是即期汇票还是远期汇票而有所不同。即期汇票只需经过出票、提示和付款的程序；而远期汇票还需经过承兑手续，如需流通转让，通常要经过背书。汇票遭到拒付时，还涉及做成拒付证明、依法行使追索权等法律问题。

（1）出票（to draw）。出票是指出票人签发票据并将其交付给收款人的票据行为。出票由三个动作组成：①由出票人在事先印就的格式上，在空白的位置将票据内容填写好；②在汇票上签字；③由出票人将汇票交付给收款人。由于出票是设立债权债务的行为，所以，只有经过出票，汇票才开始生效。

在签发汇票时，必须逐一写明汇票的各项内容。对收款人可视不同交易的需要，在以下三种方法中选择一种作为汇票的抬头：

1）限制性抬头。例如，"仅付 A 公司"（Pay A Co. only）或"付给 B 公司，不准转让"（Pay B Co., not transferable）。这种抬头的汇票不能流通转让，只有指名的公司才有权收取票款。

2）指示性抬头。例如，"付 C 公司或其指定人"（Pay C Co.,or order 或 Pay to the order of C Co.）。做成这种抬头的汇票可以经过持票人背书并交付给第三者进行转让。

3）持票人或来人抬头。例如，"付给来人"（Pay bearer）或"付给持票人"（Pay holder）。做成这种抬头的汇票无须由持票人背书，仅凭交付即可转让。

按照我国《票据法》必须记载收款人名称的规定，凡签发持票人或来人抬头的汇票无效。在涉外单据中，一般也不使用持票人或来人抬头。《日内瓦统一法》也不允许汇票做成来人抬头，但《英国票据法》则允许做成来人抬头，即允许签发不记名汇票。

出票人签发汇票后，即承担保证该汇票必然会被承兑或付款的责任，出票人在汇票得不到承兑或者付款时，应当向持票人清偿被拒绝付款的汇票金额和自到期日或提示付款日起至清偿日止的利息，以及取得拒付证明和发出通知等的费用。

（2）提示（Presentation）。持票人将汇票提交付款人，要求付款或承兑的行为，称作提示。付款人看到汇票称作见票（Sight）。提示分为两种：

1）提示付款（Presentation for Payment）。提示付款是指汇票的持票人向付款人（或远期汇票的承兑人）出示汇票要求付款人（或承兑人）付款的行为。

2）提示承兑（Presentation for Acceptance）。提示承兑是指远期汇票持票人向付款人出示汇票，并要求付款人承诺付款的行为。

（3）承兑（Acceptance）。承兑是指汇票付款人承诺在汇票到期日支付汇票金额的票据行为。我国《票据法》第四十一条规定，汇票付款人应当自收到提示承兑的汇票之日起三日内承兑或者拒绝承兑。第四十三条规定：付款人承兑汇票，不得附有条件；承兑附有条件的，视为拒绝承兑。但按《票据法》的一般规定，承兑附有条件的，承兑人仍应按所附条件承担责任。

汇票承兑手续是由付款人在汇票正面写上"承兑"（Accepted）字样，注明承兑的日期，并由付款人签名，交还持票人。远期汇票一经承兑，付款人成为承兑人，是汇票的主债务人，而出票人则退居为从债务人。持票人可将汇票在市场上背书转让，使其流通。

（4）付款（Payment）。付款是指汇票付款人向持票人支付汇票金额以消灭票据关系的行为。即期汇票在付款人见票时即付；远期汇票于到期日在持票人提示付款时由付款人付款。持票人获得付款时，应当在汇票上签收，并将汇票交给付款人作为收据存查。汇票一经付款，汇票上的一切债权债务即告消灭或结束。

（5）背书（Endorsement）。背书是一种以转让票据权利为目的的票据行为，是票据转让的一种重要方式。背书是持票人在汇票背面签上自己的名字或再加上受让人的名字，并把汇票交给受让人的行为。背书后，原持票人成为背书人，担保受让人所持汇票得到承兑和付款，否则，受让人有权向背书人追索清偿债务。与此同时，受让人成为被背书人，取得汇票的所有权，可再背书再转让，直到付款人付款把汇票收回为止。对于汇票的受让人来说，在他以前的所有背书人（Endorser）以及原出票人都是他的"前手"；而对于出让人来说，在他出让以后的所有受让人都是他的"后手"。前手对后手负有担保汇票必然会被承兑或付款的责任。

背书的方式主要有三种：

1）限制性背书（Restrictive Endorsement），又称不可转让背书，是指背书人对支付给被背书人的指示带有限制性的词语。例如，"仅付××公司"（Pay to ... Co. only）、"付给××银行，不可转让"（Pay to ... bank，not transferable）。凡做成限制性背书的汇票，只能由指定的被背书人凭票取款，而不能再行转让或流通。我国《票据法》第三十四条明确规定，背书人在汇票上记载"不得转让"字样，其后手再背书转让的，原背书人对后手的被背书人不承担保证责任。

2）空白背书（Blank Endorsement），又称略式背书或不记名背书，是指背书人只在票据背面签名，不指定被背书人，即不写明受让人。这种汇票可交付任何持票人，可与来人抬头汇票一样，只凭交付就可以转让。

3）特别背书（Special Endorsement），又称记名背书，是指背书人在票据背面签名外，还写明被背书人名称或其指定人。例如，"付给××银行或其指定人"（Pay ... bank or order）。这种特别背书，被背书人可以进一步凭背书交付而将汇票进行转让。

由此可见，经空白背书或特别背书的汇票可经过再次背书在市场上继续转让。按我国《票据法》第三十条规定，背书必须记载被背书人名称。这就表明我国不允许对票据做不记名背书。限制性背书和特别背书应记载的事项包括被背书人名称、背书日期和被背书人签章。其中背书人签章和被背书人名称是绝对应记载事项，欠缺记载的，按我国《票据法》，背书行为无效。按外国票据法，一般只需背书人签章，背书即有效。

（6）拒付与追索。当汇票在提示时遭到付款人拒绝付款或拒绝承兑，称为拒付（Dishonour），又称退票。汇票经过转让，如果遭到拒付，最后的持票人有权向所有的"前手"追索，一直追索到出票人。持票人为了行使追索权，应及时做出拒付证明（Protest）。拒付证明，是由付款地的法定公证人（Notary Public）或其他依法有权制作这种证书的机构，如法院、银行等所做出的付款人拒付的文件，是最后持票人凭以向其"前手"进行追索的法律依据。如拒付的汇票已经承兑，出票人也可凭拒付证书向法院起诉，要求承兑汇票的付款人付款。此外，汇票的出票人或背书人为了避免承担追索的责任，可在背书时加注"不受追索"（Without Recourse）的字样。凡列有这种批注的汇票，在市场上一般是很难转让流通的。

> **？思考**
>
> 资料：下面有三种汇票的抬头：
> 1. …pay to Smith Co., Ltd. only
> 2. …pay to the order of Smith Co., Ltd.
> 3. …pay to bearer
> 请问：哪种汇票可以转让？转让时需要什么手续？

7.1.2　本票

我国《票据法》第七十三条给本票（Promissory Note 或 Cashier'Cheque）所下的定义为："本票是出票人签发的，承诺自己在见票时无条件支付确定的金额给收款人或者持票人的票据。本法所称本票，是指银行本票。"

1．本票的必备内容

我国《票据法》第七十五条规定，本票必须记载下列事项：①表明"本票"的字样；②无条件支付的承诺；③确定的金额；④收款人名称；⑤出票日期；⑥出票人签章。本票上未记载规定事项之一的，本票无效。该法第七十六条规定：本票上未记载付款地的，出票人的营业场所为付款地；未记载出票地的，出票人的营业场所为出票地。

本票的必备内容可见国内银行本票样例，如图7-3所示。

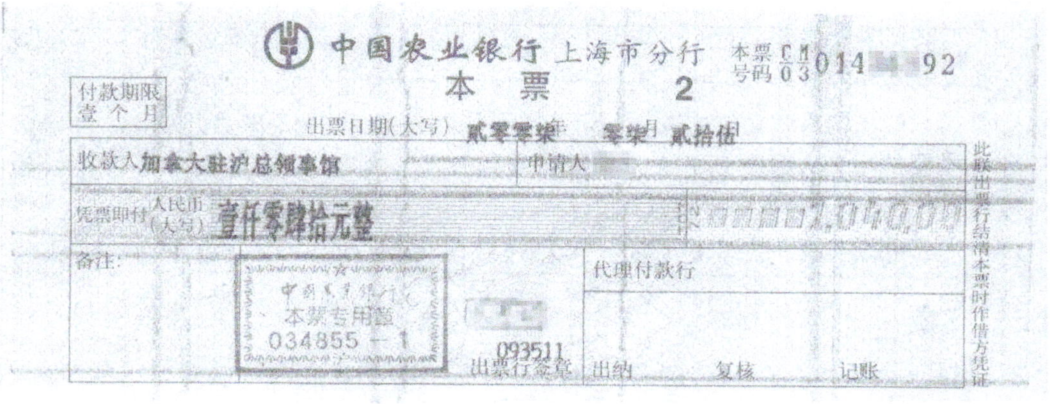

图7-3　国内银行本票样例

2．本票的种类

按照《日内瓦统一法》与《英国票据法》，本票可按出票人（Maker）的不同，分为一般本票和银行本票两种。一般本票（General Promissory Note）的出票人是工商企业或个人，因此又称商业本票；银行本票（Banker's Promissory Note 或 Cashier's Order）的出票人是银行，如图 7-4 所示。一般本票又可按付款时间分为即期和远期两种。即期本票就是见票即付的本票，而远期本票则是承诺于未来某一规定的或可以确定的日期支付票据的本票。银行本票则都是即期的。按我国《票据法》第七十八条规定，我国只允许开立自出票日起，付款期限最长不得超过 2 个月的银行本票。

```
ASIA    INTERNATIONAL BANK, LTD.
        18 Queen's Road, Hongkong
        CASHIER'S ORDER
                        Hongkong, Aug, 8, 2020
Pay to the order of Dockfield & Co. ·······················
the sum of Hongkong Dollars Eighty Thousand and Eight
Hundred Only. ·······················
        For Asia International Bank, Ltd.


                HK $ 80,800.00
                        Manager
```

图 7-4　银行本票

3．本票与汇票的区别

本票与汇票在基本内容上有许多相同之处，《票据法》关于汇票的背书、到期日、付款、追索等票据行为的规定同样适用于本票。尽管如此，本票和汇票仍是两种不同性质的票据，二者有以下区别：

（1）本票是出票人的无条件支付承诺，是承诺式票据；汇票是出票人要求受票人无条件付款的支付命令，是命令式或委托式票据。

（2）本票有两个基本当事人，即出票人和收款人；汇票的基本当事人有三个，即出票人、受票人和收款人。

（3）本票的出票人就是付款人，远期本票不需要承兑；远期汇票必须承兑。

（4）本票的出票人是主债务人；汇票在承兑前，出票人是主债务人，承兑后，承兑人是主债务人。

（5）汇票可以开成一式多份（银行汇票除外）；本票只能一式一份，不能多开。

7.1.3　支票

我国《票据法》第八十一条对支票（Cheque 或 Check）的定义是："支票是出票人签发的，委托办理支票存款业务的银行或者其他金融机构在见票时无条件支付确定的金额给收款人或者持票人的票据。”

1. 支票的内容

我国《票据法》第八十四条规定，支票必须记载下列事项：①表示“支票”的字样；②无条件支付的委托；③确定的金额；④付款人名称；⑤出票日期；⑥出票人签章。支票上未记载上述规定事项之一的，支票无效。支票样例如图 7-5 所示。

按照我国《票据法》规定，支票上的金额可以由出票人授权补记；支票上未记载收款人名称的，经出票人授权，可以补记；支票上未记载付款地的，付款人的营业场所为付款地；支票上未记载出票地的，出票人的营业场所、住所或者经常居住地为出票地。该法还规定，出票人可以在支票上记载自己为收款人。

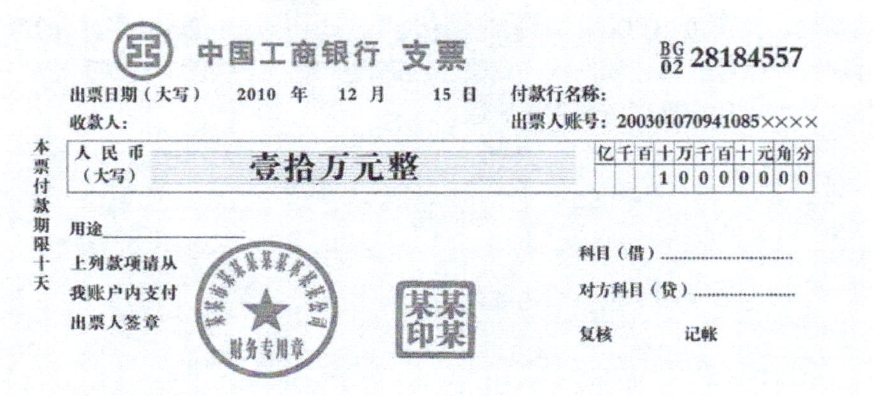
中国工商银行 支票　BG 02 28184557
出票日期（大写）　2010 年　12 月　15 日　付款行名称：
收款人：　出票人账号：200301070941085××××
本票付款期限十天
人民币（大写）　壹拾万元整　亿千百十万千百十元角分　1 0 0 0 0 0 0 0
用途
上列款项请从
我账户内支付
出票人签章
某某印某
科目（借）
对方科目（贷）
复核　记帐

图 7-5　现金支票样例

使用支票一般要注意：①支票金额不得超过其存款金额，如果超出，即为空头支票，这是法律所不允许的。②支票到手并不意味着货款到手，有时也有突发事件。比如，客户触犯法律，被当局冻结了银行账户，支票被付款银行拒付退回；又如，买方希望止付支票项下的货款，向出票银行称支票丢失，银行也会停止付款。③支票付款即使到账也不能算资金收妥，因为支票付款后一般都有 7 ～ 10 天的退单期，在此期间，出票人要求退回支票所付货款均有效。

2. 支票的种类

支票都是即期的。我国《票据法》第九十条明确规定：“支票限于见票即付，不得另行记载付款日期。另行记载付款日期的，该记载无效。”有些支票虽有时被称为期票，但仍然不是远期的，只是填迟日期，那个日期实际上应被视为出票日期，对那个日期来说，支票仍是见票即付的即期支票。“期票”一词可以理解为远期本票或远期汇票，也可以说是填迟出票日期的支票。

根据我国《票据法》，支票可分为普通支票、现金支票和转账支票三种。该法第八十三条规定，支票可以支取现金，也可以转账，用于转账时，应当在支票正面注明。这是指普通支票。该条又规定，支票中专门用于支取现金的，可以另行制作现金支票，现金支票只能用于支取现金；支票中专门用于转账的，可以另行制作转账支票，转账支票只能用于转账，不得支取现金。转账支票样例如图 7-6 所示。

在国际上，支票一般既可用于支取现金，也可通过银行转账，由持票人或收款人自主选择收款方式。但支票一经画线，就只能通过银行转账，而不能直接支取现金。因此，就有所谓"未画线支票"（Uncrossed Cheques）和"画线支票"（Crossed Cheques）之分。未画线支票也可称为一般支票；画线支票通常是在其左上角画两道平行线。视需要，支票既可由出票人画线，也可由收款人或代收银行画线。国际支票样例如图 7-7 所示。

收款人收到未画线支票后，可通过自己的往来银行向付款银行收款，存入自己的账户，也可以径自到付款银行提取现款；而收到画线支票，或收到未画线支票自己画线后，收款人就只能通过往来银行代为收款入账。我国目前也有在普通支票上画线而使之成为仅限于通过银行转账之用的。

按国际惯例，支票可由付款银行添加"保付"（Certified to Pay）字样并签字而成为保付支票。付款银行保付后就必须付款，支票一经银行保付，出票人及其前手背书人即被解除责任。支票经保付后身价提高，有利于流通。

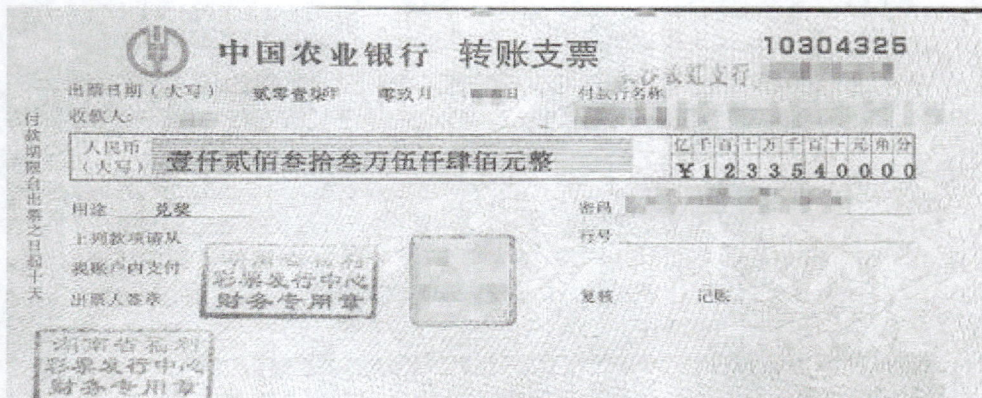

图 7-6 转账支票样例

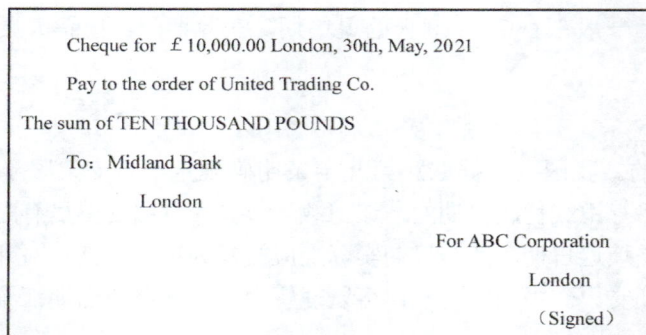

Cheque for ￡10,000.00 London, 30th, May, 2021

Pay to the order of United Trading Co.

The sum of TEN THOUSAND POUNDS

To: Midland Bank

London

For ABC Corporation

London

（Signed）

图 7-7 国际支票样例

3. 支票与汇票、本票的区别

支票与汇票、本票虽均具有票据的一般特性，其票据行为除《票据法》中特定的以外，均适用汇票的规定，但也存在明显差别。主要表现在以下几个方面：

（1）当事人。汇票和支票均有三个基本当事人，即出票人、付款人和收款人；而本票的基本当事人只有两个，即出票人和收款人，本票的付款人即出票人自己。

（2）证券的性质。汇票与支票均是委托他人付款的证券，故属委托支付证券；而本票是由出票人自己付款的票据，故属自付证券或承诺证券。

（3）到期日。支票均为见票即付；而汇票和本票除见票即付外，还可做出不同到期日的记载，如定日付款、出票后定期付款和见票后定期付款。在国际货款结算中使用的跟单汇票，有时做运输单据出单日期后定期付款记载。

（4）承兑。远期汇票需要付款人履行承兑手续。本票由于出票时出票人就负有担保付款的责任，因此无须提示承兑，但见票后定期付款的必须经出票人见票才能确定到期日，因此又有提示见票即"签见"的必要。支票均为即期，故也无须承兑。

（5）出票人与付款人的关系。汇票的出票人对付款人没有法律上的约束，付款人是否愿意承兑或付款，是付款人自己的独立行为，但一经承兑，承兑人就应承担到期付款的绝对责任；本票的付款人即出票人自己，一经出票，出票人即应承担付款责任；支票的付款人只有在出票人在付款人处有足以支付支票金额存款的条件下才负有付款义务。

> **▌思考**
>
> 　　**资料**：甲交给乙一张经付款银行承兑的期票，作为向乙订货的预付款，乙在票据上背书后转让给丙以偿还原欠丙的借款，丙于到期日向承兑银行提示取款，恰遇当地法院公告该行于当月起进行破产清理，因而被退票。丙随即向甲追索，甲以乙所交货物质次为由予以拒绝，并称已于 10 天前通知银行止付，止付通知及止付理由也同时通知了乙。在此情况下，丙再向乙追索，乙以票据系甲开立为由推诿不理。丙遂向法院起诉，被告为甲、乙与银行三方。
>
> 　　**请问**：你认为法院将如何依法判决？理由是什么？

7.2　汇付与托收

7.2.1　汇付

货款的支付方式根据资金的流向与支付工具的传递方向是否相同，可以分为顺汇和逆汇两种方式。国际货款的结算方式主要有汇付、托收和信用证三种，其中汇付属顺汇法，托收与信用证属逆汇法。这三种方式虽然都通过银行办理，但银行的作用并不相同。在汇付和托收方式下，银行只是提供服务，并未承担任何的付款责任，买卖双方是在根据贸易合同相互提供信用的前提下，各自履行进口商付款和出口商提供货运单据的责任，所以，汇付和托收以商业信用为基础。而信用证以银行信用为基础，开证行在一定条件下承担第一性付款责任。

1．汇付的含义

汇付（Remittance）又称汇款，是指债务人或付款人通过银行将款项汇交债权人或收款人的结算方式。汇付是最简单的一种国际货款结算方式。

2. 汇付方式的当事人

在汇付业务中，通常涉及四方当事人。

（1）汇款人（Remitter）：汇出款项的人。在进出口贸易中，汇款人通常是进口商。

（2）收款人（Payee or Beneficiary）：接受汇款的人。在进出口贸易中，收款人通常是出口商。

（3）汇出行（Remitting Bank）：接受汇款人的委托，汇出款项的银行。在进出口贸易中，汇出行通常是进口地的银行。

（4）汇入行（Paying Bank）：又称解付行，即接受汇出行的委托解付汇款的银行。在进出口贸易中，汇入行通常是出口地银行。

在上述当事人中，汇款人和收款人可以是同一人，即汇款人将款项汇出后，可以自己到异地取款。

3. 汇付方式的种类

汇付按照汇出方式的不同，分为电汇、信汇和票汇三种方式。

（1）电汇（Telegraphic Transfer，T/T）。电汇是指汇出行应汇款人的申请，采用电报、电传、环球银行间金融电信网络（Society for Worldwide Interbank Financial Telecommunication，SWIFT）等电信手段发出付款委托通知书给收款人所在地的汇入行，委托它将款项解付给指定的收款人。

汇出行在发电后，为防止传递电文有误，通常还应立即以航空信件向汇入行寄发"电汇证实书"（T/T Confirmation)，供汇入行查对。

汇入行在收到电汇委托通知书并经核对密押无误后，即通知收款人凭适当身份证明文件取款，收款人收取款项后出具收据作为收妥汇款的凭证。汇入行解付汇款后，除向汇出行收回垫款或邮寄付讫借记通知（Debit Advice）进行转账外，还应将收据寄交汇出行，以便在必要时交给汇款人，作为汇款已经交付清楚的凭证。

电汇的优点是交款迅速；其缺点是费用较高。

（2）信汇（Mail Transfer，M/T）。信汇与电汇类似，只是汇出行不是使用电信手段，而是以信汇委托书（M/T Advice）或支付通知书（Payment Order）作为结算工具，通过邮政航空信件方式寄发给汇入行。汇入行在收到汇出行邮寄来的委托书或通知书后，首先要核对汇出行的签字或印鉴，经证实无误后才能付款给收款人，以借记通知寄给汇出行，以便转账。

信汇的优点是费用较为低廉；其缺点是收款人收到的时间较晚。

电汇和信汇的业务程序如图 7-8 所示。

（3）票汇（Remittance by Banker's Demand Draft，D/D）。票汇是以银行即期汇票作为结算工具的一种汇付方式，一般是指汇出行应汇款人的申请，开立以汇出行的海外分行或代理行为付款人的银行即期汇票，交由汇款人自行寄交给收款人，凭票向付款行取款的一种汇付方式。票汇的业务程序如图 7-9 所示。

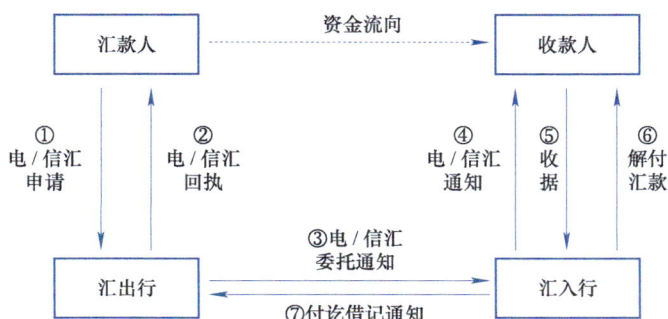

图 7-8　电 / 信汇的业务程序

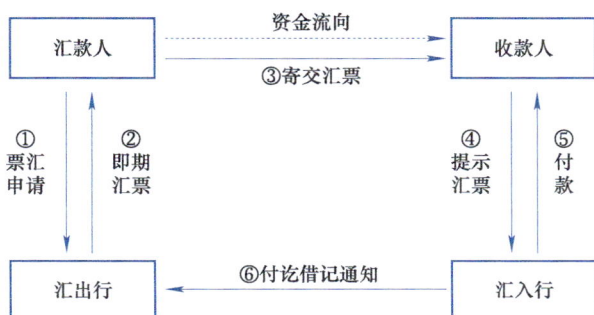

图 7-9　票汇的业务程序

> **🔲 思考**
>
> 　　**资料**：出口合同规定的支付条款为装运月前 15 天电汇付款，买方延至装运月中从邮局寄来银行汇票，为保证按期交货，出口企业于收到该汇票次日即将货物托运，同时委托银行代收票款。1 个月后，接银行通知，因该汇票系伪造，已被退票。此时，货已抵达目的港，并已被买方凭出口企业自行寄去的单据提走。事后追偿，对方早已人去楼空。
>
> 　　**请问**：对此损失，我方的主要教训是什么？

4. 汇付的使用

　　在国际贸易结算中，无论是电汇、信汇还是票汇，银行都不经手货运单据，而由出口商自行寄交进口商，这种支付方式被称为单纯支付。由于使用汇付方式完全取决于买卖双方中一方对另一方的信任，并在此基础上进行交易和支付，因此，汇付方式建立在商业信用基础之上，风险较大。在我国的外贸实践中，汇付方式除对本企业的联号或分支机构和比较可靠的客户用于预付货款（Payment in Advance）、寄售（Consignment）以及货到付款（Cash On Delivery，C.O.D.）、随订单付现（Cash With Order，C.W.O.）等赊账交易（Open Account Trade，O / A）外，主要用于定金、货款尾数，以及佣金、费用等的支付。大宗交易使用分期付款或延期付款办法时，其货款支付也常采用汇付方式。

　　无论采用电汇、信汇还是票汇，其所使用的结算工具（委托通知或汇票）的传送方向与资金的流运方向相同，因此均属顺汇。但这三种汇付方式也有不同之处，例如在付款速度上，电汇最快，信汇次之，票汇与信汇相同，但如付款银行在非收款人所在国，则票汇最慢。所以，电汇最受卖方欢迎，也是目前采用的主要汇付方式，但银行收取的费用也最高。而信汇方式由于资金在途时间长、操作手续多，已日趋落后，目前已较少使用。

小贴士

电汇支付时应该注意的问题

因为电汇是商业信用，风险大，出口方要正确选择电汇支付方式。电汇可分为：

（1）前 T / T：T / T Before Shipment，又分为 T / T Before Production 和 T / T After Production。

（2）后 T / T：T / T After Shipment，又分为 T / T Against Fax B / L 和 T / T Against Original B / L。

如果选择 T / T Against Original B / L，最好去中国进出口信用保险公司投保"出口信用险"或去银行办理国际保付代理业务。另外，由于汇款在尚未被收款人支取前是可以被撤销的，按一般的银行惯例，汇款人有权在收款人支款前随时通知银行将汇款退回，所以，货款未收妥前，提单不要轻易寄出。

提单抬头人的做法：后电汇业务是出口人先发货，进口方后付款，货物装运后收款尚无绝对把握，为了掌握货物的所有权，提单的收货人应做成发货人指示或空白指示抬头，由发货人（出口方）背书。而不要做成进口人指示或记名式，以防万一遭到拒付，货权已经转移，处于被动地位。

企业应严格按照合同的要求缮制出口单据，单据的名称、份数和内容必须与合同一致。出口方收款后，委托快递公司，将单据直接寄给进口方。

7.2.2　托收

1. 托收的含义

托收（Collection）是指债权人（一般为出口商）开具汇票或者连同货运单据，委托托收行通过它在进口地的代收行向债务人（一般为进口商）收取货款的一种支付方式。

2. 托收的当事人

托收方式涉及的主要当事人有四个，即委托人、托收行、代收行和付款人。

（1）委托人（Principal），即委托银行办理托收的一方，通常是开立汇票委托银行向国外进口商收取货款的出口商。

（2）托收行（Remitting Bank），即接受委托人的委托转托国外银行向国外付款人代为收款的银行，通常是出口地银行。

（3）代收行（Collecting Bank），即接受托收行的委托向付款人收取货款的银行，通常是进口地银行，并且多数是托收行在进口地的分行或代理行。

（4）付款人（Drawee），根据托收指示被提示单据并被要求付款或承兑汇票的人，即债务人、汇票的受票人，通常是进口商。

委托人与托收行的关系及托收行与代收行的关系都是委托代理关系。委托人与托收行的委托代理关系以委托人提交的托收申请书确定，托收行与代收行之间通常订有代理合同，并按托收委托书确定双方的委托代理关系。付款人和代收行之间不存在任何契约关系。如果付款人拒付，代收行除将拒付情况通知托收行并由托收行通知委托人外，并不承担付款责任。

3. 托收的种类及收付程序

在托收业务中，银行处理的单据有两类：一类是资金单据，包括汇票、本票、支票等用于取得付款的凭证；另一类是商业单据，包括发票、运输单据、保险单据等。

托收方式按照是否随附单据，分为光票托收和跟单托收两种。

（1）光票托收（Clean Collection），是指不附带商业单据的资金单据的托收。光票托收主要用于货款尾数、小额货款及其他费用的收取。

（2）跟单托收（Documentary Collection），是指附有包括货运单据在内的商业单据的托收。跟单托收可以是带有资金单据（汇票）的跟单托收，也可以是不带有资金单据的跟单托收。跟单托收的汇票可以是即期汇票，也可以是远期汇票。

在国际贸易支付中采用的托收方式通常都是跟单托收，其中的货运单据代表了货物的所有权，交单即等于交货，因此，对交单的规定要符合合同的要求。

根据代收行向进口商交付货运单据的条件不同，跟单托收的交单方式可分为付款交单和承兑交单两种。

（1）付款交单（Documents against Payment，D / P），是指在代收行提示跟单汇票后，只有在进口商付清货款时，才能将货运单据交给进口商的一种交单方式。按付款时间的不同，付款交单又可分为：

1）即期付款交单（D / P at Sight），是指出口商发货后开具即期汇票，连同货运单据通过银行向进口商提示，进口商见票即付，在付清货款后领取货运单据。

2）远期付款交单（D / P after Sight），是指出口商发货后开具远期汇票，连同货运单据通过银行向进口商提示，进口商先在汇票上承兑，然后于汇票到期日付清货款后再领取货运单据。

在远期付款交单的情况下，当到货日期早于付款日期时，如要提前取得货运单据以便及时转售或使用，进口商可采取以下做法：一是在付款到期日之前付款赎单；二是进口商开立信托收据交给代收银行，凭以借出货运单据先行提货。所谓信托收据（Trust Receipt, T / R），就是进口商借单时提供的一种书面信用担保文件，用来表示愿意以代收行的受托人的身份代为提货、报关、存仓和销售，并承认货物的所有权仍属银行，保证取得的货款应于汇票到期日交付代收行。

远期付款交单方式下的凭信托收据借单提货实质上是委托人或代收行对进口商提供的一种资金融通方式，这种方式只有在对进口商的资信、偿款能力等十分了解并确信能如期收回款项时才能使用。如果是代收行自己向进口商提供信用便利，风险由代收行承担，与出口商和托收行无关。如果是出口商提出或同意可以凭信托收据借单提货，并在托收委托书上写明"付款交单，凭信托收据借单提货"（D / P at … days after sight to issue trust receipt in exchange for documents，简称 D / P·T / R）字样，代收行以此指示办理托收业务而产生的风险应由出口商承担。这种做法的性质与承兑交单差不多，所不同的是，由于代收行持有进口商出具给代收行的信托收据，在事先得到代收行同意的条件下，出口商可以委托代收行作为当事人的一方，径向进口商追偿，或向法院起诉。而在承兑交单情况下，如进口商不付款，则只能由出口商自己向进口商追偿。

（2）承兑交单（Documents against Acceptance，D/A），是指进口商在远期汇票上承兑后，即可向银行领取货运单据，然后于汇票到期日再行付款。承兑交单是进口商只要在汇票上承兑之后，即可取得货运单据，凭以提取货物。也就是说，出口商已交出了物权凭证，其收款的保障依赖进口商的信用，一旦进口商到期不付款，出口商便会遭到货物与货款全部落空的损失。因此，出口商对接受这种方式一般采用十分慎重的态度。

思考

根据下表中的内容，按照不同的跟单托收条件分别填写承兑日、付款日和交单日。

托收方式	提示日或首次提示日	承兑日	付款日	交单日
D/P at sight	4月8日			
D/P at 30 days after sight	4月8日			
D/A at 45 days after sight	4月8日			

4. 跟单托收的一般业务程序

由于使用的结算工具（托收指示书和汇票）的传送方向与资金的流动方向相反，因此，托收方式属于逆汇（Reverse Remittance）。

跟单托收业务流程如图7-10所示。

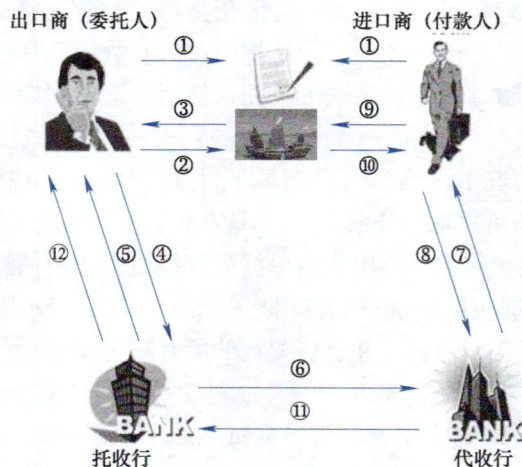

图7-10　跟单托收业务流程

各环节的具体内容分述如下：

①出口商和进口商签订合同，合同约定采用托收方式结汇。

②出口商按照合同规定，租船订舱，装船发运货物。

③货物装运后，船公司签发提单。

④出口商取得运输单据后，即连同汇票及发票等商业单据，填写托收申请书一并送交托收行，委托代收货款。

⑤托收行收下单据后，将回执返回给出口商。

⑥托收行根据出口人的指示，向代收行发出托收委托书，连同汇票、单据寄交代收行，要求按照申请书的指示代收货款。

⑦代收行收到汇票和单据后，应及时向进口商做付款或承兑提示。如为即期汇票，进口商应立即付清货款，取得货运单据；如为远期汇票，进口商应立即承兑汇票。倘属付款交单方式，代收行保留汇票及单据，待汇票到期再通知付款赎单；倘属承兑交单方式，则进口商在承兑汇票后即可从代收行取得全套单据。

⑧进口商付款后，取得货运单据。

⑨进口商向船公司出示货运单据（提单等）。

⑩船公司交货给进口商。

⑪代收行发收讫贷记通知书给托收行，即转账给托收行，并通知托收行款已收妥。

⑫托收行收到货款应立即转交出口人。

5. 托收的使用

在托收方式中，出口商在发运货物后，在一定程度上失去了货物和资金两方面的主动权，因此对出口商风险较大。在货物发运后，如进口商倒闭或无力付款，或有意拒不付款赎单，出口商就有可能收不回货款。在货物抵达目的地时还会产生存仓、转售或不得已运回出口地的费用和损失。在承兑交单或远期付款凭信托收据借单提货方式下，出口商的风险更大，因为进口商只要办理了承兑或提交了信托收据，即可取得单据并提取货物，一旦到期不付款，出口商就会钱货两空。

由于托收方式费用低廉，进口商可免去开立信用证的手续，不必付银行押金，减少了资金支出。如果采用远期托收，还可以不必占用自有资金，有利于资金周转。总的来说，托收方式对进口商比较有利。实际上，在出口业务中采用托收，是出口商对进口商提供融资，以此作为竞争的一种手段，有利于调动进口商采购货物的积极性，从而有利于促进成交和扩大出口。同时，为了防范风险，确保安全收汇，应采取以下措施：

（1）做好售前调查工作。出口商必须详细调查进口商的资信情况、进口国的贸易和外汇管制法令等，并注意避免市场风险。

（2）正确确定交单方式和价格条件。出口商如确定采用托收方式，应尽量争取采用即期付款交单（D / P at sight）方式，而避免使用承兑交单（D / A）方式，以确保进口商付款赎单。

世界上有些地区，如拉美地区，习惯上将 D / P after sight 按 D / A 方式处理，使原来只有进口商付款后才交单的付款交单方式，实际上变成了只凭承兑就交出货运单据的方式，使出口商面临着钱货两空的风险。如不得已采用了 D / P after sight，应采取措施避免出现上述问题。

（3）如果使用 D/P 方式，争取以 CIF（或 CIP）条件成交，由出口方办理保险；如以 FOB

（或 FCA）、CFR（或 CPT）条件成交，应加保"卖方利益险"（Contingency Insurance Clause Covers Seller's Interest Only），以求当货物在运输途中受损而买方又不支付货款时，由保险公司承担赔偿责任。

（4）把托收方式与银行保函、信用证等方式结合起来，以降低风险。为了使收取货款有保障，可以要求进口商申请开立出口商认可的银行保函，一旦进口商在规定的时间内拒绝赎单或承兑取单提货后拒不付款，出口商有权向开立保函的银行索赔。

（5）采用托收方式成交，提单不应以进口方为收货人，最好采用"空白抬头，空白背书"（made out to order and blank endorsed）的提单，为了维护我方出口利益，在取得代收行同意的条件下，也可以以代收行作为提单抬头人。

（6）在托收业务中，各方当事人的关系以及权利义务的划分，应遵照国际商会第 522 号出版物（ICC Publication No.522）《托收统一规则》（Uniform Rules for Collections）。

> **思考**
>
> **资料**：我国一外贸企业为出售商品向日本一进口商发盘，其中付款条件为即期付款交单（D/P at sight），对方答复可以接受，但付款须按以下条件："付款交单见票后 90 天"（D/P at 90 days after sight）并通过其指定的 A 银行代收。按一般情况，货物从我国运至日本最长不超过 5 天。
>
> **请问**：该进口商为何要提此项条件？

7.3 信用证

7.3.1 信用证的含义

信用证（Letter of Credit, L / C）是指开证行应申请人的要求并按其指示，向第三者开具的载有一定金额，在一定期限内凭符合规定的单据付款的书面保证文件。信用证的实质是银行代表其客户（买方）向卖方有条件地承担付款责任的凭证。

7.3.2 信用证的当事人

信用证一般有三个基本当事人：开证申请人、开证行和受益人，在使用过程中，又产生了通知行、议付行、付款行、保兑行和偿付行等其他当事人。

（1）开证申请人（Applicant）：又称开证人（Opener），是向银行申请开立信用证的人，通常是进口商。开证人要在规定的时间内开证，交开证押金并及时付款赎单。

（2）开证行（Opening Bank 或 Issuing Bank）：应开证申请人的要求，开立信用证并承担付款责任的银行，通常是进口地银行。开证行有权收取开证手续费，正确、及时开证，负第一性付款责任，一般无追索权。

（3）受益人（Beneficiary）：接受信用证并享有信用证下合法权利的人，通常是出口商或实际供货人，拥有按时交货、提交符合信用证要求的单据、索取货款的权利和义务。

（4）通知行（Advising Bank 或 Notifying Bank）：受开证行的委托将信用证转交或通知

出口商的银行，通常是出口地的银行。它通常是开证行的代理行。卖方通常指定自己的开户行作为通知行。通知行应合理审慎地鉴别信用证的表面真实性，如果无法鉴别又想通知受益人，则应告诉受益人它未能鉴别该证的表面真实性。

（5）议付行（Negotiating Bank）：自己垫付资金买入或贴现受益人开立和提交的符合信用证规定的跟单汇票的银行。议付行可以是信用证上指定的银行，也可以是非指定的银行。如遭拒付，议付行有权向受益人追索垫款。

（6）付款行（Paying Bank 或 Drawee Bank）：开证行授权进行信用证项下付款或承兑并支付受益人出具的汇票的银行。付款行可以是开证行自身，也可以是接受开证行委托的另一家银行。

（7）保兑行（Confirming Bank）：应开证行的请求在信用证上加具保兑的银行，与开证行负有相同的责任。它对受益人独立负责，在付款或议付后，不论开证行发生什么变化，都不能向受益人追索，业务中通常由通知行兼任，也可以由其他银行加具保兑。

（8）偿付行（Reimbursing Bank）：接受开证银行在信用证中委托，代开证银行偿还垫款的第三国银行，也就是开证银行指定的对议付行进行偿还的代理人（Reimbursing Agent）。偿付行产生的原因是：进出口商在信用证中规定的支付货币，既不是进口国的货币，也不是出口国的货币，而是第三国的货币，而开证行拥有的第三国货币资金调度或集中在第三国银行，要求该银行代为偿付信用证规定的款项。偿付行通常是开证行的存款银行或约定的垫款银行。

7.3.3 信用证的收付程序

信用证收付程序随信用证类型不同而有所差异，但就其基本流程而言，大体经过申请、开证、通知、议付、索偿、偿付、赎单等环节。由于在以信用证方式结算的情况下，结算工具（汇票、单据、索偿证明等）与资金流向相反，因此也属逆汇。现以最为常见的即期不可撤销跟单议付信用证为例，简要说明其收付程序以及各环节的具体内容，如图7-11所示。

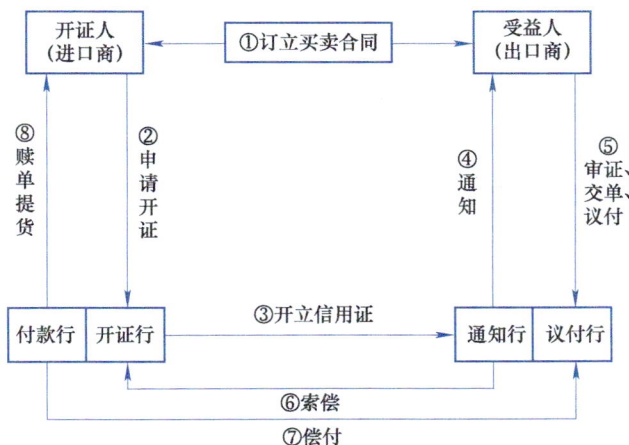

图 7-11 即期不可撤销跟单议付信用证的收付程序

1. 订立买卖合同（Conclusion of Contract）

进出口双方先就国际货物买卖的交易条件进行磋商，达成交易后订立国际货物买卖合同，明确规定进口商以信用证方式支付货款。其中一般还应规定开证银行的资信地位、信用证的类型、金额、到期日、信用证开立并送达卖方的日期等。

2. 申请开证（Application for Credit）

进口商在与出口商签订贸易合同后，应根据合同条款向银行申请开立信用证。申请开证时，进口商应填写开证申请书，内容包括两部分：第一部分是要求开立信用证的基本内容，是开证行开证的主要依据；第二部分是开证人对开证行的声明或保证，以明确自己应承担的责任，其基本内容是承认在其付清货款前，开证行对单据及其所代表的货物拥有所有权，若到期不付款，开证行有权没收一切抵押物，作为应付款项的一部分。

开证人申请开证时，开证行可根据开证人的资信状况，要求提供一定的担保品或一定比例的押金（Margin），并收取手续费。

3. 开立信用证（Issuance of Credit）

开证行开立信用证时，必须严格按照开证申请书的要求开立，否则，开证行的权益不能得到可靠保障。

开立信用证的方法有信开（Open by Airmail）、全电开（Open by Telecommunication）和简电开（Open by Brief Cable）三种。信开是指开证行将信函形式的信用证通过航邮寄送给出口商或通知行。全电开是指开证行通过 SWIFT 系统（环球银行金融电信协会）或电报电传等电信方式将信用证内容传至通知行。简电开是指通过电报或电传预先通告通知行信用证的主要内容，并附有"详情后告"等词语。信开和全电开信用证都是有效的信用证，简电开必须补寄该证的全文方为有效信用证。

4. 通知（Advice of Credit）

通知行收到开证行开来的信用证时，经核对密押和印鉴相符，确认其表面真实性后，应及时将信用证通知受益人。《UCP 600》第九条规定，信用证可经由另一银行（通知行）通知受益人，而该通知行无须承担责任，但如该行愿意通知，则应合理审慎地鉴别通知信用证的表面真实性。

5. 审证、交单、议付（Verification, Presentation, Negotiation of Credit）

受益人收到信用证后，应仔细审核信用证。如发现其内容有与合同条款不符或不能接受之处，应及时要求开证人通过开证行对信用证进行修改或拒绝接受信用证。如接受信用证，应立即备货，并在信用证规定的装运期限内，按照信用证规定的条件装运发货。然后，缮制并取得信用证所规定的全部单据，开立汇票，连同信用证正本和修改通知书，在规定的期限内送交信用证

信用证的审核

规定的议付行或付款行，或保兑信用证的保兑行，或任何愿意议付该信用证下单据的银行。

议付行对出口商提交的单据进行仔细的审核，确认单证相符、单单相符后，即可进行议付。议付（Negotiation）是指议付行以自有资金按照汇票金额扣除各项费用和利息后，垫付款项给受益人，并获得受益人提交的汇票及单据的所有权的行为。议付表面上是银行的购

票行为，实际上是银行为受益人融通资金的一种方式。银行议付单据后，有权向开证行或其指定的付款行索偿，如遭拒付，可向受益人追索议付款项。

小贴士

议付行一定要提前买单吗?

出口企业在货物装运后，应按合同或信用证要求，正确缮制各种单证，并在信用证规定的有效时间内送交银行议付和结汇。

但这并不意味着议付行一定会提前买单。不要忘了，信用证只有出口商、进口商和开证行三个基本当事人，通知行、议付行等都只是接受开证行的指示帮助做些事情的银行，并不是基本当事人。故议付行并不一定要提前买单，即不一定做出口押汇。

在实际外贸业务中，信用证下交单结汇的方式主要有收妥结汇、押汇和定期结汇三种。

收妥结汇又称付款，是指议付行收到外贸公司的出口单据后，经审查无误，将单据寄交国外付款行索取货款，待收到付款行将货款拨入议付行的贷记通知书（Credit Note）时，即按当日外汇牌价折成人民币拨给外贸公司。

押汇又称买单结汇，是指议付行在审单无误的情况下，按信用证条款买入受益人（外贸公司）的汇票和单据，从票面金额中扣除从议付日到估计收到票款之日的利息，将余款按议付日外汇牌价折成人民币，拨给外贸公司。议付行向受益人垫付资金、买入跟单汇票后，即成为汇票持有人，可凭票向付款行索取票款。银行做出口押汇，是为了对外贸公司提供资金融通，有利于外贸公司的资金周转。

定期结汇是指议付行根据向国外付款行索偿所需时间，预先确定一个固定的结汇期限，到期后主动将票款金额折成人民币拨交外贸公司。

6. 索偿（Reimbursement Claim）

索偿就是议付行办理议付后，根据信用证规定，凭单向开证行或其指定的银行（付款行或偿付行）请求偿付的行为。

凡信用证规定有电汇索偿条款的，议付行就需以电报、电传或 SWIFT 网络传递的方式向开证行、付款行或偿付行进行索偿。

7. 偿付（Reimbursement）

在信用证业务中的偿付是指开证行或被指定的付款行或偿付行向议付行进行付款的行为。

开证行或指定的付款行收到议付行寄来的汇票和单据后，经核验认为与信用证规定相符，应立即将票款偿付议付行。如发现单据与信用证规定不符，可以拒付，但应在不迟于收到单据的次日起 7 个营业日内通知议付行表示拒绝接受单据。

8. 赎单提货（Take Delivery of Goods against Documents Retired）

开证行接受单据后，应立即通知进口商付款赎单。进口商核验单据无误后，将全部票款（或部分票款以押金抵补）及有关费用付给开证行，即可取得所有单据并提货。此时，开证行和进口商之间由于开立信用证而形成的契约关系就此终止。进口商付款赎单后，如发现任何有关货物的问题，不能向银行提出赔偿要求，应按具体情况向出口商、保险公司或运输部门索赔。

7.3.4　信用证的内容

1. 信用证的关系人（Parties to a L/C）

（1）开证人（the Applicant for the Credit）。进口商向进口地银行申请开证，就是开证人。信用证中常见的词或词组有：

Applicant / Principal / Accountee / Opener	开证人
At the request of…	应……的请求
By order of…	按……的指示
for account of…	由……付款
At the request of and for…	应……的请求

（2）受益人（Beneficiary）。在国际贸易中，受益人一般情况下就是出口商。信用证中常见的词或词组有：

Beneficiary	受益人
In favor of…	以……为受益人
In your favor	以你方为受益人
Transferor	转让人（可转让信用证的第一受益人）
Transferee	受让人（可转让信用证的第二受益人）

（3）开证行（Opening Bank）。信用证中常见的词或词组有 Opening Bank / Issuing Bank / Establishing Bank。

（4）通知行（Advising Bank）。信用证中常见的词或词组有 Advising Bank / Notifying Bank / Advised through。

（5）议付行（Negotiation Bank）。信用证中常见的词或词组有 Negotiation Bank / Honoring Bank。

（6）付款行（Paying Bank 或 Drawee Bank）。信用证中常见的词或词组有 Paying Bank/ Drawee Bank。

2. 信用证议付有效期和到期地点（Validity and Place of Expiry）

常见条款有：

（1）直接写明到期日和到期地点名称。

Expiry date: MAR.15, 2021 in the country（China）of the beneficiary for negotiation.

有效期：2021 年 3 月 15 日前，在受益人国家（中国）议付有效。

This credit remains valid / force / good in China until March 15,2021（inclusive）.

本信用证在中国限至 2021 年 3 月 15 日（最后一天包括在内）前有效。

（2）以"交单日期""汇票日期"等表达的信用证有效期限。

This credit shall cease to be available for negotiation of beneficiary's drafts after MAR.15, 2021.

本信用证受益人的汇票在 2021 年 3 月 15 日前议付有效。

Bill of exchange must be negotiated within l5 days from the date of Bill of Lading but not later than March 15, 2021.

票据自提单日期起 15 天内议付，但不得迟于 2021 年 3 月 15 日。

3.　金额、币制（Amount and Currency）

金额条款是信用证的核心内容。其表达方式有：

Amount: USD××　　　金额：×× 美元

For an amount / a sum not exceeding total of USD××. 总金额不超过 ×× 美元。

4.　汇票条款（Clause on Draft or Bill of Exchange）

常见条款有：

All draft（s）drawn under this credit must contain the clause "Drawn Under Bank of China, Singapore credit No.6111 dated l5th August, 2021". 所有凭本信用证开具的汇票，均须包括本条款："（本汇票书）凭中国银行新加坡分行 2021 年 8 月 15 日所开第 6111 号信用证开具。"

Drafts drawn under this credit must be presented for negotiation in Guangzhou, China on or before 25th June, 2021.

凭本证开具的汇票须于 2021 年 6 月 25 日或以前在广州提交议付。

5.　货物说明（Description of Goods）

货物说明的内容一般包括货名、品质、数量、单价、价格术语等。例如：

2 100 dozen of "COOK" brand hoes ART. No.H3162-3 / 4LBS, hoes dark blue painted at USD12.8 per dozen, CIF TOKYO.

2 100 打 "公鸡" 牌锄头，货号 H3162-3 / 4LBS，深蓝色油漆，每打 12.8 美元，CIF 东京。

6.　单据条款（Clause on Documents）

信用证项下要求提交的单据通常有商业发票（Commercial Invoice）、提单（Bill of Lading）、保险单（Insurance Policy）、汇票（Bill of Exchange）、原产地证书（Certificate of Origin）、检验证书（Inspection Certificate）、受益人证明书（Beneficiary's Certificate）、装箱单（Packing List）等。

常见条款有：

Documents marked "×" below.

（必须提交）下列注有 "×" 标志的单据。

Accompanied by the following documents marked "×" in duplicate.

须随附下列注有 "×" 标志的单据一式两份。

Draft（s）must be accompanied by the following documents marked "×".

汇票须随附下列注有 "×" 标志的单据。

Documents required.

需要下列单据。

…available against surrender of the following documents bearing our credit number and the full name and address of the openers.

（议付时）以提交下列注明本信用证编号及开证人详细姓名、地址的各项单据为有效。

In duplicate（triplicate，quadruplicate，quintuplicate，sextuplicate，septuplicate，octuplicate，nonuplicate，decuplicate）.

一式两份（三、四、五、六、七、八、九、十份）。

Signed commercial invoices in 6 copies.

签字的商业发票六份。

7. 装运条款（Clauses on Shipment）

装运条款通常包括装运期限、是否允许分批和转运及起讫地点的规定。常见条款如下：

（1）装运期（Date of Shipment）

Latest date of shipment: MAR.12,2021.

最迟装运日期：2021 年 3 月 12 日。

From China Port to Singapore not later than MAR.12,2021.

自中国口岸装运货物驶往新加坡不得迟于 2021 年 3 月 12 日。

Bill of Lading must be dated not before the date of this credit but later than MAR.12,2021.

提单日期不得早于本信用证开具日期，但不得迟于 2021 年 3 月 12 日。

（2）分批 / 转运（Partial Shipments / Transshipment）

Transshipment Partial Shipment Prohibited（not allowed / not permitted）.

不允许分批 / 转运。

Transshipment is authorized at Hongkong.

允许在香港转运。

With（without）partial shipment / transshipment.

允许（不允许）分批 / 转运。

Partial shipments allowed, but partial shipments of each item not allowed.

允许分批，但每个品种的货物不得分批。

8. 特别条款（Special Clauses / Condition）

特殊条款主要是根据进口国政治、经济和贸易情况的变化，或每一笔具体交易的需要而做出的特别规定。常见的条款如下：

（1）佣金、折扣（Commission and Discount）

1）明佣

Signed invoice must show 5% commission.

经签署的发票须标明 5% 的佣金。

5% commission to be deducted from the invoice value.

5% 的佣金须在发票金额中扣除。

2）暗佣

Less 3% commission to be shown on separate statement only.

用单独声明书列明所扣 3% 的佣金。

The price quoted include a discount of 5% which must be shown on your Final Invoice but is to be the subject of a separate credit note, the amount of which is to be deducted from your draft.

（本证）所列价格包括 5% 的折扣在内，最后发票上应开列未扣除 5% 折扣的价格，但须另出一份贷记通知书。汇票金额扣除此项折扣金额。

At the time of negotiation you will be paid less 5%, being commission payable to M / S…, and this should be incorporated on the bank's covering schedule.

议付时，须扣除 5% 的金额作为付给 ×× 的佣金。议付行应将佣金金额填入银行议付通知书。

（2）费用（Charges）

All banking charges for seller's account.

一切银行费用由卖方负担。

Charges must be claimed either as they arise or in no circumstances later than the date of negotiation.

一切费用须于发生时或不迟于议付期索偿。

Port congestion surcharges, if any, at the time of shipment is for opener's account.

装运时如有港口拥挤附加费，应由开证人负担。

（3）议付与索偿（Negotiation and Reimbursement）

15 days grace period permitted in respect of shipment and negotiation of documents in case vessel not available for shipment during the stipulated period.

如在本证所规定的装运期内无船可装，装运期及议付单据期限可宽延 15 天。

In reimbursement, please draw on our head office account with your London office.

偿付办法：请从我总行在你伦敦分行的账户内支取。

You are authorized to reimburse yourself for the amount of your negotiation by drawing as per arrangement on our account with United Bank Limited, London.

兹授权你行索偿你行议付金额，按约定办法请向伦敦联合银行我账户内支取。

9. 开证行的保证（Warranties of Issuing Bank）

常见的条款有：

We hereby undertake to honour all drafts drawn in accordance with terms of this credit.

凡按本信用证所列条款开具并提示的汇票，我行保证承兑。

We hereby engage with drawers and / or bona fide holders that draft drawn and negotiated on presentation and that draft accepted within the terms of this credit will be duly honoured at maturity.

我行兹对出票人及 / 或善意持有人保证：凡按本证条款开具及议付的汇票，一经提交即予承兑；凡依本证条款承兑的汇票，到期即予照付。

10. 跟单信用证统一惯例文句

This credit is subject to the Uniform Customs and Practice for Documentary Credits（2007 Revision）International Chamber of Commerce publication No.600.

本证根据国际商会第 600 号出版物《跟单信用证统一惯例》2007 年修订本办理。

对照实例 7-1 学习信用证的内容。

实例 7-1　信开信用证

BANCO BISEL S.A.ARGENTINA

Cable advised by preliminary on:　　27-Jul.-2020　　ROSARIO

	DATE　1-Aug.-2020	
IRREVOCABLE DOCUMENTARY LETTER OF CREDIT	OUT NO. CITI-070202	ADVISING BANK NO.
ADVISING BANK THE BANK OF EASH ASIA LTD. SHANGHAI BRANCH	APPLICANT MIGUEL ANGEL ORFEI 20 DE SETIEMBRE 1758, 7600 MAR DEL PLAZA BUENOS AIRES,ARGENTINA	
BENEFICIARY: TRIUMPH IMP.& EXP.CO.,LTD. 2103 SHANGHAI INT'L TRADE CENTER, 2200 YAN-AN ROAD(W) SHANGHAI,CHINA	AMOUNT　　US$159 960.00 SAY US DOLLARS ONE HUNDRED FIFTY NINE THOUSAND NINE HUNDRED AND SIXTY ONLY. EXPIRY 20-Sep.-2020	

GENTLEMEN:YOU ARE AUTHORIZED TO VALUE ON US.
BY DRAWING DRAFTS AT 45 DAY'S SIGHT FOR 100% OF INVOICE VALUE
ACCOMPANIED BY THE FOLLOWING DOCUMENTS.

1. DETAILED COMMERCIAL INVOICE IN QUADRUPLICATE

2. PACKING LIST IN TRIPLICATE SHOWING ITEM AND WEIGHT

3. CERTIFICATE OF ORIGIN IN DUPLICATE STATING THE IMPORTING COUNTRY AS ARGENTINA DULY SIGNED BY CHAMBER OF COMMERCE

4. FULL SET OF CLEAN ON BOARD OCEAN BILL OF LADING ISSUED BY COSCO

AND MADE OUT TO ORDER OF SHIPPER AND ENDORSED IN BLANK MARKED

FREIGHT PREPAID NOTIFY APPLICANT

5. INSURANCE CERTIFICATE COVERING I.C.C.(A) FOR 110% OF INVOICE VALUE

INSTITUTE CARGO CLAUSE OF 2009 WITH CLAIMS ARE TO BE PAYABLE IN BUENOS AIRES IN THE CURRENCY OF THE DRAFTS

SHIPPING TERMS:CIF BUENOS AIRES	SHIPPING MARK:MIG	
	9722	
COVERING:2 ITEMS OF TRAIN BRAND FOOTBALL	BUENOS AIRES	
AS PER S / C NO.MIG0922 DD5-JUN-2020	NO.1-358	

FROM:SHANGHAI TO:BUENOS AIRES	PARTIAL SHIPMENT:NOT ALLOWED TRANSSHIPMENT:NOT ALLOWED	LATEST DATE OF SHIPMENT: 5-Sep.-2020

SPECIAL INSTRUCTIONS:

ALL CHARGES OUTSIDE OPENING BANK ARE FOR ACCOUNT OF BENEFICIARY

ALL DOCUMENTS PRESENTED FOR NEGOTIATION SHALL BEAR THE NO. OF THIS CREDIT AND THE NAME OF ISSUING BANK.

THE AMOUNT OF ANY DRAFT DRAWN UNDER THIS CREDIT MUST BE ENDORSED ON THE REVERSE OF THE ORIGINAL CREDIT.ALL DRAFTS MUST BE MARKED DRAWN UNDER THIS DOCUMENTARY CREDIT AND BEARING ITS NUMBER AND DATE.

DRAFTS AND DOCUMENTS TO BE PRESENTED FOR NEGOTIATION NOT LATER THAN 15 DAYS AFTER THE BILL OF LADING DATE.

EXCEPT SO FAR AS OTHERWISE EXPRESSLY STATED,THIS DOCUMENTARY CREDIT IS SUBJECT TO THE "UNIFORM CUSTOMS AND PRACTICE FOR DOCUMENTARY CREDITS" 2007 REVISION INTERNATIONAL CHAMBER OF COMMERCE PUBLICATION NO.600

WE HEREBY AGREE WITH THE DRAWERS ENDORSERS AND BONA-FIDE HOLDERS OF DRAFTS DRAWN UNDER AND IN COMPLIANCE WITH THE TERMS OF THIS CREDIT THAT SUCH DRAFTS WILL BE DULY HONORED ON DUE PRESENT-ATION TO THE DRAWEE IF NEGOTIATED ON OR BEFORE THE EXPIRY DATE.	ADVISING BANK NOTIFICATION THE BANK OF EAST ASIA LTD. SHANGHAI BRANCH
David Lange Authorized Signature	Shanghai 陈洁，13-Aug.-2020 Place,date,name and signature of the advising bank

7.3.5　信用证的性质和作用

与汇付、托收不一样，信用证下银行不仅提供服务，而且提供信用。根据《UCP 600》规定，信用证有以下三个特点：

1.　开证行负有第一性付款责任（Primary Liabilities for Payment）

信用证是由开证银行以自己的信用做出的付款保证。在信用证支付方式下，只要出口商履行了信用证条款所规定的义务，开证行就应履行其第一性付款责任，即使进口商在开证后失去偿付能力。

2.　信用证是一项自足文件（Self-Sufficient Instrument）

信用证通常都是以交易合同为基础开立的。但是信用证一经开出，就成为独立于买卖合同之外的另一种契约。信用证各当事人的权利和责任完全以信用证所列条款为准，不受买卖合同的约束。

3.　信用证是一种纯单据交易（Pure Documentary Transaction）

根据《UCP 600》第五条，在信用证业务中，各有关方面处理的是单据，而不是与单据有关的货物、服务或其他行为。至于单据的真伪、法律效力及单据所代表的货物状况等，银行概不负责。需要特别注意的是，银行虽只根据表面上符合信用证条款的单据承担付款责任，但这种符合的要求却十分严格。也就是说，银行在信用证业务中是按"严格相符原则"（the Doctrine of Strict Compliance）办事的。"严格相符原则"不仅要求"单证一致"，而且还要求各种单据之间一致，即所谓"单单一致"。

信用证在国际贸易结算中可以起到以下两个主要作用：一是保证作用；二是资金融通作用。这些作用通过各有关当事人体现。首先，对出口商来说，只要按信用证规定发运货物，向指定银行提交单据，收取货款就有了保障。发货后将汇票和单据交银行议付，通过押汇可及时收回货款，有利于加速资金周转。在货物装运前，还可以凭信用证向银行申请打包放款（Packing Credit）。这是对出口商业务开展极为有利的一种融资方式。其次，对进口商来说，申请开证时只需交纳少量押金或免交押金，大部分或全部货款在单据到达后支付，减少了资金占用。如为远期信用证，还可凭信托收据向开证行借单提货出售或使用，到期后再向开证行付款。可以通过信用证条款控制出口商的交货时间、交货方式，以及所交货物的质量和数量。可以保证进口商付款后即获得代表货物的单据。

对银行来说，开证行贷出的是信用，不必占用资金，即可取得开证手续费的收入，还可将收取的开证押金加以利用；虽然面临一定的垫款风险，但开证时已收取一定的押金，付款后即获得出口商提交单据所代表货物的所有权，因而，风险已经得到有效的控制。至于出口地的议付行，议付出口商提交的单据后，可向开证行索偿，只要出口商交来的单据符合信用证规定，就可以对出口商进行垫款、叙做出口押汇，还可以从中获得利息和手续费等收入。

小贴士

由欺诈案引发的对信用证缺陷和风险的思考

【案情】2020 年年初，某民营企业通过进出口公司与国外某公司签订了出口建筑材料的合同，合同总金额为 100 万美元。外方要求我方必须先支付 10 万美元的履约保证金，方能开立信用证。我方为利润所诱，出口心切，给外方指定的账户汇付了 10 万美元。不久，对方开出信用证，条款规定："以 FOB 计价；由开证申请人指定船公司，指定检验；由开证申请人在装运口岸验货，出具质量检验证书，并经开证行在证明书上签字。"

一个月后，我方公司的货物运抵装运口岸，通知外方公司派人检验并派船装货，但外方一再借故拖延时间，致使信用证逾期。无奈之下，我方只好终止合同，但 10 万美元的履约保证金却打了水漂，直接经济损失达 15 万美元以上。

【启示】信用证结算方式，因其具有银行信用的特征，故比商业信用结算方式相对安全得多，但进出口双方依然会面临各种潜在风险。因为信用证本身并不是无懈可击的，信用证惯例存在一些漏洞。

思考 1：信用证有缺陷

（1）开证行只对信用证负责，只对单据本身负责，银行审核单据仅要求也只能要求单据在表面上与信用证一致。银行只凭符合信用证条款的单据付款，而对单据的真实性及其法律效力，对货物的数量、质量、包装、交期、价值或存在与否，对货物的发运人、承运人、收货人或保险商的资信状况等概不负责。

（2）由于信用证"严格相符原则"的要求，出口商提交的单据必须完全符合信用证条款规定，否则尽管所装运的货物完全符合合同及信用证的要求，也会遭开证行拒付。开证申请人为了能有效地控制出口商履行出货义务，往往要求在信用证中加列一些对其有利的条款（如软条款或限制性条款），使受益人的行为受到极大的限制，即单据的取得或其有效性受到限制。单证"严格相符原则"甚至成为一种拒付借口而被一些开证行滥用，使信用证这种为便利贸易结算而出现的支付工具畸形发展。

（3）采用信用证结算，买卖双方均须承担较高的银行费用。如进口方要承担开证费（1.5‰）、改证费（100 元/次）、邮电费、利息等，还得向开证行预交一定比例的开证保证金或以物业作抵押，资金占压时间长；出口方要承担通知费及转电费（200 元/次）、议付费（1.25‰）、转让费（1‰，最低 300 元，最高 1 000 元）、保兑费（2‰或 300 元）、邮电费、不符点扣费（25～60 美元不等）、利息、国外银行费用和其他相关费用等，加重了运营负担。

（4）信用证结算程序烦琐，需较长的银行工作日，大大降低了交易效率。而且无论是申请开证还是审证、审单，技术性均较强，稍有不慎，容易产生疏漏、差错，以致造成损失。

（5）《UCP 600》没有对信用证欺诈的法律救济做出规定，统一惯例又不能解决一切与信用证业务有关的问题，也无法统一各国在信用证欺诈和法律救济问题上的实际做法。

思考 2：信用证也有风险

（1）出口商会面临风险：进口商不按合同规定开证，不按时开证，变更条款，或增加对其有利的条款；进口商故意设陷阱使卖方无法顺利履行合同，或议付时遭到拒付；开证行资信不佳，逃避第一性的付款责任；信用证含有"软条款"，使受益人在信用证交易中处于被动的境地，而主动权则完全掌握在申请人手中，难以保证安全收汇。常见的信用证软条款表现形式如下：①货物由申请人检验，且检验证书上的签名须与开证行的档案记录相符，俗称"客检证"；②1/3 正本提单径寄申请人；③信用证到期地点在开证行所在地；④信用证存在暂不生效或变相可撤销条款；⑤信用证条款自相矛盾，难以操作；⑥附加信用证生效条件，如待进口方取得进口许可证信用证方能生效，有关运输事项如船公司、船名、装船日期、装卸港等须经申请人同意后信用证才能生效等。

（2）进口商也会面临风险：出口商利用虚假单据骗取货款；出口商不按合同要求装运货物，以次充好，以劣代优。

7.3.6　信用证的种类

在国际贸易买卖中所使用的信用证种类很多，从不同的角度划分，信用证主要有以下几种：

1. 跟单信用证和光票信用证

根据付款凭证的不同，信用证可分为跟单信用证和光票信用证两种。

（1）跟单信用证（Documentary L/C）。跟单信用证是指银行凭跟单汇票或仅凭单据付款、承兑或议付的信用证。这里的单据包括：代表货物所有权的单据，如海运提单、多式联运单据；证明货物已发运的单据，如铁路运单、航空运单、邮包收据等；商业发票、保险单据、商检证书、产地证书、包装单据等。在国际贸易结算中，大都使用跟单信用证。

（2）光票信用证（Clean L/C）。光票信用证是指开证行仅凭受益人开具的汇票或简单收据而无须附带货运单据而付款的信用证。光票信用证主要用于贸易总公司与各地分公司间的货款清偿和贸易从属费用的结算。

2. 可撤销信用证和不可撤销信用证

按开证行对受益人保证的性质不同，信用证可分为可撤销信用证和不可撤销信用证。

（1）可撤销信用证（Revocable L/C）。可撤销信用证是指开证行在付款、承兑或议付以前，可以不经受益人同意也不必事先通知收益人而随时修改或撤销的信用证。但对于开证行指定或被授权的银行在接到修改或撤销通知前，已经根据表面上符合信用证的单据所进行的付款、承兑或议付，开证行仍予以承认并负责偿付。由于可撤销信用证的开证行可以随时取消或修改，对受益人缺乏足够的保障，因而在国际贸易中极少采用。

（2）不可撤销信用证（Irrevocable L/C）。不可撤销信用证是指信用证一经通知受益人，在有效期内未经受益人及有关当事人的同意，对信用证内容不得随意修改或撤销的信用证。只要受益人提交的单据符合信用证规定，开证行或其指定银行必须履行付款责任。信用证在开立时应清楚地表明是可撤销的还是不可撤销的，若信用证上对此未写明，按《UCP 600》的规定，该信用证将被视作是不可撤销的。

3. 保兑信用证和不保兑信用证

按是否有另一家银行对信用证加具保兑，信用证可分为保兑信用证和不保兑信用证。

（1）保兑信用证（Confirmed L/C）。保兑信用证是指一家银行开出的信用证，由另一家银行保证对符合信用证规定的单据承担付款责任。

只有不可撤销信用证才可加具保兑。信用证一经保兑，保兑行与开证行一样都承担第一性的付款责任。对受益人来说，同时取得了两家银行的付款保证，安全收汇更有保障。保兑行通常是通知行，有时也可以是出口地的其他银行或第三国银行。

（2）不保兑信用证（Unconfirmed L/C）。不保兑信用证是指未经除开证行以外的其他银行保兑的信用证，即一般的不可撤销信用证。

4. 即期付款信用证、承兑信用证、延期付款信用证和议付信用证

按兑付方式的不同，信用证又可分为即期付款信用证、承兑信用证、延期付款信用证和议付信用证四种。议付信用证包括即期议付信用证和远期议付信用证。若按付款时间的不同，信用证可分为即期信用证和远期信用证。即期付款信用证和即期议付信用证都是即期信用证，承兑信用证、延期付款信用证和远期议付信用证都是远期信用证。

（1）即期付款信用证（Sight Payment L/C）。即期付款信用证是指开证行、保兑行或付款行在收到符合信用证规定的跟单汇票或单据时，立即履行付款义务的信用证。这种信用证的特点是出口商收汇迅速安全，有利于资金周转。即期付款信用证可以要求受益人提供汇票，也可以不要求提供汇票。即期付款信用证可以是开证行自己付款，也可由其他银行付款，付款是终局的，不能再追索。

（2）承兑信用证（Acceptance L/C）。承兑信用证是指付款行在收到符合信用证规定的远期汇票和单据时，先在汇票上履行承兑手续，待汇票到期日再行付款的信用证。这种信用证规定以银行为汇票上的付款人，又称为银行承兑信用证。银行承兑信用证项下，出口商可以等承兑汇票到期后再收汇，也可以将承兑汇票在市场上贴现以融通资金。

在实际业务中，还有一种"远期"信用证，它规定远期汇票可按即期议付。这通常是由于进口商为了融资方便，或利用银行承兑汇票以取得比银行放款利率低的优惠贴现率，在出口商订立即期付款合同后，要求开立银行承兑信用证，证中规定受益人应开立远期汇票，而这种"远期汇票可即期付款，所有贴现和承兑费用由买方负担"（the usance draft is payable on a sight basis,discount charges and acceptance commission are for buyer's account）。由于这种信用证的贴现费用由买方负担，因此又称为"买方远期信用证"（Buyer's Usance L/C），在我国习惯上称之为"假远期信用证"（Usance Credit Payable at Sight）。使用这种信用证，对受益人来说，能够远期收款，但要负一般承兑信用证汇票到期遭到拒付时被追索的风险。对开证申请人来说，在远期汇票到期时才向银行付款。所以，使用这种远期信用证，实际上是开证行或贴现银行对进口商融通资金。

（3）延期付款信用证（Deferred Payment L/C）。延期付款信用证又称迟期付款信用证，或称无承兑远期信用证，是指仅凭受益人提交的单据，经审核单证相符确定银行承担延期付款责任起，延长一段时间及至付款到期日付款的信用证。确定付款到期日的方法有三种：①交单后若干天；②运输单据显示的装运日期后若干天；③固定的将来日期。这种信用证不使用汇票，不作承兑，出口商不能利用贴现市场资金，只能自行垫款或向银行借款。因此，延期付款信用证的货价比承兑信用证的货价高，它与承兑信用证的区别在于卖方不能提前得到货款（不能贴现）。在实践中，延期付款信用证大多用于金额较大而且付款期限较长（往往长达一年或数年）的资本货物交易，常与政府出口信贷相结合。

（4）议付信用证（Negotiation L/C）。议付信用证是指开证行在信用证中，邀请其他银

行买入汇票及／或单据的信用证，即允许受益人向某一指定银行或任何银行交单议付的信用证。通常在单据符合信用证条款的条件下，议付行扣去利息后将票款付给受益人。按付款时间的不同，议付信用证可分为即期信用证和远期信用证；按是否限定议付银行，又可分为自由议付信用证和限制议付信用证两种，前者是指任何银行均可办理议付，后者是指仅由被指定的银行办理议付。议付和付款的区别就在于，议付是可以追索的，而付款是终局的。

几种信用证的比较见表 7-1。

表 7-1　即期付款信用证、延期付款信用证、承兑信用证和假远期信用证的比较

项目	种类			
	即期付款信用证	延期付款信用证	承兑信用证	假远期信用证
是否需要汇票	需要或不要	不要	需要	需要
汇票期限	即期		远期	远期
受票人	指定付款行		指定付款行	开证行或议付行
付款方式	即期付款	延期付款	远期付款	即期付款
起算日	无	装运日、交单日或其他日	承兑日	承兑日
有无追索权	无	无	无	有

5. 可转让信用证和不可转让信用证

按受益人是否有权转让给其他人使用，信用证可分为可转让信用证和不可转让信用证。

（1）可转让信用证（Transferable L/C）。可转让信用证是指开证行在信用证上明确注明"可转让"字样，授权通知行在受益人（第一受益人）的要求下，可将信用证的全部或部分转让给第三者（第二受益人）的信用证。可转让信用证只能转让一次，如信用证不禁止分批装运，在累计不超过信用证金额的前提下，可以分成几个部分分别转让给一个以上的第二受益人，各项转让金额的总和将视为信用证的一次转让。信用证只能按原证规定的条款办理转让，但信用证的金额、单价、装运日期和到期日等项可以减少、提前或缩短，保险加保比例可以增加到原信用证要求保足的金额，也可以以第一受益人代替原证申请人的名称。

进口商开立可转让信用证，意味着他同意第一受益人将交货、交单的义务让予第一受益人指定的其他人来履行，但并不等于买卖合同也被转让。如果发生第二受益人不能交货，或交货不符合合同规定、单据不符合信用证规定的情况，第一收益人仍要承担买卖合同规定的卖方责任。可转让信用证的受益人，往往是中间商，要求国外进口商开立可转让信用证，以转让给实际供货人（第二受益人），由实际供货人直接装运。

在要求转让行（一般为通知行）办理转让手续时，第一受益人有权要求受让人（第二受益人）将单据交给转让银行，以便把自己按原信用证的单价及金额所制作的汇票、发票替换受让人的汇票、发票，从而获取差额。

（2）不可转让信用证（Non-transferable L/C）。不可转让信用证是指受益人不能将信用证的权利转让给他人的信用证。凡未在信用证上注明"可转让"字样者，将被视为不可转让信用证。

6. 对背信用证

对背信用证（Back to Back L/C）是指中间商收到进口商开来的信用证后，要求该证的通知行或其往来银行，以原证为根据，另行开立的以实际供货人为受益人的新信用证。开立对背信用证的情况通常有两种：一是中间商为转售他人货物并从中谋利；二是两国不能直接进行贸易，需通过第三国商人沟通贸易。

对背信用证的内容除开证人、受益人、金额、单价、装运期限、有效期限等可有变动外，其他与原证相同，如需修改，应得到原证开证人的同意，修改比较困难。

可转让信用证与对背信用证的比较见表 7-2。

表 7-2　可转让信用证与对背信用证的比较

可转让信用证	对背信用证
可转让信用证的开立是申请人的意旨，开证行同意，并在信用证上加列"transferable"	对背信用证的开立，并非原始信用证申请人和开证行的意旨，而是受益人的意旨，申请人和开证行与对背信用证无关
可转让信用证的全部或部分权利转让出去，该证失去那部分金额的存在	凭着原始信用证开立对背信用证，两证同时存在
转证信用证的第二受益人可以得到开证行的付款保证	对背信用证的受益人得不到原始信用证的付款保证
转让行按照第一受益人的指示开立变更条款的新的可转让信用证，通知第二受益人，该转让行地位不变，仍然是转让行	开立对背信用证的银行一般为原始信用证的通知行，是对背信用证的开证行

7. 循环信用证

循环信用证（Revolving L/C）是指在被全部或部分使用后，其金额又恢复到原金额并再次使用，直至达到规定的次数或规定的总金额为止的信用证。循环信用证通常在定期均衡供货、分批结汇的长期合同下采用。使用这种信用证，进口商可节省开证手续和费用，减少押金，一次开证，长期反复使用，有利于买卖双方交易的进行。

循环信用证有按时间循环和按金额循环两种。

（1）按时间循环的信用证。按时间循环的信用证规定，受益人在规定的期限内，每隔一定的时间可使用一次信用证上规定的金额。按时间循环的信用证根据其关于某一次未使用的金额能否累计至下一次使用的规定不同，又可分为可累计循环信用证（Cumulative Revolving Credit）和不可累计循环信用证（Non-cumulative Revolving Credit）两种。前者允许受益人在其一批货物因故未交时，在下一批补交，并可连同下一批可交货物一起议付；后者是指信用证未明确允许可累计使用，即不能累计使用，如因故未能及时装出的部分及原来规定的以后各批，未经开证行修改信用证，均不能再装运出口。

（2）按金额循环的信用证。按金额循环的信用证是指受益人在规定的总额内使用完信用证规定的金额后，可以恢复到原金额再继续使用的信用证。恢复到原金额的具体做法有三种：

1）自动循环（Automatic Revolving），即受益人每次使用后，不需开证行另行通知，自动恢复到原金额继续使用。

2）非自动循环（Non-automatic Revolving），即受益人每次使用后，必须经过开证行通知，才能恢复到原金额继续使用。

3）半自动循环（Semi-automatic Revolving），即受益人每次使用后，如开证行在规定的期限内未发出终止通知，即可自动恢复到原金额继续使用。

8. 对开信用证

一国商人向另一国商人出口商品的同时，又向对方购进另一批货物，这样双方可以互以对方为受益人分别开立两张信用证，即称为对开信用证（Reciprocal L/C）。其特点是：第一张信用证的受益人和开证申请人就是第二张回头证的开证申请人和受益人；第一张信用证的开证行和通知行一般也是回头证的通知行和开证行；两证金额可以相等，也可以不等；两证可以同时生效，也可以先后生效。对开信用证一般用于易货贸易、来料加工和补偿贸易等。

9. 预支信用证

预支信用证（Anticipatory L/C）是指允许出口商在装货交单前可以支取全部或部分货款的信用证。一般情况下，预支信用证的开证行授权出口地的通知行或保兑行在交单以前，向出口商预先垫付全部或部分金额的款项。出口商交单议付时，出口地银行从议付金额中扣除预先垫付款的本息，再将余额付给出口商。倘若出口商届时不能装货、交单议付，垫款银行可向开证行追索，开证行保证偿还出口地银行的垫款本息，然后向开证人索要此款。为引人注目，预支信用证的上述条款通常都是用红字注明的，故又称"红条款信用证"。

■ 思考

　　资料：一家银行为从某港装运的货物给发货人开立了一份不可撤销信用证，列明按《UCP 600》办理。该信用证以后被修改，要求增加由开证人指定的检验机构签发的商检证书，遭到受益人拒绝后，开证行宣称，如提示的单据中不包括该商检证将拒不偿付；继而又声明，如开证人收到的货物与信用证条款相符，可以照付。货抵目的地后，经检验，买方收到的货物仅为发票所列数量的 80%，因此开证行拒付。为此，受益人起诉开证行违反信用证承诺。

　　请问：开证行对信用证的修改是否有效？货物短少，开证行是否有权拒付？

7.3.7　SWIFT 信用证

SWIFT 是环球银行金融电信协会（Society for Worldwide Interbank Financial Telecommunication）的简称。该组织是一个国际银行同业间非营利性国际合作组织，于 1973 年 5 月在比利时布鲁塞尔成立，拥有自动化的国际金融电信网，是全球银行同业进行资金调拨和汇款结算的网络系统。使用 SWIFT 信用证，必须遵守 SWIFT 使用手册的规定，受《UCP 600》的约束，可在信用证中省去银行的承诺条款，但不能免去银行应承担的义务。

我国的中国银行于 1983 年 2 月正式加入 SWIFT，成为该协会的会员，1984 年开始使用 SWIFT 办理国际业务，1985 年中国银行总行建立 SWIFT 中国地区处理站。现在我国银行在信用证结算中绝大多数都使用 SWIFT 信用证。

SWIFT 信用证的特点有：采用会员制度，格式标准化，安全性高，解释统一，费用较低，系统服务范围广，处理业务快捷，自动化。

SWIFT 由项目（Field）组成。例如，59 BENEFICIARY（受益人）就是一个项目，59 是项目的代号，可以用两位数字表示，也可以用两位数字加上字母来表示，如 51a APPLICANT（申请人）。不同的代号表示不同的含义。项目还规定了一定的格式，各种 SWIFT 电文都必须按照这种格式表示。

在 SWIFT 电文中，一些项目是必选项目（Mandatory Field），表 7-3 中以"M"代替；一些项目是可选项目（Optional Field），表 7-3 中以"O"代替。必选项目是必须具备的，如 31D date and place of expiry（信用证有效期）。可选项目是另外增加的项目，并不一定每个信用证都有，如 39B maximum credit amount（信用证最大限制金额）。

目前开立 SWIFT 信用证的格式代码为 MT700 和 MT701，修改已经开出的 SWIFT 信用证的格式代码为 MT707，见表 7-3。

表 7-3　SWIFT 开证格式的常见项目

M / O	代码	域名	说明
	From		开证银行
	To		通知银行
M	27	sequence of total	表明来证共几页，此页是第几页
M	40A	form of doc. credit	表明信用证的性质（如"不可撤销""保兑"等）
M	20	doc. credit number	表示信用证号码
O	31C	date of issue	开证日期，六位数，日期表达顺序是年、月、日
M	31D	date and place of expiry	信用证到期日期与到期地点
M	50	applicant	开证申请人
O	51A	issuing bank	开证银行
M	59	beneficiary	受益人
M	32B	currency code and amount	信用证的金额与币制，金额小数点可以用逗号
O	39A	percentage credit amount tolerance	信用证总金额允许上下浮动的比例
M	41A	available with … by …	表明兑付方式，即议付、承兑、即期付款、延期付款
O	42C	drafts at	汇票期限
O	42P	payment detail	付款信用证或延期付款信用证的付款要求（如果有此项，便没有 42D / A）
O	42A	drawee / accepter	汇票付款人或承兑人
O	43P	partial shipment	运输能否分批，用 Allowed 或 Prohibited 表示
O	43T	transshipment	运输能否转运，用 Allowed 或 Prohibited 表示
O	44A	place of taking in charge / of receipt	（非海运或非空运的）接管地 / 接收地

（续）

M / O	代码	域名	说明
O	44B	place of final destination / of delivery	（非海运或非空运的）最终目的地 / 交货地
O	44E	port of loading / airport departure	（海运或空运的）装运港 / 始发港
O	44F	port of discharge / airport of destination	（海运或空运的）卸货港 / 目的港
O	44C	latest date of shipment	最迟装运日（如无明示，即与有效期同一天，被称为"双到期"信用证）
O	45A	description of goods	出口货物的描述
O	46A	documents required	来证要求的单据及对单据制作的要求
O	47A	additional condition	附加条款（有些是"非单据化"条件，有些则必须要显示在相关单据上）
O	48	period of presentation	交单期限（如无明示，为装运后 21 天）
M	49	confirmation instruction	表明来证有无被开证行要求加具保兑
O	53A	reimbursing bank	表明来证有无偿付行
O	57	advised through	通知银行
O	71	details of charge	受益人承担的银行费用（若缺省该域，则表明除议付费、转让费外的一切银行费用由申请人承担）
O	72	sender to receive information	给议付行的指示（通常是寄单地址与寄单方式）
O	78	instruction	给付款行、议付行、承兑行的指示

SWIFT 信用证参见实例 7-2。

实例 7-2　SWIFT 信用证

ZCZC BCC617 CPUA523 SO201152103160RN921882185

P3 CCBOC

　.ICUA

TO:2102 19BKCHCNBJA84092188

FM:1552 16AIBKIE2DAXXX97778

　　AIBKIE2DXXX

　　+AIB BANK

　　+DUBLIN

MT:700 02

27：SEQUENCE OF TOTAL：1/1

40A：FORM OF DOC.CREDIT：IRREVOCABLE

20：DOC.CREDIT NUMBER：L / C67247

31C：DATE OF ISSUE：090115

31D：EXPIRY DATE：090330

PLACE：CHINA

51：APPLICANT BANK：AIBKIE2D

SX51：AIBKIE2DXXX

+AIB BANK

+DUBLIN

50：APPLICANT：BLACKTORN SHOES LTD. ，COES ROAD, DUNDALK, CO. LOUTH, REPUBLIC OF IRELAND

59：BENEFICIARY：LILIN TRADING CO., LTD.

18 CHANGJIANG ROAD, CHANGCHUN, CHINA.

32B：AMOUNT& CURRENCY：USD AMOUNT：144 000.

41：AVAILABLE WITH / BY：ANY BANK

BY NEGOTIATION

42C：DRAFTS AT…：SIGHT

42：DRAWEE：AIBKIE2D

SX42：AIBKIE2DXXX

+AIB BANK

+DUBLIN

43P：PARTIAL SHIPMENTS：ALLOWED

43T：TRANSSHIPMENT：ALLOWED

44A：LOADING IN CHARGE：CHANGCHUN，CHINA

44B：FOR TRANSPORT TO…：DUBLIN

45A：SHIPMENT OF GOODS：

9600 PAIRS OF MEN'S WORKING BOOTS

CIF DUBLIN

46A：DOCUMENTS REQUIRED：

SIGNED INVOICES IN TRIPLICATE.

FULL SET OF COMBINED TRANSPORT BILL OF LADING CONSIGNED TO ORDER. BLANK ENDORSED, MARKED FREIGHT PREPAID AND NOTIFY APPLICANT.

CHINESE INSURANCE POLICY / CERTIFICATE BLANK ENDORSED FOR THE FULL INVOICE VALUE PLUS 10 PERCENT COVERING ALL RISKS AND WAR RISKS AS PER OCEAN MARINE CARGO CLAUSES AND WAR RISKS（1.1.1981.）OF THE PEOPLE'S INSURANCE CO. OF CHINA.

CERTIFICATE OF CHINESE ORIGIN, ISSUED BY COMPETENT AUTHORITY.

PACKING LIST.

47A：ADDITIONAL COND.：

71B：DETAILS OF CHARGES：

ALL CHARGES OUTSIDE IRELAND FOR ACCOUNT OF BENEFICIARY

48：PRESENTATION PERIOD：

15 DAYS FROM DATE OF ISSUANCE OF TRANSPORT DOCUMENT.

49：CONFIRMATION：WITHOUT

78：INSTRUCTIONS：

DISCREPANT DOCUMENTS.IF ACCEPTABLE WILL BE SUBJECT TO A DISCREPANCY HANDLING FEE OF IEP20.00 OR EQUIVALENT WHICH WILL BE FOR ACCOUNT OF BENEFICIARY.

57：ADVISE THROUGH：BANK OF CHINA，JILIN BRANCH.

　　10B XIN MIN DAJIE，CHAOYANG QU.

　　YINMAO BUILDING，1-6 LOV，CHANGCHUN.

130021 JILIN PROVINCE，CHINA.

72：BANK TO BANK INFO.：THIS CREDIT IS ISSUED SUBJECT TO

　　　　　　　　　　　THE U.C.P. FOR DOCUMENTARY CREDIT.

　　　　　　　　　　　2007 REVISION I.C.C. PUBLICATIONS NO.600.

　　　　　　　　　　　-MAC / 4F7DA034

　　　　　　　　　　　DLM

　　　　　　　　　　　SAC

=04192107

NNNN

▌思考

　　资料：上述 SWIFT 信用证实例，是我国出口商 LILIN TRADING CO., LTD. 和爱尔兰进口商 BLACKTORN SHOES LTD. 就商品 MEN'S WORKING BOOTS（男式工作靴）的一笔交易，只要出口商提交了开证行 AIB BANK 所需的单据，开证行就保证付款。故电方中的"46A"是关键。

　　请问："46A"到底对单据有什么样的要求？

7.4　银行保函和备用信用证

　　在国际贸易中，当一方担心另一方不履行合同义务，往往要求对方通过银行开具银行保函或备用信用证。银行保函和备用信用证都建立在银行信用之上，通常适用于期限较长、金额较大、交易条件比较复杂的项目，而且不仅适用于货物买卖，也适用于承包工程项目、融资等一切有关国际经济交往的业务中。

7.4.1　银行保函

　　银行保函（Banker's Letter of Guarantee，L/G）又称银行保证书，是指银行根据申请人的请求，向受益人开立的担保申请人正常履行合同义务的书面保证文件。如申请人未向受益人履行某项义务，由担保银行承担保证书中所规定的付款责任。

1. 银行保函的当事人

银行保函有三个基本当事人：申请人、担保行和受益人。

（1）申请人（Applicant）。申请人又称委托人（Principal）、被保证人，是要求银行开立保函的一方。

（2）担保行（Guarantor Bank）。担保行是根据申请人的请求，开立保函的银行。

（3）受益人（Beneficiary）。受益人是接受保函，并且当申请人未履行合同义务时有权向担保行提出索赔的一方。

除以上三个基本当事人之外，银行保函还有可能涉及转递行、保兑行和转开行等其他当事人。

2. 银行保函的种类

银行保函根据不同用途，可分为许多种类，但概括起来，主要有投标保函和履约保函两种。

（1）投标保函（Tender L/G）。投标保函是在工程项目进行招标时，担保银行应投标人（申请人）的请求，向招标人（受益人）出具的保函，保证投标人在开标前不中途撤销投标或片面修改投标条件，中标后按时与招标人签订合同并提交履约保函或交付履约保证金。否则，担保银行负责赔偿招标人一定金额的损失。投标保函的金额一般为投标报价的 1% ～ 5%。

（2）履约保函（Performance L/G）。履约保函是银行应申请人的请求，向受益人开立的保证申请人履行某项合同项下义务的书面保证文件。在保函有效期内，如发生申请人违反合同的情况，银行将根据受益人的要求向受益人赔偿保函规定的金额。履约保函的适用范围很广泛，不仅用于一般的进出口贸易，而且用于工程项目建设、国际租赁、技术贸易、对外加工贸易和补偿贸易等。履约保函的担保金额一般为合同金额的 5% ～ 10%。

在进出口贸易中，履约保函又分为进口保函和出口保函两种。

1）进口保函（Import L/G）是银行应进口商的申请，开给出口商的信用文件，保证出口商按交易合同交货后进口商一定如期付款，否则由担保行负责偿付一定金额的款项。

2）出口保函（Export L/G）是银行应出口商的申请，开给进口商的保证文件，保证出口商按约履行交货义务，如出口商未能交货，担保行负责赔偿进口商一定金额。这种银行保函又可称作还款保函。

3. 银行保函与跟单信用证的区别

（1）跟单信用证主要用于贸易货款的结算；银行保函既可用作货款结算工具，又可用于其他各种信用担保。

（2）跟单信用证的支付在正常情况下是必然发生的；银行保函的支付具有或然性。

（3）跟单信用证一概独立于贸易合同；银行保函却往往会被扯进交易各方的合同中。

（4）跟单信用证的开证行负有第一性付款责任；银行保函担保行的付款责任却是第二性的，只有在委托人不付款或不履行合同义务时，受益人才可凭保证书向保证银行要求付款。

（5）跟单信用证的交单地点可以是议付行、代付行或保兑行所在地，有多种款项的支付方式，并可作为融资工具使用；银行保函只能向担保行索偿或索赔，其到期地点只能是担保行所在地。

关于银行保函，国际商会曾于 1978 年 6 月颁布了《合同保函统一规则》（Uniform Rules for Contract Guarantee，简称 URCG 325）。鉴于见索即偿保证书的使用日益增多，国际商会于 1992 年 4 月专门制定并颁布了《见索即偿保函统一规则》（Uniform Rules for Demand Guarantees，简称 URDG 458）（现行版本为 2009 年通过的 URDG 758）。有的国家的法律为了不让银行介入商业纠纷，禁止银行开立保函。例如，美国政府只允许担保公司开立保证书，日本政府也不允许本国银行开立保证书。于是，备用信用证应运而生，并逐渐在世界范围内得到推广。

7.4.2　备用信用证

备用信用证（Standby L/C）起源于美国，因美国法律不允许银行开立保函，故银行采用备用信用证来代替保函，后来其逐渐发展成为国际性合同提供履约担保的信用工具。其用途十分广泛，如国际承包工程的投标、国际租赁、预付货款、赊销业务及国际融资等业务。

备用信用证是开证行对受益人承担某项责任的凭证。在此凭证中，开证行承诺偿还开证申请人的借款、预收款或其他负债，或在开证申请人未履约时向受益人支付一定金额的款项。

1．备用信用证的相关惯例

备用信用证是一种特殊形式的信用证，是开证银行对受益人承担一项义务的凭证。开证行保证在开证申请人未能履行其应履行的义务时，受益人只要凭备用信用证的规定向开证行开具汇票，并随附开证申请人未履行义务的声明或证明文件，即可得到开证行的偿付。自 1983 年起，备用信用证的使用一直遵循《跟单信用证统一惯例》（UCP 400），之后，2007 年的修订本，即《UCP 600》又再次明确指出："跟单信用证统一惯例，2007 修订本，国际商会第 600 号出版物，适用于所有在正文中标明按本惯例办理的跟单信用证（包括本惯例适用范围内的备用信用证）。"根据不同基础交易的需要，备用信用证的当事人也可选择适用《见索即偿保函统一规则》（URDG 758）。国际商会于 1998 年 4 月又颁布了《国际备用信用证惯例》（International Standby Practice 1998，简称 ISP98），于 1999 年 1 月生效，为备用信用证的使用提供了单独规则。

2．备用信用证与跟单信用证的区别

（1）一般跟单信用证仅在受益人提交有关单据证明其已履行基础交易义务时，开证行才支付信用证项下的款项；备用信用证则是在受益人提供单据证明债务人未履行基础交易的义务时，开证行才支付信用证项下的款项。

（2）一般跟单信用证开证行愿意按信用证的规定向受益人开出汇票及单据付款，因为这表明买卖双方的基础交易关系正常进行；备用信用证的开证行则不希望按信用证的规定向受益人开出汇票及单据付款，因为这表明买卖双方的交易出现了问题。

（3）一般跟单信用证总是货物的进口方为开证申请人，出口方为受益人；而备用信用证的开证申请人与受益人既可以是进口方，也可以是出口方。

3. 备用信用证与银行保函的比较

备用信用证与银行保函的相同点如下：

（1）当事人相同，都包括申请人、担保人和受益人。

（2）两者都是银行根据委托人的请求向受益人做出书面付款保证承诺，保证只要委托人未能按合同履行义务，担保行或开证行将凭受益人提交的规定的单据或其他文件给予赔付，即两者都是以银行信用来弥补商业信用的不足。

（3）两者都以基础合同为开立依据，但一经开出，均独立于基础交易合同，即使其中引用了基础合同的有关内容，也不受基础合同条款的约束。

（4）银行所处理的不是货物，而是单据，但对单据的真伪，转递过程中的遗失或延误，以及受益人与委托人之间关于基础交易合同的纠纷等概不负责。只要受益人提交了符合银行保函或备用信用证规定的索赔单据或文件，银行就必须履行赔付义务。

备用信用证与银行保函的不同点见表7-4。

表7-4 备用信用证与银行保函的不同点

内容	备用信用证	银行保函
适用惯例	ISP 98、UCP 600、URDG 458	URDG 458
单据要求	要求受益人提交汇票及表明申请人未能履约的书面证明	不要求受益人提交汇票，担保行仅凭书面索偿以及证明申请人违约的声明付款
付款依据	完全依据信用证规定要求的文件，而不管合同执行情况，开证行只对备用信用证本身负责，信用证与单据相联系	依据有关合同或某项承诺没有履行的情况付款，容易被牵扯到商务合同及贸易双方的争议之中，保函与履约相联系
担保性质付款责任	独立性的担保，开证行是主债务人，即使作为其基础的合同无效，开证行仍要承担付款义务	担保行是从债务人，即使规定担保行是主债务人，也无法改变保函的从属地位
到期地点	可以在开证行所在地、受益人所在地或其他地点	在担保行所在地

？思考

资料：买卖合同规定买方开立以卖方为受益人的全额不可撤销信用证，但以卖方先期提供一份金额为价款10%的备用信用证。卖方按合同要求按时开出备用信用证，但买方未能如约开立令卖方满意的信用证，卖方因而拒交货物。买方根据备用信用证向开证银行要求付款。卖方以不交货是由于未收到满意的信用证为由要求银行拒绝付款，并上诉法院要求颁布不准开证行付款的禁令。

请问：你认为开证行与法院法官应如何处理？请陈述理由。

7.5 不同结算方式的结合使用

在国际贸易中，选择结算方式的一般心理是：当对方违约的风险几乎为零时，首选赊销或预付货款，其次是托收，再次是信用证，最后是备用信用证或银行保函；当存在违约风险时，双方首选信用证，预付货款、赊销、托收为次优选择。

在竞争日趋激烈的国际贸易博弈中，出口企业应灵活运用、恰当使用各种结算方式，以及结合使用各种付款方式，以降低收汇风险。企业可采取由保理商代办的结算方式，这种方式就是"企业管出货，保理商管收款"，使出口方可以大胆放心地使用极具竞争力的 D / A、O / A 等商业信用付款方式出口货物，有效控制结算风险。

出口信用保险（Export Credit Insurance）是国家为促进出口而发展实施的一项非营利性的、政策性的保险业务，为出口企业承保商业信用付款方式下所能产生的几乎一切收汇风险，涵盖范围大，实际承担的费用也较低，有助于企业采取灵活多样的贸易方式，增强企业的竞争力，扩大产品出口；而且，还可以帮助企业融通资金，解决资金困难，促进企业走上良性发展的道路。国际保理和出口信用保险为出口企业的安全收汇提供了一道保护屏障。

在国际贸易中，通常一笔交易的货款结算使用一种结算方式，也可根据业务需要，结合使用多种结算方式。不同结算方式的结合使用主要有以下几种：

7.5.1　信用证与汇付相结合

信用证和汇付相结合是指部分货款在货物装运后即采用信用证支付，另一部分货款在货物运抵目的地并经过商品检验确定其品质或数量后，余额采用汇付方式支付。这种方式多用于交货数量不易控制的初级产品贸易。对于特定商品或特定交易需进口商预付定金的，也可将预付定金部分以汇付方式支付，其余货款以信用证结算。

> **例 1**　　买方应通过为卖方所接受的银行，于装运月份前 15 天开立并送达不可撤销即期信用证，规定 90% 的发票金额采用即期信用证支付，其余 10% 采用电汇支付。
>
> The buyer shall open through a bank acceptable to the seller an irrevocable letter of credit to reach the seller 15 days before the month of shipment, stipulating that 90% of the invoice value available against sight L / C while the remaining 10% on T / T.

7.5.2　信用证与托收相结合

信用证与托收相结合是指一笔交易的部分货款以信用证支付，余额用托收结算。实际做法是，出口商签发两张汇票，凭光票支取信用证款项，凭跟单汇票采用 D / P 方式支取余款，即信用证采用光票信用证的方式，跟单托收必须是付款交单方式。这种做法对进口商来说，可减少开证金额，少付押金，减轻了资金周转的压力；对出口商来说，有部分信用证付款的保证。因此，出口商安全收汇较有保障。但在合同中应列明信用证的到达期限，并在信用证中明确规定必须于全数付清发票金额后方可交单的条款。

> **例 2**　50% 发票金额凭即期光票支付，其余 50% 即期付款交单。100% 发票金额的全套货运单据随附于托收项下，于申请人付清发票的全部金额后交单。若进口商不付清全部金额，货运单据由开证银行（或付款银行）掌握，凭出口商指示处理。
>
> 50% of the invoice is available against clean draft at sight while the remaining 50% of documents be held against payment at sight under this credit. The full set of the shipping

documents of 100% invoice value shall accompany the collection item and shall only be released after full payment of the invoice value.If the importer fails to pay full invoice value, the shipping documents shall be held by the issuing bank (or paying bank) at the exporter's disposal.

7.5.3　跟单托收与汇付相结合

　　跟单托收与汇付相结合的方式，在进口商以电汇预付部分货款或一定比率的押金为保证的前提下，采用跟单托收的方式结算货款；出口商收到预付款或押金后发运货物，并从货款中扣除预付押金，其余金额通过银行托收。如托收金额被拒付，出口商可将货物运回，并以预收押金抵偿运费、利息及其他损失。

↘ 例 3　装运货物以电汇向卖方提交预付款 30% 为前提，其余部分采用托收凭即期付款交单。

　　Shipment to be made subject to an advance payment or down payment amounting 30% to be remitted in favour of seller by T / T and the remaining part on collection basis,documents will be released against payment at sight.

7.5.4　备用信用证与跟单托收相结合

　　采用备用信用证与跟单托收相结合的方式，主要是为了在跟单托收项下的货款遭到进口商拒付时，可凭备用信用证利用开证行的保证追回货款，即在备用信用证项下，由卖方开立汇票与签发进口商拒付的声明书要求开证行进行偿付。值得注意的是，为便于在被拒付后能有充裕的时间办理向银行追偿手续，备用信用证的到期日必须为晚于托收付款期限的一段适当时间。

↘ 例 4　远期付款交单，并以卖方为受益人的总金额为 100% 的备用信用证担保。备用信用证应载有责任条款：如 ×× 号合同项下跟单托收的汇票付款人未能在预定日期付款，受益人有权在本信用证项下凭汇票连同一份列明 ×× 号合同项下的款项被拒付的声明书支付。

　　Payment available by D/P after sight with a standby L/C in favour of seller for the amount of 100% as undertaking. The standby L/C should bear the clause: In case the drawee of the documentary collection under S/C NO. … fails to honour the payment upon due date，the beneficiary has the right to draw under this L/C by their draft with a statement stating the payment on S/C NO. … was not honoured.

思考

　　资料：我国出口商出售一批货物给外国进口商，合同规定的支付方式是 50% 货款凭不可撤销信用证见票后 30 天付款，其余 50% 的付款条件为即期付款交单。我国出口商委托当地银行（托收行）转托进口国 A 银行凭单据向进口商收取货款，同时，凭进口商通过 A 银行开立的以我国出口商为受益人的见票后 30 天付款的信用证开出了 50% 价款的汇票。其后，A 银行根据按即期 D / P 支付的 50% 货款将全部货运单据交给了进口商，并将代收的 50% 货款拨付给了托收行；与此同时，对我国出口商开立的汇票做了承兑。嗣后不久，A 银行宣布破产，已承兑的汇票在到期向其提示时也遭到退票。我国出口商遂以货物已被进口商全部收取为由，向进口商追偿尚余的原信用证项下 50% 的货款。进口商借口开证押金收不回来而拒不偿还。为此，我国出口商诉诸法院。

请问：你认为此案应如何判决？在这笔交易中，我国出口商应从中吸取什么教训？

（提示：参阅本小节的"信用证与托收相结合"内容。）

7.6　进出口贸易融资

在实际业务中，结算和融资相互关联、不可分割，一些结算方式本身就是融资，如保理。

7.6.1　出口贸易融资

对出口商来说，并不是任何时候都能有足够的资金来经营其出口业务，特别是在货物数量多、金额大的情况下，这时就需要某种形式的资金融通。出口商可以取得的融资方式主要有进口商对出口商的定金或预付款，银行或其他金融机构对出口商的信贷，如国际保理、出口押汇、福费廷业务、打包贷款和预支信用证等。

1．国际保理

（1）国际保理的含义。国际保理（International Factoring）是指在国际贸易中以赊销和承兑交单为付款条件的情况下，出口保理商向出口商提供包括对进口商资信调查、坏账担保、货款催收、销售分类账管理及贸易融资等方面的综合性金融服务。简而言之，保理业务提供的是一种集结算、风险担保、财务管理和融资为一体的综合性金融服务。

（2）国际保理融资的特点。

1）这种贸易融资是基于对出口商转让的合格的应收账款，并随着销售量的扩大而增加，这样就使得出口商可以得到比利用传统银行融资方法更多的资金。

2）由于出口商可以在出货后立即从保理商处获得无追索权的预付款项，从而改善了公司资产负债结构，提高了公司的信用等级。

3）融资方式手续简单易行，既不需要办理复杂的审批手续，也不像抵押贷款那样需要办理抵押品移交和过户手续。

2．出口押汇

出口押汇（Export Bill Purchase）是国际上商业银行的传统业务。信用证和托收项下的单据都可申请叙做出口押汇，出口商必须事先填写申请书（明确受益人与押汇银行权利和责任的合同）。出口商发运货物后，银行以其开出的票据及有关单据，作为抵押向出口商发放贷款；或者对该单据进行议付，直接买单，给予出口商资金支持。出口商凭与信用证或托收合同要求相符、收汇有保障的单据向银行申请短期融资，能在收妥外汇之前提前从银行得到垫款，加速资金周转。贴现则是银行对未到期的远期汇票有追索权地买入，为客户提供短期融资。即期收汇，可申请出口押汇；远期收汇，则在国外银行承兑后可申请出口贴现。

（1）出口押汇的特点

1）押汇金额最高为汇票金额的 90%。

2）押汇/贴现属短期垫款，押汇期限不超过 180 天，贴现不超过 360 天。远期汇票承兑后押汇的期限为押汇起息日起至承兑付款日。

3）押汇/贴现一般采用预扣利息方式，即押汇金额减去押汇利息后，将剩余款项给予客户，利息按融资金额 × 融资年利率 × 押汇天数 /360 计算；如果议付款收回，归还押汇金额还有余额时，银行将余额转入企业账户；如果银行实际收到议付款的时间长于押汇的时间，银行将会向企业追收这段时间的利息。

即期信用证的押汇利息 =（押汇金额 × 押汇利率 × 押汇天数）/360

远期信用证押汇利息 =（押汇金额 × 押汇利率 × 押汇天数）×（承兑付款日 – 押汇起息日）/360

4）押汇/贴现是银行保留追索权的垫款，一旦无法从国外收汇，客户应及时另筹资金归还垫款。

（2）出口押汇的条件。银行一般只对符合以下条件的信用证或托收业务叙做押汇：

1）开证行资信良好或进口商资信良好。

2）单据与信用证相符或单据与托收合同相符。

3）远期汇票已经由开证行承兑。

4）由本行执行议付、付款或承兑的信用证，或委托本行托收。

5）开证行或进口商不在外汇短缺或有严重政治、经济危机的国家和地区。

（3）出口押汇的利率及收息货币。目前，对美元、英镑、日元等几种货币参照伦敦银行同业拆放利率（LIBOR）计息；港元则以香港银行同业拆放利率（HIBOR）计息；其他货币均采用设定的固定利率来计息。考虑到出口单位完成收汇指标的具体情况，目前银行对即期信用证项下的押汇，不是在付款时直接以外币扣除汇息，而是将全数外汇付给受益人，再向其收取人民币押汇利息。

（4）出口押汇与国际保理的比较。出口押汇与国际保理一样，在进口商支付货款前，出口商就可以提前得到偿付，而且它们都属于短期融资，但是，它们在适用的支付方式、融资期限、有无追索权等方面有所不同，具体见表 7-5。

表 7-5　出口押汇与国际保理的比较

融资方式	适用支付方式	融资期限	有无追索权	备注
出口押汇	信用证和托收	一般不超过 6 个月	有追索权	信用证下可融资一部分汇票金额，如 50%、70% 或 80% 等
国际保理	赊销或承兑交单	一般不超过 1 年	无追索权	一般可以融资不超过 80% 的发票金额

3. 福费廷业务

福费廷（Forfaiting）业务是一种为出口商贴现已经承兑的、通常由进口方的银行担保的远期票据的金融服务。它通过以无追索权的方式买断出口商的远期债权，使出口商不仅获得出口融资，而且消除了出口商远期收汇风险及汇率和利率等风险。这种方式也称为包买票据业务，融资商通常被称为包买商（Forfaitor）。

（1）福费廷业务的特点

1）远期票据大多为资本性物资的交易，福费廷业务主要提供中长期贸易融资。

2）出口商必须放弃对所出售债权凭证的一切权益，在背书转让的票据上加注"无追索权"（without Recourse）字样，将收取债款的权利、风险和责任转嫁给包买商；而银行作为包买商，也必须放弃对出口商的追索权。

3）福费廷业务的融资期限跨度很大，从 1 个月至 10 年不等。

4）传统的福费廷业务属批发性融资工具，融资金额从 10 万美元至 2 亿美元不等。

5）包买商为出口商承做的福费廷业务，大多需要进口商的银行做担保。可融资币种为主要交易货币。

6）出口商支付承担费（Commitment Fee）。在承担期内，包买商因为对该项交易承担了融资责任而相应限制了他承做其他交易的能力，并且承担了利率和汇价风险，所以要收取一定的费用。

（2）福费廷业务的主要票据

1）出口商出具的并已经被进口商银行承兑的汇票。

2）由进口商往来银行开出的远期信用证项下已承兑的汇票。

3）进口商出具的以出口商为收款人的本票。

4）包买商可接受的第三者加注了保付签字（Per Aval）的汇票和本票。

（3）福费廷业务与国际保理的比较。福费廷业务与国际保理都是近年来发展较快的固定利率融资业务，都属于无追索权的贸易融资。然而，它们之间在融资期限、适用领域、适用支付方式、融资金额及融资风险方面有所不同，见表 7-6。

表 7-6　福费廷业务与国际保理的比较

融资方式	融资期限	适用领域	适用支付方式	融资金额	融资风险
福费廷业务	6 个月以上、10 年以下的中长期融资	大多用于资本性货物交易	信用证或银行担保	可按票面金额获得融资	不用承担任何风险
国际保理	通常仅提供 180 天以内的短期贸易融资	大多用于消费性货物交易	托收或赊销等非信用证支付方式	出口商最多只能得到发票金额 80% 的融资	要承担有关汇价和迟付方面的残留风险

4. 打包贷款

打包贷款（Packing Loan）也称打包放款，是出口地银行为了鼓励出口而向出口商提供的一种短期融资。因为最初这种贷款是面向受益人提供包装货物的费用，所以称作打包放款。出口商凭国外开来的信用证正本作为抵押向银行借入资金，用于购买、包装、出运信用证项下规定的货物。

（1）打包贷款的要求

1）受益人与放款银行签订打包放款合同，以明确借贷双方的责任，并在银行设专门往来账户。

2）申请打包放款做抵押的信用证必须是贷款银行可以凭以议付、付款或承兑的，因为贷款行通常在向受益人议付或付款时，以扣除放款本息的方式收回贷款。

3）受益人出货后必须向贷款行交单议付。

（2）打包贷款的特点

1）专款专用，仅用于为执行信用证而进行的购货。

2）贷款金额一般是信用证金额折合人民币的 60%～80%，期限一般不超过 4 个月。

3）信用证正本留存于贷款银行，以确保在贷款银行交单。

4）正常情况下，以信用证项下的收汇作为第一还款来源。

（3）打包贷款与国际保理的比较。打包贷款和国际保理都是短期融资方式。前者是一种相对传统而成熟的业务，后者是近几年兴起的业务，它们适用的支付方式不同，在追索权上也不同，见表 7-7。

表 7-7　打包贷款与国际保理的比较

融资方式	适用支付方式	融资期限	有无追索权	备注
打包贷款	信用证	一般不超过 6 个月	有	比较传统的业务
国际保理	赊销或承兑交单	一般不超过 1 年	无	比较新

5．预支信用证

预支信用证（Anticipatory L/C）是开证行授权出口地银行对出口商提供的一种短期融资。开证行在信用证中列入特别条款，授权代付行（通常是通知行）或其他指定银行在交单前预先垫款给受益人，开证行保证偿付。预支信用证的开证人付款在先，受益人交单在后。预支信用证的代付行仅凭出口人的一张光票或一份负责补交信用证规定单据的声明书付款。如出口人出货后不交单，开证行和代付行并不承担责任。当货运单据交到银行后，代付行在给付剩余货款时，将扣除预支货款的利息。

7.6.2　进口贸易融资

进口商可以利用出口商提供的信贷，也可以利用银行提供的信贷。前者如赊销、承兑交单，后者如开证行授信额度、进口押汇、假远期信用证和买方信贷等。

1．开证授信额度

开证授信额度（Limits for Issuing of Credit）是开证行为进口商在开立信用证方面提供的一种信用支持。开证授信额度为余额管理，只要信用证金额在此余额范围内，进口商就不必向开证行交纳保证金，也无须提供担保或其他抵押品。

（1）开证授信额度的作用。对进口商而言，由于在开证授信额度内免去了保证金，因此缓解了资金压力，促进了资金周转，事实上是对进口商的一种短期信用融资。而对开证行而言，其融资风险集中在对进口商的资信审查和财务状况评估上。因此，资信好、偿付能力强的进口商可以获得大额的授信额度。

（2）开证授信额度的特点。进口开证授信额度可分为普通开证额度、对开信用证额度和一次性开证额度。

1）普通开证额度：可循环使用。

2）对开信用证额度：专门用于根据出口来证由银行开立信用证的额度。

3）一次性开证额度：对于未取得银行普通开证额度的客户、非银行信贷客户办理单笔开证业务，或对于已在银行取得普通开证额度的客户、银行信贷客户办理某一特殊或大额开证业务而设立的开证额度。一次性开证额度由银行核准后一次有效，不能循环使用。

2. 进口押汇

进口押汇（Import Bill Advance）分为进口信用证押汇和进口托收押汇。

（1）进口信用证押汇。进口信用证押汇是开证行对作为开证申请人的进口商所提供的一种资金融通，是对进口信用证项下跟单汇票所做的一种短期放款。开证行收到单据审单相符后先行付款，进口商凭信托收据取得单据提货并将货物销售后，再偿还银行先行垫付的进口款本息。进口信用证押汇实质上是一种抵押贷款，开证行以信托收据做抵押品。这种贷款只有在银行对进口商充分信任时才能使用。

押汇银行不仅能收取开证手续费，还能赚取放款利差；进口商能以银行信用和银行资金完成商品的进口贸易和国内销售。信用证押汇具有以下特点：

1）专款专用，仅用于履行押汇信用证项下的对外付款。

2）进口押汇是短期融资，期限一般不超过 90 天。

3）进口押汇利率按银行当期流动资金贷款利率计收。

4）押汇百分比、押汇期限等由银行按实际情况决定。

5）进口押汇须逐笔申请、逐笔使用。

（2）进口托收押汇。进口托收押汇是代收行向进口商提供的资金融通，使进口商能够在信托收据项下取得单证，凭以提货、报关、存仓和销售。在进口贸易中，出口商为促成交易，经常采用对进口商有利的结算方式作为竞争手段，如 D／P、D／A，进口商付款或承兑后向代收行交单。如进口商需要短期融资，则由代收行代进口商垫付资金赎单。

3. 假远期信用证

假远期信用证（Usance Credit Payable at Sight）是一种以为进口商提供融资为目的的信用证，是进口商通过兑现其所持有的银行远期承兑汇票而实现的融资。进出口双方以即期结算方式签订贸易合同，但进口商要求出口商开出一张以某指定银行为付款人的远期汇票，如"见票后××天付款"；同时在信用证中明确规定，出口商凭该远期汇票可以即期收到货款，而付款银行的贴现及承兑费则由进口商承担。

4. 买方信贷

买方信贷（Buyer's Credit）与卖方信贷有相似点，都是国家为提高企业的国际竞争力而提供的一种优惠措施，从贸易商角度看，都是一种融资方式。

（1）买方信贷的定义。买方信贷是出口国银行直接向进口商或进口地银行提供的贷款，用于向出口商支付货款。

（2）买方信贷的特点

1）帮助资本货物和相关服务的出口。

2）常用于设备融资。

3）贷款金额最高达合同金额的 85%，但往往需要得到有关当局的批准。

4）贷款的偿还以半年为一个还本期，起始的时间由各自的货币当局决定，或在供货合同中列明。

5）融资期限依合同的具体情况而定，正常情况为 5 ～ 10 年。

6）贷款的有关费用由借款人支付。

7）利率固定在一个统一的水平上。

（3）买方信贷的流程

1）出口商签订合同后，进口商应先付合同价款的 15% 作为定金，余款交货后支付。

2）进口商和出口地银行以进出口商双方的贸易合同为基础，签订贷款协议。出口地银行根据协议发放贷款给进口商。

3）进口商利用出口地银行提供的贷款，向出口商直接支付货款。

4）进口商按照贷款协议，分期偿付出口地银行借款的本息。

（4）买方信贷与卖方信贷的区别。两者的区别在于贷款对象不同，卖方信贷是向本国的出口商直接贷款，而买方信贷是向购买本国商品的他国进口商提供贷款，如图 7-12 所示。

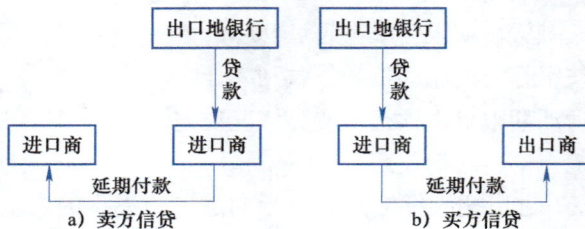

图 7-12　买方信贷与卖方信贷比较

> **思考**
>
> 　　**资料**：天津某出口公司出售一批货物给香港 J 商，价格条件为 CIF 香港，付款条件为 D / P 见票后 60 天付款，天津公司同意 J 商指定香港汇丰银行为代收行。天津公司在规定的装船期内将货发出，取得清洁提单，出具汇票，连同全套单据委托中国银行通过汇丰银行向 J 商收取货款。5 天后，货物抵达香港，因当时该商品行市不错，J 商凭信托收据向汇丰银行借取提单，提取货物，并将部分货物售出。不料，因到货过于集中，价格迅速下跌，J 商以缺少保险单为由，在汇票到期时拒付货款。
>
> 　　**请问**：你认为天津公司应如何处理此事？说明理由。

7.7　买卖合同中的支付条款

"支付条款"（Terms of Payment）直接关系到双方的切身利益，它是买卖合同的主要交易条款。不同的结算方式，双方承担的风险、涉及的信用有着明显的区别，因此需要慎重对待。支付条款主要包括付款时间、地点、金额、方法、条件等。下面列举不同的支付条款示例。

7.7.1　汇付支付条款示例

⤵ 例 5　买方应不晚于 2020 年 5 月 5 日将全部货款用电汇（信汇或票汇）方式预付给卖方。

The Buyers shall pay the total value to the Sellers in advance by T / T(M / T or D / D) not later than May 5th, 2020.

⤵ 例 6　买方同意自本合同签字之日起，1 个月内将本合同总金额 30% 的预付款，以电汇方式交卖方。

30% of the total contract value as advance payment shall be remitted by Buyer to the Seller through telegraphic transfer within one month after signing this contract.

7.7.2　托收支付条款示例

⤵ 例 7　即期付款交单

买方应凭卖方开具的即期跟单汇票于见票时立即付款，付款后交单。

Upon first presentation the buyers shall pay against documentary draft drawn by the Sellers at sight. The shipping documents are to be delivered against payment only.

⤵ 例 8　远期付款交单（见票后 ×× 天）

买方对卖方开具的见票后 ×× 天付款的跟单汇票，于提示时应即予承兑，并于汇票到期日即予付款，付款后交单。

The Buyers shall duly accept the documentary draft drawn by the Sellers at … days sight upon first presentation and make payment on its maturity. The shipping documents are to be delivered against payment only.

⤵ 例 9　承兑交单

买方对卖方开具的见票后 ×× 天付款的跟单汇票，于提示时应立即承兑，并于汇票到期日付款，承兑后交单。

The Buyers shall duly accept the documentary draft drawn by the Sellers at …days sight upon first presentation and make payment on its maturity. The shipping documents are to be delivered against acceptance.

7.7.3　信用证支付条款示例

⤵ 例 10　即期信用证支付条款

买方应通过为卖方所接受的银行于装运月份前 ×× 天开立并送达卖方不可撤销即期信用证，有效期至装运月份后第 15 天在中国议付。

The Buyers shall open through a bank acceptable to the Sellers an Irrevocable Sight Letter of Credit to reach the Sellers ×× days before the month of shipment, valid for negotiation in China until the 15th day after the month of shipment.

➡ 例 11　远期信用证支付条款

买方应通过为卖方所接受的银行于装运月份前 ×× 天开立并送达卖方不可撤销见票后 30 天付款的信用证，有效期至装运月份后第 15 天在上海议付。

The Buyers shall open through a bank acceptable to the Sellers an Irrevocable Letter of Credit at 30 days sight to reach the Sellers ×× days before the month of shipment, valid for negotiation in Shanghai until the 15th day after the month of shipment.

▍思考

请翻译如下支付条款：

1. The payment shall be effected by means of an irrevocable autorevolving, confirmed, transferable documentary Letter of Credit and revolving for entire contract period payable at sight 100%.

2. The payment will be effected by T / T in 50% amount of total contract value to the bank appointed by seller,and the rest amount of contract value will be totally paid by buyer when the goods are qualified after inspection on the arrival of goods.

▪ 实训项目（Training Project）

实训项目一　根据信用证缮制汇票

⊃ 项目情境

信用证资料如下：

ISSUING BANK : BANK OF CHINA , SINGAPORE

L / C NO. 12234 DATED APRIL 2ND, 2 020

L / C AMOUNT: USD 9 900.00

EXPIRY DATE : MAY 31ST , 2020.　　B / L DATED MAY 5TH , 2020

APPLICANT: OVERSEAS TRADE COMPANY, SINGAPORE

BENEFICIARY: ZHEJIANG TEXTILE IMPORT AND EXPORT CORPORATION

WE OPEN IRREVOCABLE DOCUMENTARY CREDIT AVAILABLE BY NEGOTIATION AGAINST PRESENTATION OF THE DOCUMENTS DETAILED HEREIN AND OF BENEFICIARY'S DRAFTS IN DUPLICATE AT SIGHT DRAWN ON US.

QUANTITY OF GOODS: 1 000 KGS NET

UNIT PRICE: USD 9.00 PER KG CIF SINGAPORE　　INVOICE NO.: 56789

⊃ 工作任务

请根据上述信用证资料，替出口人缮制汇票（如下所示）。

Drawn under			L / C No.	
Dated			Payable with interest @....%　　Per annum	
No.		Exchange for		Place and date of issue
AT　　　　sight of this FIRST of Exchange(Second of Exchange being unpaid)				
Pay to the order of			the sum of	
Value received for		(quantity)	of (name of commodity)	
To:			For and on behalf of （signature）	

实训项目二　根据合同审核信用证

➲ 项目情境

2020 年 4 月，杭州婉丽进出口有限公司和英国的 Versions Limited 公司通过阿里巴巴的国际站认识，经过两个多月的往来函电，双方于 2020 年 6 月 20 日就 20 000 个坐垫套和 4 500 件挂毯的买卖签署了号码为 WL20E0620 的买卖合同（如下所示）。

HANGZHOU WANLY IMP. AND EXP. CO.,LTD.
258 MOGANSHAN ROAD, HANGZHOU CHINA
SALES CONFIRMATION

To:
VERSIONS LIMITED
23 COSGROVE WAY
LUTON, BEDFORDSHIRE

S / C No.:	WL20E0620
Date:	20 JUN 2020
Place:	HANGZHOU, CHINA

LU1 1XL U.K.

Dear Sirs:

We hereby confirm having sold to you the following goods on terms and conditions as specified below:

Shipping Marks	Description of Goods and Packing	Quantity	Unit Price	Total Amount
			CIF FELIXSTOWE	
AS PER SELLER'S OPTION	CUSHION COVERS	20 000 PCS	GBP 2.20	GBP 44 000.00
	RUGS	4 500 PCS	GBP 6.70	GBP 30 150.00
VERSIONS' ORDER NO. 599 / 2020		24 500 PCS		GBP 74 150.00

大写总值：
Total Amount in Words:　　　SAY G. B. POUNDS SEVENTY FOUR THOUSAND ONE HUNDRED FIFTY ONLY.
装运港：
Loading Port:　　　SHANGHAI / NINGBO
目的港：
Destination:　　　FELIXSTOWE
装运期限：
Time of Shipment:　　　BEFORE 10 AUG., 2020
分批 / 转运：
Partial / Transshipment:　　　PARTIAL SHIPMENTS ALLOWED, TRANSSHIPMENT PROHIBITTED

（续）

保险:	
Insurance:	COVERED BY THE SELLER FOR AT LEAST 110 PCT OF INVOICE VALUE COVERING ALL RISKS AND WAR RISK AS PER ICC (A), CLAIMS PAYABLE AT DESTINATION IN THE SAME CURRENCY OF THE DRAFTS
包装:	
Packing:	IN ONE 40 FEET FULL CONTAINER LOAD
付款条件:	
Terms of Payment:	BY IRREVOCABLE LETTER OF CREDIT IN FAVOUR OF THE SELLER TO BE AVAILABLE BY DRAFTS AT SIGHT, TO BE OPENED AND REACH CHINA BEFORE 25 JUN. 2020 AND TO REMAIN VALID FOR NEGOTIATION IN CHINA UNTIL 15 DAYS AFTER THE ACTUAL TIME OF SHIPMENT.
其他:	
Others:	

All disputes arising from the execution of or in connection with this contract shall be settled amicable by negotiation.

In case of settlement can't be reached through negotiation the case shall then be submitted to China International Economic and Trade Arbitration Commission in Beijing for arbitration in act with its sure of procedures. The arbitral award is final and binding upon both parties for setting the Dispute. The fee for arbitration shall be borne by the losing party unless otherwise awarded.

The Seller: The Buyer:

杭州婉丽进出口有限公司   VERSIONS LIMITED

张婉丽   Cathy Versions

➲ 工作任务

2020 年 6 月 24 日，英国的 Versions Limited 公司根据合同规定开出了以杭州婉丽进出口有限公司为受益人的第 DC LDI300954 号信用证（如下所示）。

请根据上述销售合同审核下面的信用证，找出并修改不符点。

SEQUENCE OF TOTAL *27: 1/1

FORM OF DOC. CREDIT*40A: IRREVOCABLE AND TRANSFERABLE

DOC. CREDIT NUMBER*20: DC LDI300954

DATE OF ISSUE   31C: 200624

EXPIRY   *31D: DATE 200809 PLACE AT OUR COUNTER

APPLICANT   *50: VERSIONS LIMITED

            23 COSGROVE WAY

            LUTON, BEDFORDSHIRE

            LU1 1XL U. K.

APPLICANT BANK   51: HSBC BANK PLC (FORMERLY MIDLAND BANK PLC)

            LONDON

BENEFICIARY   *59: HANGZHOU WANLY EXP. AND IMP. CO. ,LTD.,

            258 MOGANGSHAN ROAD,

            HANGZHOU,

            CHINA

AMOUNT   *32B: CURRENCY USD AMOUNT 74,150.00

POS. / NEG. TOL. (%)   39A: 05/05

AVAILABLE WITH / BY*41D: ANY BANK

　　　　　　　　　　　　　BY NEGOTIATION

DRAFT AT …　　　　　42C: AT 15 DAYS AFTER SIGHT

DRAWEE　　　　　*42D: MIDLGB22BXXX

　　　　　　　　　　*HSBC BANK PLC

　　　　　　　　　　*(FORMERLY MIDLAND BANK PLC)

　　　　　　　　　　*LONDON

PARTIAL SHIPMENTS　43P: ALLOWED

TRANSSHIPMENT　　43T: NOT ALLOWED

PORT OF LOADING　　44E: CHINA

PORT OF DISCHARGE　44B: FELIXSTOWE

LATEST DATE OF SHIP.　44C: 200809

DESCRIPT. OF GOODS　45A:

　　　　　　　　　　CUSHION COVERS AND RUGS

　　　　　　　　　　AS PER S/C NO. WL06E1920 AND APPLICANT'S ORDER

　　　　　　　　　　NO. 995 / 2020

　　　　　　　　　　CIF FELIXSTOWE

DOCUMENTS REQUIRED 46A:

　　　　　　　　+ORIGINAL SIGNED INVOICE PLUS THREE COPIES.

　　　　　　　　+FULL SET OF ORIGINAL CLEAN MARINE BILL OF LADING MADE OUT TO SHIPPERS ORDER AND BLANK ENDORSED, MARKED FREIGHT COLLECT AND NOTIFY APPLICANT WITH FULL NAME AND ADDRESS.

　　　　　　　　+ORIGINAL PACKING LIST PLUS THREE COPIES INDICATING DETAILED PACKING OF EACH CARTON.

　　　　　　　　+ORIGINAL CERTIFICATE OF ORIGIN PLUS ONE COPY ISSUED BY CHAMBER OF COMMERCE.

　　　　　　　　+CERTIFICATE SENT BY BENEFICIARY TO APPLICANT, EVIDENCING THAT COPIES OF INVOICE, BILL OF LADING AND PACKING LIST HAVE BEEN FAXED TO APPLICANT ON FAX NO. 01-5824-3470 WITHIN 3 DAYS AFTER BILL OF LADING DATE.

ADDITIONAL COND.　47A:

　　　　　　　　+ APPLICANT'S ORDER NO. 599 / 2020 MUST BE SHOWN ON ALL DOCUMENTS.

　　　　　　　　+UNLESS OTHERWISE EXPRESSLY STATE, ALL DOCUMENTS MUST BE IN ENGLISH.

　　　　　　　　　　+EXCEPT SO FAR AS OTHERWISE EXPRESSLY STATE, THIS DOCUMENTARY CREDIT IS SUBJECT TO UNIFORM CUSTOMS AND PRACTICE FOR DOCUMENTARY CREDIT ICC PUBLICATION NO. 600.

　　　　　　　　　　+ALL BANK CHARGES IN CONNECTION WITH THIS DOCUMENTARY CREDIT INCLUDING ISSUING BANK'S OPENING COMMISSION AND TRANSMISSION COSTS ARE FOR THE BENEFICIARY.

PRESENTATION PERIOD 48: WITHIN 5 DAYS AFTER THE DATE OF SHIPMENT BUT WITHIN THE VALIDITY OF THE CREDIT.

CONFIRMATION　　*49: WITHOUT

INSTRUCTION　　　78: ON RECEIPT OF DOCUMENTS CONFIRMING TO THE TERMS OF THIS DOCUMENTARY CREDIT, WE UNDERTAKE TO REIMBURSE YOU IN THE CURRENCY OF THE CREDIT IN ACCORDANCE YOUR INSTRUCTIONS, WHICH SHOULD INCLUDE YOUR UID NUMBER AND THE ABA CODE OF THE RECEIVING BANK.

SEND. TO REC. INFO.　　72: DOCUMENTS TO BE DISPATCHED BY COURIER SERVICE IN ONE LOT TO HSBC BANK PLC, TRADE SERVICES, LD1 TEAM. LEVEL 26, 8 CANADA SQUARE, LONDON E14 5HQ.

能力迁移（Skill Transfer）

应 知 考 核

一、单项选择题

1. 属于顺汇方法的支付方式是（　　　）。
   A. 汇付　　　　　　B. 托收　　　　　　C. 信用证　　　　　D. 银行保函

2. 使用 D／P、D／A 和 L／C 三种结算方式，对于卖方而言，风险由大到小依次为（　　　）。
   A. D／A、D／P 和 L／C　　　　　　B. L／C、D／P 和 D／A
   C. D／P、D／A 和 L／C　　　　　　D. D／A、L／C 和 D／P

3. 按照《跟单信用证统一惯例》，受益人最后向银行交单议付的期限是不迟于提单签发日的（　　　）天。
   A. 11　　　　　　B. 15　　　　　　C. 21　　　　　　D. 25

4. 保兑行对保兑信用证承担的付款责任是（　　　）。
   A. 第一性的　　　B. 第二性的　　　C. 第三性的　　　D. 第四性的

5．在补偿贸易或易货贸易中经常使用的信用证是（　　　）。

A．循环信用证　　　　　　　　　B．对开信用证

C．对背信用证　　　　　　　　　D．红条款信用证

二、多项选择题

1．对出口人来说，假远期信用证（　　　）。

A．等于即期信用证

B．等于远期信用证

C．对于出口人收汇是即期的，进口人付汇是远期的

D．贴现费用和利息由进口人承担

2．备用信用证与一般的跟单信用证的区别主要在于（　　　）。

A．适用的范围不同

B．银行付款的条件不同

C．收款人要求银行付款时所需要提交的单据不同

D．备用信用证属于商业信用，而跟单信用证则属于银行信用

3．常见的银行保函按照其用途不同，可分为（　　　）。

A．履约保函　　　B．还款保函　　　C．投标保函　　　D．招标保函

4．出口押汇与国际保理比较，不同之处在于（　　　）。

A．都是融资方式　　　　　　　　B．适用的支付方式

C．融资期限　　　　　　　　　　D．有无追索权

应 会 考 核

三、英译汉

1．Applicant

2．Documentary draft

3．Method of reimbursement

4．Export credit insurance

5．The buyer shall pay the total value to the seller in advance by T / T before the end of July.

四、请根据下列情境，完成工作任务

1．我国某公司与外商达成一项出口合同，付款条件为付款交单，见票后 90 天付款。当汇票及所附单据通过托收行寄抵进口地代收行后，外商及时在汇票上履行了承兑手续。货抵目的港时，由于用货心切，外商出具信托收据向代收行借得单据，先行提货转售。汇票到期时，外商因经营不善，失去偿付能力。代收行以汇票付款人拒付为由通知托收行，并建议我公司径向外商索取货款。

任务 1：什么是信托收据？

任务 2：代收行借单给外商有没有经过我公司授权？

任务 3：我公司应如何处理？

2. 远大公司以 CIF 鹿特丹条件与外商成交，出口一批货物，按发票金额 110% 投保一切险及战争险。售货合同的支付条款只简单填写"Payment by L/C"（信用证方式支付）。国外来证条款中有如下文句"payment under this credit will be made by us only after arrival of goods at Rotterdam"。卖方审证时未发现此问题，没有改证。远大公司交单结汇时，银行也未提出异议。不幸的是，60% 的货物在运输途中被大火烧毁，船到目的港后，开证行拒付全部货款。

任务 1："payment under this credit will be made by us only after arrival of goods at Rotterdam"是什么意思？

任务 2：开证行的拒付理由是否成立？

任务 3：远大公司从中应吸取什么教训？

五、根据信用证缮制汇票

➲ 项目情境

信用证资料如下：

L / C NO. A-12B-34C DATED NOV.11, 2019

ISSUING BANK : ISREAL DISCOUNT BANK OF NEW YORK, NEW YORK BRANCH

APPLICANT: THE ABCDE GROUP, INC.

BENEFICIARY: ZHEJIANG TEXTILES IMPORT&EXPORT CORPORATION

AMOUNT: USD4 890.00   COVERING: 100% COTTON CUSHIONS

OTHER TERMS AND CONDITIONS: INVOICE NOT TO SHOW ANY COMMISSION BUT TO SHOW TOTAL CFR NEW YORK USD 5 500.00

COMMISSION OF 2% TO SHOW ONLY ON BILL OF EXCHANGE

INVOICE NO.: 12346

➲ 工作任务

请根据上述信用证资料，替出口人缮制汇票，填制在下面的空白汇票中。

```
凭
Drawn under_____
信用证或购买证第      号
L/C or A/P No._____
日期    年   月   日
Dated_____
按    息   付   款
Payable with interest @_____% per annum
号码         汇票金额            中国杭州       年   月   日
No._____ Exchange for_____ Hangzhou, China_____
见票              日  后（本汇票之副本未付）付
At _____ sight of this FIRST of Exchange（Second of exchange being unpaid）
或其指定人
Pay to the order of_____
金额
the sum of _____
此致
To:_____

                                                    _____
                                                    （签名）
                                                   （Signature）
```

争议的预防及解决
Prevention and Resolution of disputes

· 情境导入（Lead-in Situation）

➥ 情境

案情：某年 10 月 4 日，上诉人（卖方）英国的 **GOKUL OVERSEAS** 公司与被告（买方）浙江远大进出口公司在利物浦（Liverpool）签订了一项货物买卖合同。买卖标的物为 300t 花生，每吨 50 英镑，CIF 上海，11 月至 12 月装运。在装运期间，因苏伊士运河被封锁，卖方提出合同不能履行的要求，理由是合同的第六项规定："在进口或出口禁令、封锁或战争、流行病疫或罢工情况下，以及在不能如期装运或交货的不可抗力情况下，装运或交货期可延长两个月履行，但不超过两个月。此后，如果不可抗力情势继续存在，本合同可以取消。"远大公司拒绝接受 GOKUL OVERSEAS 公司的要求。按合同的仲裁条款规定，双方当事人将争议提交伦敦仲裁院仲裁。

➥ 分析

仲裁结果会如何？

卖方违约，应付买方损失赔偿金和仲裁费。

第一，在这段特殊的时间里，埃及只有敌对行动但没有战争发生。

第二，如果"装运"这个词的意思是指将货物装上船运至上海的话，那么，既没有战争也没有不可抗力事件阻止卖方在合同规定的期限内装运合同规定的货物。

第三，如果"装运"这个词不仅包括将合同规定的货物装上船，还包括运至合同规定的目的港的话，即使在合同规定的装运期限内因不可抗力使运经苏伊士运河成为不可能，但通过南非好望角的航道并没有受阻。

第四，合同中并没有默认装运或运输必须经过苏伊士运河的条款。

第五，该合同不能因为苏伊士运河关闭而失效。

第六，在该合同的履行过程中，通过苏伊士运河运输和经过好望角运输并没有根本的差别。

那么，什么是不可抗力？什么是仲裁？索赔又应注意些什么？

学习目标（Learning Aims）

↘ 应知目标

通过本项目的学习，了解商品检验检疫、索赔、不可抗力、仲裁的基础知识和有关规则，从而为正确订立和履行合同打下坚实的基础。

↘ 应会目标

掌握出入境检验检疫程序及检验时间和地点的规定、不可抗力事件的认定、不可抗力的法律后果及其处理、仲裁协议的作用和仲裁裁决的效力。

知识支撑（Knowledge Support）

8.1　商品检验检疫

在国际贸易中，买卖双方地处两个国家。货物一般需经过长途运输，在运输途中，货物的品质和数量很可能受到损害。因此，如果到货品质或数量与合同规定不符，就会引起买卖双方的争议。为了维护买卖双方的利益，同时促进对外贸易的顺利进行，独立而公正的第三方的检验工作就显得十分重要。检验机构经过检验或鉴定后出具的检验证书，已成为国际贸易中买卖双方交接货物、结算货款、索赔和理赔的主要依据。

8.1.1　出入境检验检疫概述

出入境检验检疫（Entry-Exit Inspection and Quarantine）制度是由国家出入境检验检疫部门依据我国有关法律和行政法规及我国政府所缔结或者参加的国际条约、协定，对出入境的货物、物品及其包装物、交通运输工具、运输设备和出入境人员实施检验检疫监督管理的法律依据和行政手段的总和。

我国出入境检验检疫制度的内容包括进出口商品检验制度、出入境动植物检疫制度及国境卫生检疫制度。

（1）进出口商品检验，即对进出口商品进行检验、鉴定和监督管理，保证进出口商品符合质量（标准）要求，维护对外贸易有关各方的合法权益，促进对外经济贸易的顺利发展。

（2）出入境动植物检疫，即对出入境动植物及其产品，包括其运输工具、包装材料的检疫和监督管理，防止危害动植物的病菌、害虫、杂草种子及其他有害生物由国外传入或由国内传出，保护本国农、林、渔、牧业生产和国际生态环境及人类的健康。

（3）国境卫生检疫，即对出入境人员、交通工具、运输设备，以及可能传播检疫传染病的行李、货物、邮包等物品实施国境卫生检疫和口岸卫生监督，防止传染病由国外传入或者由国内传出，保护人类健康。

8.1.2　出入境检验检疫机构及职责

1. 我国的出入境检验检疫机构及其职责

（1）中华人民共和国海关总署（General Administration of Customs，P. R. China）。2018

年 3 月，根据第十三届全国人民代表大会第一次会议批准的国务院机构改革方案，将国家质量监督检验检疫总局的职责整合，组建中华人民共和国国家市场监督管理总局；将国家质量监督检验检疫总局的出入境检验检疫管理职责和队伍划入海关总署；将国家质量监督检验检疫总局的原产地地理标志管理职责整合，重新组建中华人民共和国国家知识产权局；不再保留中华人民共和国国家质量监督检验检疫总局。海关总署主管的出入境检验检疫工作职责有三项：对进出口商品实施法定检验检疫；办理进出口商品公证鉴定业务；对进出口商品的质量和检验工作实施监督管理。

1）进出口商品的法定检验检疫。进出口商品法定检验检疫是指国家出入境检验检疫部门根据国家法律法规的规定，对规定的进出口商品或有关的检验检疫事项实施强制性的检验检疫，未经检验检疫或经检验检疫不符合法律法规规定要求的，不准输入输出。

国家出入境检验检疫部门对进出口商品实施法定检验检疫的范围包括：

① 列入《出入境检验检疫机构实施检验检疫的进出境商品目录》（简称《检验检疫商品目录》）的进出口商品。

②《中华人民共和国食品安全法》规定应实施卫生检验检疫的进出口食品。

③ 危险货物的包装容器、危险货物运输设备和工具的安全技术条件的性能和使用鉴定。

④ 装运易腐烂变质食品、冷冻品的船舱、货仓、车厢和集装箱等运载工具。

⑤ 国家其他有关法律、法规规定须经出入境检验检疫机构检验的进出口商品、物品、动植物等。

2）进出口商品公证鉴定。与法定检验不同，进出口商品公证鉴定不具有强制性。不是法定检验的商品，对外贸易当事人可以向商检机构申请检验，也可以不向商检机构申请检验，比如，品质、数量证明，残损鉴定和海损鉴定，车、船、飞机和集装箱的运载鉴定，普惠制产地证等。这类鉴定证书可作为对外贸易当事人办理进出口货物交接、结算、计费、索赔、仲裁等的有效凭证。

3）进出口商品质量和检验工作的监督管理。出入境检验检疫机构进行监督检查的内容包括：

① 对其检验的进出口商品进行抽查检验。

② 对其检验组织机构、检验人员和设备、检验制度、检验标准、检验方法、检验结果等进行监督检查。

③ 对其他与进出口商品检验有关的工作进行监督检查。对进出口商品实施质量认证、质量许可制度，加贴检验检疫标志或封识，以及指定、认可、批准检验机构等工作，也属于进出口商品检验的监督管理工作范围。

（2）中国检验认证集团（简称中检集团，英文缩写 CCIC）是经国务院批准设立的，以"检验、鉴定、认证、测试"为主业的跨国检验认证机构，创建于 1980 年。伴随着改革开放 40 多年的发展，中检集团已经成为"中国第一，世界知名"的国际化检验认证企业集团。中检集团拥有 CCIC 和 CQC 两大品牌，设有检验公司、中国质量认证中心（CQC）、测试公司三大业务平台，国内机构网络完备，在 30 多个国家（地区）的主要口岸和货物集散地设有机构，拥有 2 万多名员工和数百家实验室，为 10 万余家客户提供"一揽子"解决方案和"一站式"服务。

目前，中检集团持有国际资质 100 余项、国家级政府机构资质 300 余项、国内省市级政府机构资质 100 余项，服务范围涵盖贸易、制造业、消费品、服务业四大领域。

中检集团以"创造更值得信赖的世界"为使命，坚持"笃诚、守正、业精、鼎新"的核心价值观和"客户是中心、质量是生命"的经营理念，努力把中检集团建设成为与我国经济体量、贸易总额、市场规模和开放程度相匹配的国际级检验认证企业集团。

2．国际上的出入境检验机构

世界上大多数国家都设有专门的检验机构。这些机构从性质上分，有官方检验机构，也有同业公会或协会设立的检验组织；此外，生产厂商也可能有自己的检验部门。其中有一些比较著名的检验机构：①官方机构，如美国食品药物管理局（FDA）、英国标准协会（BSI）、德国技术检验代理机构网（TUV）等；②非官方机构，如瑞士日内瓦通用鉴定公司（SGS）、英国劳合氏公证行（Lioyd's Surveyor）、英国英之杰检验集团（IITS）、日本海事鉴定协会（NKKK）、美国材料与试验学会（ASTM）等。

8.1.3　出入境检验检疫的程序

凡是属于法定检验商品或合同规定需要商检机构进行检验并出具检验证书的商品，对外贸易关系人均应及时提请商检机构进行检验。我国入境货物的检验检疫工作程序是：报检后先放行通关，再进行检验检疫。出境货物的检验检疫工作程序是：报检后先检验检疫，再放行通关。

1．入境货物的检验检疫工作程序

申请报检——受理报检——办理通关——实施检验检疫——放行。

（1）法定检验检疫入境货物的货主或其代理人首先向卸货口岸或到达站的出入境检验检疫机构申请报检。

（2）提供有关的资料。

（3）检验检疫机构受理报检，审核有关资料，如符合要求，受理报检并计收费用转施检部门签署意见，计收费用。

（4）对来自疫区的、可能传播传染病或动植物疫情的入境货物交通工具或运输包装实施必要的检疫、消毒、卫生除害处理。

（5）货物通关后，入境货物的货主或其代理人需在检验检疫机构规定的时间和地点到指定的检验检疫机构联系对货物实施检验检疫。

（6）经检验检疫合格的入境货物签发《入境货物检验检疫证明》放行；经检验检疫不合格的货物签发《检验检疫处理通知书》，需要索赔的签发检验检疫证书。

（7）对于入境的废物和活动物等特殊货物，按规定，要先进行部分或全部项目的检验检疫。最终目的地不在进境检验检疫管辖区内的货物，可以在货物通关后，调往目的地检验检疫机构进行检验检疫。

2．出境货物的检验检疫工作程序

出境货物的检验检疫工作程序是"报检后，先检验检疫，后通关放行"。

（1）报检。

（2）受理报检。

（3）检验检疫部门对货物实施检验检疫。

（4）检验检疫机构进行合格评定。

8.1.4 出入境检验检疫时间和地点的规定方法

在国际货物买卖合同中，关于检验时间和地点的确定方法，基本有以下几种：

1．在出口国检验

这种方法可分为在产地检验和装运前或装运时在装运港（地）检验。

（1）产地检验。在产地（工厂）检验，即在货物离开生产地点（如工厂、农场或矿山等）之前，由卖方或其委托的检验机构人员或买方的验收人员或买方委托的检验机构人员对货物进行检验或验收。在货物离开产地之前进行检验或验收为止的责任，由卖方负责。

（2）装运前或装运时在装运港（地）检验。据此规定，货物在装运港或装运地交货前，由买卖合同中规定的检验机构对货物的品质和重量或数量进行检验，并以该机构出具的检验证书作为最后依据，即以离岸品质、离岸重量（Shipping Quality and Weight）为准。卖方对交货后货物所发生的变化不承担责任，买方也无权拒收货物或提出异议和索赔。

2．在进口国检验

这种方法即货物运抵目的港（地）卸货后检验，或在买方营业处所（最终用户所在地）检验。

（1）在目的港（地）检验，是指在货物运抵目的港（地）卸货后的一段时间内，由双方约定的目的港（地）的检验机构进行检验，并以该机构出具的检验证书作为决定交付货物的品质、重量或数量的依据，即以到岸品质、重量（或数量）（Landing Quality, Weight or Quantity as Final）为准。如检验证书证明货物与合同规定不符系属卖方责任，卖方应予负责。

（2）在买方营业处所（最终用户所在地）检验，是指在买方营业处所或最终用户所在地，由合同规定的检验机构在规定的时间内进行检验。货物的品质和重量（数量）等项内容以该检验机构出具的检验证书为准。这种方法通常用于对那些因使用前不便拆开包装，或因不具备检验条件而不能在目的港或目的地检验的货物，如密封包装货物、精密仪器等进行检验。

3．在出口国检验，在进口国复验

这种方法即以出口国装运港（地）的检验机构验货后出具的检验证书，作为卖方收付货款的依据。货物运到目的港（地）后，由双方约定的检验机构在规定的时间内进行复验，如发现货物的品质、数量、包装等与合同规定不符而责任属于卖方时，买方可在规定的时间内凭复验证书向卖方提出异议和索赔。由于这种做法兼顾了买卖双方的利益，比较公平合理，因而它是国际货物买卖中最常见的一种规定检验时间和地点的方法，也是我国进出口业务中最常见的一种方法。

4. 装运港（地）检验重量、目的港（地）检验品质

这种方法是以装运港（地）检验机构检验后出具的重量证书作为卖方所交货物重量的最后依据，以目的港（地）检验机构出具的品质证书作为卖方所交货物品质的最后依据。这称作离岸重量、到岸品质（Shipping Weight and Landed Quality）。这种做法多应用于大宗商品交易的检验中，以调和买卖双方在检验问题上存在的矛盾。

买卖双方在订立进出口合同中的检验条款时，一般包括对有关检验权，检验和复验的时间及地点，检验机构，检验检疫证书的规定等。具体条款举例如下：

商品检验：双方同意以装运港所在地海关签发的品质和数量或重量检验证书，作为信用证项下议付单据的一部分，买方有权对货物的品质、数（重）量进行复验。复验费由买方负担。如发现品质或数（重）量与合同不符，买方有权向卖方索赔。索赔期限为货到目的港后××天内。

Inspection:It is mutually agreed that the Inspection Certificate of Quality and Quantity（Weight）issued by the CUSTOM at the port of shipment shall be part of the documents to be presented for negotiation under the relevant L/C. The Buyer shall have the right to reinspect the quality and quantity（weight）of the cargo. The reinspection fee shall be borne by the Buyer. Should the quality and/or quantity （weight） be found not in conformity with that of the contract, the Buyer is entitled to lodge with the Seller a claim. The claim, if any, shall be lodged within ×× days after arrival of the cargo at the port of destination.

思考

资料：某年1月，外国某公司与我国某公司签订一份羊皮交易合同，外国某公司卖给我国某公司一批羊皮，交货及价格条件为FOB中东某港口。合同签订后，中方公司如期开出了信用证，但由于当时中东政局动荡，交货受到阻碍，卖方两次要求推迟装运期和将信用证有效期延展，直到4月下旬卖方才完成装船交货，5月上旬运输船只抵达中国天津新港。买方在接到货物后发现到货的羊皮存在着明显的质量问题，随即向卖方发电通知保留索赔权，并委托天津商检机构对货物进行了检验。检验书上指明：该批羊皮大部分已无使用价值，羊皮的质量缺陷在发货前即已存在。中方据此多次与对方交涉，要求赔偿，但对方并未接受。卖方认为其不应承担责任，理由如下：①卖方曾指派代表亲赴装运港口验货，认定羊皮质量良好，完全符合合同规定的条件；②按照FOB术语的规定，货物在装运港（中东某港口）装上买方派来的船只后，风险即由卖方转移给买方，因此买方如以羊皮质量有缺陷为依据提出索赔，则必须证明该羊皮在装货前就已存在这种质量缺陷；③天津商检机构出具的检验证书中所做出的结论，即该批羊皮的质量缺陷在发货前已存在的说法缺乏足够的证据。

请问：卖方的理由能否成立？为什么？

8.2　索赔

国际货物买卖合同对合同双方当事人具有法律约束力，任何一方当事人违约，违约的一方当事人应承担相应的违约责任，对方有权提出赔偿要求，直至解除合同。

8.2.1　争议及索赔的含义

争议（Disputes）是指交易的一方认为另一方未能全部或部分履行合同规定的责任而引起的纠纷。在国际贸易业务中，这种纠纷屡见不鲜，究其原因主要有以下几个方面：

（1）卖方违约。如卖方不交货，或未按合同规定的时间、品质、数量、包装条款交货，或单证不符等。

（2）买方违约。如买方不开或缓开信用证，不付款或不按时付款赎单，无故拒收货物，在 FOB 条件下不按时派船接货等。

（3）合同条款的规定欠明确。买卖双方国家的法律或对国际贸易惯例的解释不一致等。

（4）在履行合同过程中遇到了买卖双方不能预见或无法控制的情况，如某种不可抗力原因、双方有不一致的解释等。

索赔（Claims）是指国际贸易业务的一方违反合同的规定，直接或间接地给另一方造成损害，受损方向违约方提出损害赔偿的要求。所谓理赔（Settlement of Claims），是指违约方受理受损方提出的赔偿要求。可见，索赔和理赔是同一个问题的两个方面。

> **▌思考**
>
> **资料：** 2020 年 8 月 20 日，一艘承载我国上海某贸易公司（买方）向某国出口商认购的一批进口钢材的外国货轮到达上海港。船在锚地进行"三检"时，发现钢材上层严重锈蚀。据调查，该船到达前曾航行于赤道附近多日，并遇到过大雨。该钢材买卖合同采用的是 CIF 条件，付款方式为托收，但没有索赔条款。
>
> **请问：** 作为买方，在收到受损的货物后，应当如何操作进口索赔？

8.2.2　不同违反合同情况承担不同的责任

各国的法律或国际组织的文件对于违约方的违约行为及由此产生的法律后果、对该后果的处理有不同的规定和解释。因此，买卖双方应在国际货物买卖合同中订明索赔条款。

《1979 年英国货物买卖法》将违约分为违反要件和违反担保两种。违反要件（Breach of Condition）是指违反合同的主要条款，即违反与商品有关的品质、数量、交货期等要件。在合同的一方当事人违反要件的情况下，另一方当事人即受损方有权解除合同，并有权提出损害赔偿。违反担保（Breach of Warranty）是指违反合同的次要条款。在违反担保的情况下，受损方只能提出损害赔偿，而不能解除合同。

《联合国国际货物销售合同公约》将违约分为根本性违约和非根本性违约。根本性违约（Fundamental Breach）是指违约方的故意行为造成的违约，如卖方完全不交货，买方无故拒收货物、拒付货款，其结果给受损方造成实质性损害（Substantial Detriment）。如果一方当事人根本性违约，另一方当事人可以宣告合同无效，并可要求损害赔偿。非根本性违约

（Non-fundamental Breach）是指违约的状况尚未达到根本违反合同的程度，受损方只能要求损害赔偿，而不能宣告合同无效。

美国法律把违约程度按其造成的后果分成严重违约和轻微违约。对于严重违约，受损害方不仅有权要求损害赔偿，而且有权宣告合同无效；对于轻微违约，则只能要求损害赔偿而不能宣告合同无效。

8.2.3　合同中的索赔条款

进出口货物买卖合同中，索赔条款有两种规定方式：一种是异议与索赔条件；另一种是罚金条款。在一般买卖合同中，多数只订异议与索赔条款，只有在买卖大宗商品和机械设备一类商品的合同中，除订明异议与索赔条款外，再另订罚金条款。

1. 异议和索赔条款

异议和索赔条款（Discrepancy and Claim Clause）一般是针对卖方的交货品质、数量或包装不符合规定而订立的，主要包括索赔依据、索赔期限、索赔的处理方法和索赔金额等内容。

（1）索赔依据。该条款主要规定提出索赔必须具备的证据和出证机构。规定索赔依据时，应与检验条款规定的内容相一致。

（2）索赔期限。此条款规定索赔一方必须在规定期限内向违约一方提出索赔要求，否则对方可不予受理。应本着慎重、合理的原则，区别不同的商品情况，对索赔期限做出不同的规定。例如，对食品、农产品等易腐烂变质的商品，索赔期限一般应规定得短些；对其他一般商品，索赔期限通常限定为到达目的地后 30 天内或 45 天内；对机器设备的出口索赔期限可规定为货到目的地后 60 天内或更长一些时间。

异议和索赔条款示例：

买方对装运货物的任何索赔必须于货物到达提单及 / 或运输单据所订目的港之日起 ×× 天内提出，并须提供卖方同意的公证机构出具的检验报告。

Any claim by the buyer regarding the goods shipped should be filed within ×× days after the arrival of the goods at the port of destination specified in the relative bill of lading and/or transport document and supported by survey report issued by a surveyor approved by the seller.

2. 罚金条款

罚金条款（Penalty Clause）也称违约金条款，主要内容包括：如一方未履行或未完全履行合同规定的义务，应向对方支付一定数额的约定罚金，以补偿对方的损失。该条款适用于卖方延期交货或买方延期接货等情况，通常预先在合同中规定罚金的百分比，一般用于连续分批交货的大宗商品合同。

罚金条款示例：

买方因自身原因不能按合同规定的时间开立信用证，应向卖方支付罚金。罚金按迟开证每 ×× 天收取信用证金额的 ××%，但罚金不超过卖方已开信用证金额的 ××%。

Should the buyer for its own sake fail to open the Letter of Credit on time stipulated in the contract, the Buyer shall pay a penalty to the seller. The penalty shall be charge at the rate ××% of the amount of Letter of Credit for every ×× days of delay in opening the Letter of Credit, however the penalty shall not exceed ××% of total value of the Letter of Credit which the buyer should have opened.

> **？思考**
>
> **资料**：我国 A 公司与英国 B 公司于某年 5 月通过函电签订了一份分批装运进出口合同，由 A 向 B 出售化工原料 5 000 M/T。双方在合同中订明价格条款为 CFR 伦敦，总金额为 185 万英镑，每批等量装运，包装条款为适合海运性质的包装；索赔条款是货物到达目的港后，数量和规格问题应于 15 天内，质量问题应于 90 天内，由买方凭卖方同意的检验人出具的证明向卖方提出索赔要求。在货物发运前，B 公司的代理人到 A 公司仓库查看了货物包装情况，没有提出异议。A 公司从 7 月起开始发运，到 11 月止货物出运完毕。每批装载，船方均出具了清洁提单。货到目的港后，B 公司发现每批货物都有部分袋子损坏。于是，B 公司单方面聘请欧洲某公证行检验货物，出具证明表明破损的原因：由于托盘木条强度不够，不适宜海上运输，以及包装袋捆扎不紧所致。据此，B 公司两次传真给 A 公司提出索赔，要求 A 公司承担重新包装的人工费、材料费及检验费用，索赔金额约 7 万英镑。经过核实，A 公司仅同意赔偿 40% 的损失。双方又经过几次协商，未能达成协议。最后经国内某商会调解，双方达成协议，A 公司补偿 B 公司 5.2 万英镑，了结此案。
>
> **请问**：在本案中，A 公司应吸取哪些经验教训？

8.3　不可抗力

8.3.1　不可抗力的含义

不可抗力（Force Majeure）通常是指在合同签订以后，不是由于任何一方当事人的过失或疏忽，而是由于发生了当事人所不能预见，也无法事先采取预防措施的意外事故，以致不能履行或不能如期履行合同的情况。遭受意外事故的一方，可以免除履行合同的责任或延迟履行合同。

8.3.2　不可抗力的原因及认定条件

不可抗力事件产生的原因通常包括两种情况：一是由自然力量引起的，如水灾、火灾、暴风、大雪、暴风雨、地震等；二是由社会力量引起的，如战争、罢工、政府禁令等。

需要注意的是，并不是所有由自然力量和社会力量所引起的意外事件都可以归结为不可抗力。一般而言，构成不可抗力事件应具备以下条件：①事件是在合同成立以后发生的；②不是由于任何一方当事人的故意或过失造成的；③事件的发生及其造成的后果是当事人无法预见、无法控制、无法避免和不可克服的。

资料：我国某企业从阿根廷进口普通豆饼 4 万 kg，交货期为 8 月底。然而，4 月阿根廷出口商原定的收购地点发生了百年不遇的洪水，收购计划落空。阿根廷出口商要求按不可抗力处理并免除交货责任。

请问：我方是否应该同意对方的要求？应该怎么办？

8.3.3   不可抗力事件的处理

根据有关的法律和国际贸易惯例，如果发生不可抗力事件，致使合同无法履行或无法如期履行，有关当事人可以免除相应责任，即解除或变更合同。但发生不可抗力的一方应及时通知对方，并提供必要的证明文件。

1．通知及必要的证明文件

《公约》规定，在不可抗力事件发生后，违约方必须及时通知另一方并提供必要的证明文件，而且在通知中应提出处理意见。如果因未及时通知而使另一方受到损害，则应负赔偿责任。不可抗力事件出具证明的机构，大多为当地商会，在我国，由中国国际贸易促进委员会 / 中国国际商会出具。另一方接到不可抗力事件的通知和证明文件后，应根据事件性质，决定是否确认其为不可抗力事件，并把处理意见及时通知对方。

2．解除或变更合同

不可抗力事件发生后所引起的法律后果主要有两种：①解除合同；②变更合同。至于什么情况下可以解除合同，什么情况下变更合同，则要根据该事件的性质及其对履行合同的影响程度来确定。一般遵循的原则是：如果不可抗力事件的发生使合同的履行成为不可能，如由于自然灾害导致标的物全部灭失，则可以解除合同；如果不可抗力事件只是暂时阻碍合同的履行，如暴风雨使交通中断，则只能延迟合同履行的时间，而不能解除合同。

3．不可抗力事件处理时应注意的事项

对不可抗力事件的处理，关键是对不可抗力事件的认定。尽管在合同的不可抗力条款中做了一定的说明，但在具体问题上，双方会对不可抗力事件是否成立出现分歧。通常应注意下列事项：

（1）区分商业风险和不可抗力事件。商业风险往往也是无法预见和不可避免的，但是它与不可抗力事件的根本区别在于一方当事人承担了风险损失后，有能力履行合同义务。

（2）重视"特定标的物"的作用。包装后刷上唛头的货物或通过运输单据等确定为某项合同标的物的货物，称为特定标的物。此类货物因意外事件灭失，卖方可确认为不可抗力事件。如果货物并未特定化，则会造成免责的依据不足。比如，30km 棉布在储存中由于不可抗力损失了 10km，若棉布分别售与两个货主，而未对棉布做特定化处理，则卖方对两个买主都无法引用不可抗力条款免责。

8.3.4   不可抗力条款的规定方法

国际货物买卖合同中的不可抗力条款主要有不可抗力事件的范围、不可抗力事件的处

理、不可抗力事件发生后通知对方的期限和方式及不可抗力事件的出证机构。

我国进出口合同规定不可抗力条款有以下三种方法：

1. 概括式

概括式即在合同中不具体订明哪些属于不可抗力事件，只是用笼统的语言做出概括的规定。

例如，"由于不可抗力的原因，致使卖方不能部分或全部装运或延迟装运合同货物，卖方对于这种不能装运或延迟装运本合同货物不负有责任。"

If the shipment of the contracted goods is prevented or delayed in whole or in part due to Force Majeure, the Sellers shall not be liable for non-shipment or late shipment of the goods of this contract.

2. 列举式

列举式即在合同中明确列出经双方认可的不可抗力事件，凡合同中没有明确规定的，均不能作为不可抗力事件对待。

例如，"由于战争、地震、火灾、水灾、雪灾、暴风雨的原因，致使卖方不能全部或部分装运或延迟装运合同货物，卖方对于这种不能装运或延迟装运本合同货物不负有责任。"

If the shipment of the contracted goods is prevented or delayed in whole or in part by reason of war, earthquake, fire, flood, heavy snow, storm, the Sellers shall not be liable for non-shipment or late shipment of the goods of this contract.

3. 综合式

综合式即将列举式与概括式结合起来，先将双方当事人已取得共识的各种不可抗力事件列举出来，其后再加上"以及其他不可抗力事件等"概括式语句。

例如，"如因战争、地震、火灾、雪灾、暴风雨或其他不可抗力事件，致使卖方不能全部或部分装运或延迟装运合同货物，卖方对于这种不能装运或延迟装运本合同货物不负有责任。"

If the shipment of the contracted goods is prevented or delayed in whole or in part by reason of war, earthquake, fire, flood, heavy snow, storm or other causes of Force Majeure, the Sellers shall not be liable for non-shipment or late shipment of the goods of this contract.

综合式规定方法弥补了前两种规定方法的不足，做到了具体、明确，同时又有一定的灵活性，因此，在实际业务中采用较为普遍。

▮ 思考

　　资料：我国某粮油食品进出口公司与美国田纳西州某公司签订进口美国小麦合同，数量为 100 万 M/T。麦收前田纳西州暴雨成灾，到 10 月卖方应交货时，小麦价格上涨，美方未交货。合同订有不可抗力条款，天灾属于该条款的范围，美方据此要求免责。

　　请问：美方免责理由成立吗？

8.4　仲裁

8.4.1　仲裁的含义

国际贸易中，双方在履约过程中有可能发生争议。一旦发生争议，首先应通过友好协商的方式解决，以利于保护商业秘密和企业声誉。如果协商不成，则当事人可按照合同约定或争议的情况采用调解、仲裁或诉讼方式解决争议。

所谓仲裁（Arbitration），又称公断，是指买卖双方在争议发生之前或发生之后，签订书面协议，自愿将争议提交双方所同意的第三者予以裁决，以解决争议的一种方式。由于仲裁是依照法律所允许的仲裁程序裁定争端，因而裁决具有法律约束力，当事人双方必须遵照执行。

8.4.2　仲裁协议的形式及作用

仲裁协议是指双方当事人自愿将争议提交仲裁机构进行裁决的书面协议。仲裁协议是申请仲裁的必备材料，也是仲裁机构受理争议案件的依据。

1．仲裁协议的形式

仲裁协议有两种形式：一种是合同中的仲裁条款（Arbitration Clause），这是指在争议发生之前，合同双方当事人在买卖合同中订立的仲裁条款；另一种是提交仲裁协议，这是指由双方当事人在争议发生之后订立的同意将争议提交仲裁的协议。仲裁协议的两种形式虽然不同，但其法律效力与作用是相同的。

2．仲裁协议的内容

一般来讲，仲裁协议的内容主要包括以下几方面：

（1）仲裁地点。在实际业务中，多数合同力争在本国仲裁，有时也规定在被告国仲裁，或规定在双方同意的第三国仲裁。

（2）仲裁组织形式。如双方同意由临时仲裁庭进行仲裁，应在仲裁协议中写明其组成；如双方同意提交某一常设仲裁机构仲裁，应在仲裁协议中写明仲裁机构的名称。

（3）提交仲裁的事项。这是指提请仲裁的争议范围。例如，"因本合同产生的争议，应提交仲裁。"

（4）仲裁适用的法律。除非仲裁协议另有规定，仲裁一般都适用审判地法律，即在一国仲裁，适用该国的仲裁法规。

（5）裁决的效力。一般的仲裁协议都这样规定："仲裁裁决是终局的，对双方均有约束力。"

3．仲裁协议的作用

按照我国和多数国家仲裁法的规定，仲裁协议的作用主要有以下三个方面：

（1）约束双方当事人解决争议的行为。仲裁协议表明双方当事人在发生争议时自愿以仲裁方式解决，而不得向法院起诉。

（2）授予仲裁机构对仲裁案件的管辖权。任何仲裁机构都无权受理没有仲裁协议的案件，这是仲裁的基本原则。

（3）排除法院对争议案件的管辖权。世界上大多数国家的法律都规定，仲裁协议对签约的当事人具有约束力，都承认仲裁协议具有排除法院的司法管辖权的作用，法院不得受理就同一争议事项提出诉讼的案件。

> **思考**
>
> **资料**：我国某出口公司向国外出口一批货物，合同中明确规定，一旦在履约过程中发生争议，如友好协商不能解决，即将争议提交中国国际经济贸易仲裁委员会在北京仲裁。后来，双方就商品的品质发生争议，对方在其所在地法院起诉我方，法院也发来了传票，传我方公司出庭应诉。
>
> **请问**：对此，我方应如何处理？

8.4.3　仲裁机构及仲裁程序

1. 仲裁机构

国际贸易中的仲裁机构有两类：临时机构和常设机构。临时机构是为了解决争议，由双方共同指定的仲裁员自行组成的临时仲裁庭。争议处理完毕，临时仲裁庭即解散。常设仲裁机构是根据一国的法律或者有关规定设立的仲裁机构。

我国常设的涉外商事仲裁机构是中国国际经济贸易仲裁委员会，隶属于中国国际贸易促进委员会。该委员会总部设在北京。它受理争议的范围为产生于国际或涉外的契约性或非契约性的经济贸易争议。我国各外贸企业在订立国际货物买卖合同中的仲裁条款时，如双方同意在我国仲裁，都订立由中国国际经济贸易仲裁委员会仲裁的条款。

世界上还有许多国家、地区都设有常设仲裁机构，如瑞典斯德哥尔摩仲裁院、瑞士苏黎世商会仲裁院、英国伦敦国际仲裁院、美国仲裁协会等。

2. 仲裁程序

仲裁程序是指双方当事人将所发生的争议根据仲裁协议的规定提交仲裁时应办理的各项手续。其主要内容大致如下：

（1）提出仲裁申请。这是仲裁程序开始的首要手续。申诉人向仲裁委员会提交仲裁申请书时，应附具申诉人要求所依据的事实的证明文件，指定一名仲裁员，预缴一定数额的仲裁费。如果委托代理人办理仲裁事项或参与仲裁的，应提交书面委托书。仲裁委员会审查仲裁申请后，认为符合条件的，应当受理并通知当事人；认为不符合受理条件的，要书面通知当事人不予受理，并说明理由。

（2）组织仲裁庭。根据我国仲裁规则规定，申诉人和被申诉人各自在仲裁委员会的仲裁员名册中指定一名仲裁员，并由仲裁委员会主席指定一名仲裁员为首席仲裁员，共同组成仲裁庭审理案件。被指定的仲裁员，如果与案件有利害关系，应当自行向仲裁委员会请求回避。

（3）审理案件。仲裁庭审理争议案件的步骤很多，包括开庭审理、调解、搜集证据和调查事实、采取保全措施及做出裁决等。

（4）做出裁决。裁决是仲裁程序的最后一个环节。裁决做出后，审理案件的程序即告终结，因而这种裁决被称为最终裁决。按规定，裁决必须以书面形式做出。裁决一般是终局的，对双方当事人均有约束力。裁决做出后，任何一方当事人不得向法院起诉，也不准向其他任何机构提出变更仲裁裁决的请求。但如果当事人能证明该裁决不符合法律程序要求，如无仲裁协议或仲裁员的行为不当等，该当事人可以向法院提出申请，要求法院撤销裁决，宣布无效。

8.4.4　仲裁裁决的执行

仲裁裁决应由当事人自行执行。仲裁机构自身不具有强制执法的能力。一方如果逾期不予执行，另一方可向法院申请强制执行。强制执行仲裁裁决必须具备两个条件：①败诉方当事人在规定的期限内未能履行裁决，②必须由胜诉方当事人主动向有管辖权的法院提出强制执行申请。法院通常不主动强制另一方当事人履行裁决。

为了解决是否承认和执行外国仲裁裁决的问题，1958年6月，联合国通过了《承认及执行外国仲裁裁决公约》，简称《1958年纽约公约》。我国于1987年4月22日正式加入这一公约。公约规定，各缔约国必须承认和执行外国的仲裁裁决。作为例外，缔约国可做两项保留。我国加入时也做了这两项保留：①中华人民共和国只在互惠的基础上对在另一缔约国领土内做出的仲裁裁决适用该公约；②中华人民共和国只对根据中华人民共和国法律认定为属于契约性和非契约性商事法律关系所引起的争议适用该公约。另外，我国与一些国家签订双边贸易协定时，一般都在贸易协定中规定，缔约双方应该设法保证根据适用的法律和规则，承认并执行对方国家的仲裁裁决。

根据上述情况，在我国做出的仲裁裁决，需要在外国执行时，若对方是与我国签有互相执行仲裁裁决协议的，或者对方是上述公约缔约国并同意执行我国仲裁裁决的，则可顺利执行；否则，我方只有到对方国家的法院去请求其强制执行。

小贴士

中国国际经济贸易仲裁委员会

中国国际经济贸易仲裁委员会（中文简称"贸仲委"，英文简称CIETAC）是世界上主要的常设商事仲裁机构之一，于1956年4月由中国国际贸易促进委员会组织设立，当时名称为对外贸易仲裁委员会。我国实行对外开放政策以后，为了适应国际经济贸易关系不断发展的需要，对外贸易仲裁委员会于1980年改名为对外经济贸易仲裁委员会，又于1988年改名为中国国际经济贸易仲裁委员会。2000年，中国国际经济贸易仲裁委员会同时启用中国国际商会仲裁院的名称。

贸仲委以仲裁的方式，独立、公正地解决经济贸易争议。

贸仲委设在北京，并在上海、深圳、重庆和天津分别设有上海分会、华南分会、西南分会和天津国际经济金融仲裁中心。根据仲裁业务发展的需要，以及就近为当事人提供仲裁咨询和程序便利的需要，贸仲委还先后设立了24个地方和行业办事处。为满足当事人的行业仲裁需要，贸仲委在国内首家推出独具特色的行业争议解决服务，为不同行业的当事人提供适合其行业需要的仲裁法律服务，如粮食行业争议、商业行业争议、工程建设争议、金融争议及羊毛争议解决服务等；此外，贸仲委还为当事人提供域名争议解决服务，积极探索电子商务的网上争议解决，针对快速解决电子商务纠纷及其他经济贸易争议的需要，于2009年5月1日推出《网上仲裁规则》。该规则在"普通程序"之外，根据案件争议金额大小分别规定了"简易程序"和"快速程序"，以真正适应在网上快速解决经济纠纷的需要。

60 多年来，贸仲委以其仲裁实践和理论活动为我国《仲裁法》的制定和我国仲裁事业的发展做出了突出贡献。贸仲委还与世界上的主要仲裁机构保持着友好合作关系，以其独立、公正和高效在国内外享有盛誉。

8.4.5　仲裁条款的规定方法

合同中的仲裁条款一般包括提请仲裁的争议范围、仲裁地点、仲裁机构、仲裁规则、裁决的效力等内容。其中仲裁地点的选择是一个关键问题。因为在一般情况下，在某国仲裁即采用某国的仲裁规则或相关法律。在我国的国际贸易实践中，仲裁地点大致有三种规定方法：①在我国仲裁；②在被告所在国仲裁；③在双方同意的第三国仲裁。关于仲裁裁决的效力，一般应在合同中明确订明：仲裁裁决是终局的，对双方当事人均有约束力。

仲裁条款举例如下：

（1）规定在我国仲裁的条款。

凡因执行本合同所发生的或与本合同有关的一切争议，双方应通过友好协商解决。如果协商不能解决，应提交北京中国国际经济贸易仲裁委员会，依据其仲裁规则进行仲裁。仲裁是终局性的，对双方均有约束力。

Any dispute arising out of the performance of, or relating to this contract, shall be settled amicably through negotiation. In case no settlement can be reached through negotiation, the case shall then be submitted to the China International Economic and Trade Arbitration Commission, Beijing, China, for arbitration in accordance with its Rules of Arbitration. The arbitral award is final and binding upon.

（2）规定在被申请一方所在国仲裁的条款。

凡因执行本合同所发生的或与本合同有关的一切争议，双方应通过友好协商解决；如果协商不能解决，应提交仲裁。仲裁在被申请一方所在国进行。如在中国，应提交北京中国国际经济贸易仲裁委员会依据其仲裁规则进行仲裁。如在××（被申请方所在国家的名称），由××（被申请方所在国家的仲裁机构的地址和名称）根据该仲裁机构的仲裁规则进行仲裁。仲裁是终局性的，对双方均有约束力。

Any dispute arising out of the performance of, or relating to this contract, shall be settled amicably through negotiation. In case no settlement can be reached through negotiation, the case shall then be submitted for arbitration. The location of arbitration shall be in the country of the domicile of the defendant. If in China, the arbitration shall be conducted by the China International Economic and Trade Arbitration Commission, Beijing, China, for arbitration in accordance with its Rules of Arbitration. If in ××, the arbitration shall be conducted by ×× in accordance with its arbitral rules of procedure.The arbitral award is final and binding upon.

（3）规定在双方同意的第三国仲裁的条款。

凡因执行本合同所发生的或与本合同有关的一切争议，双方应通过友好协商解决；如果协商不能解决，应提交××（第三国仲裁机构的地址和名称），根据该仲裁机构的仲裁规则进行仲裁。仲裁是终局性的，对双方均有约束力。

Any dispute arising out of the performance of, or relating to this contract, shall be settled amicably through negotiation. In case no settlement can be reached through negotiation, the case shall then be submitted to ×× for arbitration in accordance with its Rules of Arbitration. The arbitral award is final and binding upon.

·实训项目（Training Project）

进口设备调试不合格索赔成功案

⊃ 项目情境

我国某外贸公司受 A 工厂委托，从日本 F 贸易公司引进铝箔腐蚀赋能成套设备和技术。合同于某年 7 月 12 日在上海签订。合同总金额为 10.4 亿日元，其中设备费 8.55 亿元，技术诀窍和技术服务费共计 0.3 亿元。设备和试生产材料均为到岸价；技术资料在上海机场交付，价格包括空运费、保险费和包装费；技术服务费中包括技术指导费和技术培训费。

A 工厂经有关部门的推荐结识了 F 公司，F 公司表示愿意承包整个工程项目，并由他们从日本国内专业制造厂聘请技术人员来完成工程的设计、制造、安装和调试。双方据此达成协议并签订了合同。

工程项目的内容涉及三层楼厂房土建，内设 6 条长 25m 左右的自动生产线，还有大量中方自行配套辅助设施，其中包括供水系统、排水系统、供气系统、腐蚀溶液供给和储存系统、污水排放系统和大容量配电控制系统。技术上涉及土建、机械、电气、化学等领域。也正因为上述原因，合同规定，合同生效后，A 工厂将与 F 公司分别在上海和日本进行设计联络，并在设计联络后，双方签署设计认定书，以确保合同的顺利执行。

签约后第二年 2 月，中方派出 7 人小组前往日本对低压设备的主机、电源、热交换器等进行预验收，在验收中，中方认为该设备整体上有一定的先进性，在关键部位采取了一些较好的设计和措施，但对收箔处整卷卸料操作装置，要求日方给予改进，并在预验收同意书中规定："根据设备整体具有一定的先进性的要求，中方同意通过预验收，最终合同验收将在中国进行。"

到第四年，设备在 A 工厂安装调试，在此阶段，F 公司一再变更工程日程，多次推迟设备运转时间。特别是按合同规定完成试运转的日期届满以后，设备还未能正常运转，使 A 工厂蒙受了较大的经济损失。

此后，日方根据合同规定进行了第二次调试，仍未能实现合同规定的要求，于是我方提出索赔，经据理力争，日方最终不得不接受我方提出的索赔条件：

（1）设备总金额的 20%，即 1.71 亿日元。

（2）技术诀窍和技术服务费的 50%，即 0.3 亿日元。

由于日方调试失败，中方不再支付这两项费用。

本项目的索赔在签约后第六年 10 月正式结案。

➲ **工作任务**

请根据上述案例，分组讨论本案索赔成功的经验和教训。

能力迁移（Skill Transfer）

应 知 考 核

一、单项选择题

1. 以仲裁方式解决贸易争议的必要条件是（　　）。
   A. 双方当事人订有仲裁协议　　　　B. 双方当事人订有合同
   C. 双方当事人无法以协商解决　　　D. 一方因诉讼无果而提出

2. 在众多检验商品品质的方法中，最常用的是（　　）。
   A. 装运港检验　　　　　　　　　　B. 目的港检验
   C. 出口国检验、进口国复验　　　　D. 装运港检验重量、目的港检验品质

3. 在国际货物买卖合同中，买方 B 公司在合同签订后将 10 万美元定金先付给卖方 A 公司，后来 A 公司没有履行合同。A 公司应该返还 B 公司多少万美元？（　　）
   A. 10　　　　　　B. 20　　　　　　C. 5　　　　　　D. 25

4. 我国某公司向新加坡一家公司以 CIF 新加坡的条件出口一批土产品，订约时，我国公司已知道该批货物要转销美国。该货物到新加坡后，立即转运美国。其后新加坡的买主凭美国商检机构签发的在美国检验的证明书，向我方提出索赔。美国的检验证书是否有效？（　　）
   A. 有效
   B. 无效，应要求新加坡商检机构出具证明
   C. 无效，应由合理第三国商检机构出具证明
   D. 其他

5. 发生（　　），违约方可援引不可抗力条款要求免责。
   A. 战争　　　　　　　　　　　　　B. 世界市场价格上涨
   C. 生产制作过程中的过失　　　　　D. 货币贬值

6. 在国际货物买卖中，较常采用的不可抗力事件范围的规定方法是（　　）。
   A. 概括式　　　B. 不规定　　　C. 具体规定　　　D. 综合式

二、多项选择题

1. 仲裁的特点主要有（　　）。
   A. 当事人意思自治
   B. 非公开审理
   C. 解决国际商事争议的最主要的方法
   D. 程序简便、结案较快、费用开支较少

2. 在国际贸易中，解决争议的方法主要有（　　　）。

　　A．友好协商　　　B．调解　　　　　C．仲裁　　　　　D．诉讼

3. 在对外索赔与理赔工作中，（　　　）是很关键的问题。

　　A．保护好受损货物　　　　　　B．想办法核实对方的财产

　　C．收集好索赔的依据　　　　　D．掌握好索赔的期限

4. 构成不可抗力事件的要件有（　　　）。

　　A．事件发生在合同签订后

　　B．不是由于当事人的故意或过失所造成的

　　C．事件的发生及其造成的后果是当事人无法预见、控制、避免或克服的

　　D．不可抗力是免责条款

应 会 考 核

三、英译汉

1. Inspection Certificate　　　　2. Force Majeure

3. Disputes　　　　　　　　　　4. Claims

5. Arbitration　　　　　　　　　6. Discrepancy and Claim Clause

7. If the shipment of the contracted goods is prevented or delayed in whole or in part by reason of war, earthquake, fire, flood, heavy snow, storm or other causes of Force Majeure, the Sellers shall not be liable for non-shipment or late shipment of the goods of this contract.

四、请根据下列情境，完成工作任务

1. 我国某出口企业以 CIF 纽约条件与美国某公司订立了 300 套家具出口合同。合同规定 2020 年 12 月交货。11 月底，该企业出口商品仓库发生雷击火灾，致使一半左右的出口家具被烧毁。我国企业以发生不可抗力事件为由，要求免除交货责任，美方不同意，坚持要求我方按时交货。我方无奈，经多方努力，于 2021 年 1 月交货，美方要求进行赔偿。

　　任务 1：我方要求免除交货责任的要求是否合理？为什么？

　　任务 2：美方的索赔要求是否合理？为什么？

　　任务 3：我国企业在订立合同时应注意什么？

2. 我国某公司与欧洲某进口商签订了一份皮具合同，价格条件是 CIF 鹿特丹，向中国人民保险公司投保一切险。货物到达鹿特丹后，检验结果表明，全部货物潮湿、发霉、变色，损失价值达 10 万美元。据分析，货损的主要原因是生产厂家在生产的最后一道工序中，未能将皮具的湿度降低到合理程度。

　　任务 1：保险公司对该货损是否负责赔偿？

　　任务 2：进口商对受损货物是否应支付货款？

　　任务 3：出口商应如何处理此事？

模块四
Module 4

履行进出口合同

　　进出口贸易是以进出口合同，即国际货物买卖合同为中心进行的。在国际贸易中，买卖双方经过交易磋商，签订进出口合同，作为约束双方权利和义务的根据。合同一经有效成立，买卖双方必须按照合同规定的条款去履行。在实际履行中，涉及的环节众多、手续繁杂，还需要依靠银行、海关、运输、保险、检验检疫等部门的密切配合，并遵照国家颁布的有关法律和行政法规，接受有关机关的监督管理。在各项对外业务活动中，必须切实按照适用的法律和我国缔结或参加的国际条约及国际贸易惯例办事。

　　本模块从货物进出口的角度阐述进出口合同履行的基础知识、履约流程及一般的业务做法。本模块所述内容是本课程的核心，是前述各模块的综合运用。

进出口合同的履行

Performance of import and export contracts

· 情境导入（Lead-in Situation）

↘ 情境

浙江远大进出口公司与国外 A 公司签订了一份销售合同。合同规定 A 公司向远大公司采购某产品 500t，并于当年 1 月 30 日以前开来信用证，远大公司于 2 月 15 日以前将货物装船。A 公司于 1 月 28 日开来信用证，有效期到 2 月 10 日。远大公司无法按期装运，电报申请信用证有效期延至 2 月 20 日。A 公司电报同意改证。未等收到银行修改信用证通知书，远大公司便将货物装船发运。远大公司 2 月 16 日交单后被买方拒付，事后远大公司与 A 公司进行交涉，但 A 公司却人去楼空。

↘ 分析

我方应从此交易中吸取哪些经验教训？

履行合同既是经济行为，又是法律行为，任何一方不按合同规定办事，都构成违约，必须承担相应的法律责任。信誉的建立和维护是通过对合同的切实履行来实现的。正如本情境所示，远大公司轻信 A 公司电报改证承诺，未等改证到达，就贸然发货，结果遭到拒付。

为了避免履约失职，减少收付汇风险，在进出口合同的履行中应注意些什么呢？

· 学习目标（Learning Aims）

↘ 应知目标

了解进口合同的履行程序；了解各种进出口单据的内容与填制。

↘ 应会目标

掌握出口合同的履行程序，尤其是信用证的收付程序、合同中支付条款的规定方法。

·知识支撑（Knowledge Support）

9.1　出口合同的履行

出口合同一经成立，出口方就应立即履行合同规定的义务，以期顺利取得货款。履约的全部过程，由于环节多，涉及的部门多、单据多，手续也较复杂，很容易产生各种问题。这就要求出口方不仅要有强烈的责任心，也要加强同各有关部门的协作和配合，细致地处理每一个环节，尽量避免工作脱节、延误装运期限及影响安全收汇等事件的发生，以保证履约过程的顺利进行。

每笔交易因商品性质、特点的不同，以及使用贸易术语和付款方式的不同，出口合同履行的环节有所不同，但也有一定的规律。

在我国出口贸易中，多数按 CIF 条件成交，并按信用证支付方式收款。这类合同的履行环节主要包括催证、审证、改证、备货、报检、办理货运手续、报关、投保、制单、结汇等，概括起来就是证（催证、审证、改证）、货（备货、报检）、船（办理货运手续、报关、投保）、款（制单、结汇）四个履约环节。只有做好这些环节的工作，才能防止"有货无证""有证无货""有货无船""有船无货""单证不符""单单不符"或违反装运期等情况的出现。下面以按 CIF 成交、凭跟单信用证方式付款的合同为例，从证、货、船、款四个环节，对出口合同履行所涉及的各项业务进行介绍。

9.1.1　催证、审证、改证

1. 催证

催证就是出口商通知或催促国外进口商按照合同内容，迅速通过银行将信用证开来，以便出口商能将货物及时装运。如果买方不按合同规定及时开立信用证，卖方可以以书面或口头形式催促买方开证。一般情况下，买方信用证最少应在货物装运期前 15 天开到卖方手中。对于资信情况不是很了解的新客户，原则上坚持在装运期前 30 天或 45 天甚至更长的期限，并且配合生产加工期限和客户的要求，灵活掌握信用证的开证日期。在实际业务中，国外客户在遇到市场行情变化或缺乏资金的情况下，往往拖延开证，因此，出口商应及时经常检查买方的开证情况。出口商可在以下情况下催证：

（1）国外买方没有在合同规定期限内开出信用证。

（2）买方信誉不佳，故意拖延开证，或因资金等问题无力向开证行交纳押金。

（3）卖方提早将货备妥，可以提前装运，可与买方商议提前交货。

（4）合同规定的装运期距合同签订的日期较长，或合同规定买方应在装运期前一定时间开出信用证。

▌思考

资料：我国某出口公司与日本一厂商就某商品按 CIF 即期信用证付款条件达成一项出口合同。合同规定 5 月装运，但未规定具体的开证日期。后因该商品的市场价格趋降，日方便拖延开证。我方为防止延误装运期，从 4 月上旬起即多次电催开证，终于使该外商在 5 月 12 日开来了信用证。但由于该商品开证太晚，我方安排装运发生困难，遂要求对方对信用证的装运期和议付有效期进行修改，分别推迟一个月。但外商不同意，并以我方未能按期装运为由单方面宣布解除合同。

　　请问：你认为这起纠纷该如何处理？为什么？此纠纷对我们有何启发？

2. 审证

　　信用证是依据合同开立的，信用证内容应该是与合同条款一致的。但在实践中，由于种种因素，如工作的疏忽、电文传递的错误、贸易习惯的不同、市场行情的变化或进口商有意利用开证的主动权加列有利于他方利益的条款等，往往会出现开立的信用证条款与合同规定不符的情况。为确保收汇安全和合同顺利执行，防止导致经济上和政治上不应有的损失，我们应该在国家对外政策的指导下，对不同国家、不同地区及不同银行的来证，依据合同进行认真核对与审查。

　　审证是指收到国外客户开来的信用证之后，对来证的各项条款逐一核对和审查，这是信用证业务中极其重要的一个环节。若在审证中发现"不符点"，应立即要求开证人进行修改。否则会影响到出口方收汇的安全。

　　在实际业务中，银行（指通知行）和出口企业在收到国外来证后，应严格审核、层层把关，共同承担审核信用证的任务。但其分工不同：就银行而言，主要侧重于政策性及信用证真实性的审核，如信用证的真实性、开证行的资信状况、信用证的种类、开证行的付款责任和索汇路线等方面的内容；而出口企业则侧重于信用证条款与买卖合同是否一致的审核。审证要点如下：

　　（1）信用证的性质。我国一般只接受"不可撤销的"信用证，如果是属于"可以撤销的"信用证，则不予接受。对于合同上规定"保兑的"信用证，信用证上必须有"保兑"字样，否则不能接受。保兑信用证一般须有开证行以外的银行保证对信用证承担付款责任。

　　（2）开证银行的付款责任。为了保证收汇安全，对于开来的不可撤销信用证，应注明开证行保证付款的责任文句。如果来证中对开证银行保证付款责任方面加列了限制或保留条件，如"以领到进口许可证后通知卖方方能生效""在付款人拒付货款时，不承担付款责任"或类似加注，则不予接受。

　　（3）信用证金额和支付货币。来证中的金额和支付货币应与合同规定相一致。单价与总值要填写正确，大、小写并用。如合同订有溢短装条款，信用证中也应包括溢短装部分的金额。此外，还必须注意信用证中所采用的支付货币与合同的规定是否相同。如果两者的规定不一致，则应按国家外汇管理部门公布的人民币外汇牌价，将来证中的支付货币折算成合同货币，在不低于或相当于合同货币金额时方可接受。

　　（4）信用证装运期、有效期、到期地点、交单期。信用证应注明装运期，且装运期必须与合同规定一致。如国外来证晚，无法按期装运，应及时电请国外买方延展装运期限。信用证的有效期与装运期之间有一定的合理间隔，一般规定在装运期限后 15 天，以便在装运货物后有足够的时间办理制单结汇工作，从而保证如期安全收汇。关于信用证的到期地点，通常规定在我国境内到期，如信用证将到期地点规定在国外，一般不宜轻易接受。

通常情况下，信用证还须规定一个在装运日后若干天必须向银行提交单据的特定期限，即交单期。信用证的受益人应至少有 21 天的交单时间。如果信用证中未规定交单期，必须在不迟于提单签发日期的 21 天内，同时不超过信用证到期日，向银行提交单据，否则，银行有权拒付货款。如果信用证规定的交单期过短，以致无法在规定的期限内交单，必须及时提出修改。

小贴士

《UCP 600》关于"有效性、有效期限及提示地点"的规定

（1）信用证必须规定可以有效使用信用证的银行，或者信用证是否对任何银行均为有效。对于被指定银行有效的信用证同样也对开证行有效。

（2）信用证必须规定它是否适用于即期付款、延期付款、承兑或议付。

（3）不得开立包含有以申请人为汇票付款人条款的信用证。

（4）信用证必须规定提示单据的有效期限。规定的用于兑付或者议付的有效期限将被认为是提示单据的有效期限。

（5）可以有效使用信用证的银行所在的地点是提示单据的地点。对任何银行均为有效的信用证项下单据提示的地点是任何银行所在的地点。不同于开证行地点的提示单据的地点是开证行地点之外提交单据的地点。

（6）除非有特殊规定，由受益人或代表受益人提示的单据必须在到期日当日或在此之前提交。

（5）信用证规定的单据。对于来证中要求提供的单据种类、份数及填制方法等，要进行仔细审核，如发现有不正常规定，如要求产地证书、检验证书或其他任何单据必须由国外第三者签证，则不能接受。在实际业务中，客户往往规定商品检验证书由买方出具，这就失去了检验商品和发运的主动权。对于这种要求，要力争拒绝，争取卖方的主动权。有的信用证还规定在提单上的目的港后面加上指定的卸货码头，这就难以控制能否卸货或及时卸货，故必须慎重对待。

（6）当事人的名称。对于当事人的名称，如开证人、付款人、开证行、通知行、议付行、受益人等，必须逐一查核，不能有错。否则，一字之差，名称就改变了，对货、款两个方面均会造成极大的影响或损失。

（7）其他条款。国外来证往往受到开证行所在国的政策和法律的限制，规定了一些出口合同上未规定的条款，如指定船公司、船籍、船龄、船级等条款，或不准在某个港口转船等。对此我方出口公司一般不应轻易接受。但若对我方无关紧要，而且可以办到，则也可酌情灵活掌握。

3. 改证

在对信用证进行了全面细致的审核以后，如果发现问题，应区别问题的性质，分别同银行、运输、保险、商检等有关部门研究，做出恰当、妥善的处理。凡是不影响收汇的，可

给予通融，不必修改信用证；凡是间接或直接影响交货和收汇的，应由受益人立即要求开证申请人，通过原开证行对已开出的信用证进行必要的书面修改，或解释或删除。凡是属于不符合我国对外贸易方针政策、影响合同执行和安全收汇的情况，必须要求国外客户通过开证行进行修改，并坚持在收到银行修改信用证通知书后才能对外发货，以免发生货物装出后而修改通知书未到的情况，造成我方工作上的被动和经济上的损失。如开证申请人同意修改，通常先直接通知受益人，然后由原开证行通过原通知行转递正式信用证修改书。受益人接受修改内容后，修改书即成为原信用证不可分割的组成部分，信用证就此生效，当事人必须坚决执行。

在一份信用证中，有多处条款需要修改的情形是很常见的。对此，应做到一次向国外客户提出，尽量避免由于我方考虑不周而多次提出修改要求，否则，不仅会增加双方的手续和费用，而且会导致拖延交货。对于收到的信用证修改书中仍有不能接受之处，我方有权拒绝接受，但应及时将做出拒绝修改的通知送交通知行，以免影响合同的顺利履行。根据《UCP 600》，对一份信用证的修改通知书，要么全部接受，要么全部拒绝，不能只接受其中的一部分而拒绝其他部分。

关于信用证和合同之间存在的不符点，必须修改的，坚决要求修改；可改可不改或对我方有利的，可不要求修改。

一般改证流程：审证→函电要求买方修改→买方向开证行申请改证→开证行改证并转交通知行→通知行将改证转交买方。

需要注意的是，为了防止作伪，便于受益人全面履行信用证条款所规定的义务，信用证的修改通知书应通过原证的通知行转递或通知；如果是开证人或开证行径自寄来的，应提请原证通知行证实。

总之，对国外来证的审核和修改是保证顺利履行合同和安全迅速收汇的重要前提，必须给予足够的重视，认真做好审证工作。

9.1.2　备货、报检

1. 备货

出口合同的履行中，备货是关键。备货是进出口公司根据合同和信用证规定，向生产加工及仓储部门下达联系单，要求有关部门按联系单的要求，对应交的货物进行清点、加工整理、刷制运输标志及办理申报检验和领证等工作。为了保证各履约环节的有序进行，在取得信用证之后，出口企业应立即根据出口贸易合同和来证的各项规定，向生产、加工、仓储等部门填发预先印制好的加工通知单，该通知单上的各栏目必须填写清楚，做到各栏内容与信用证和合同条款完全一致，以作为确保各有关备货交运部门严格执行的共同依据。在备货交运过程中，应注意以下几点：

（1）对所备货物的品质、规格、花色、品种要严格核对，使所交运的货物完全符合合同和信用证的规定。如果不符，应进行筛选、加工、整理，直至达到要求为止。

（2）备货数量必须符合出口合同或信用证的规定。《UCP 600》对合同中数量机动幅度的规定如下：

1）如信用证明确规定允许溢短装 ××%（More or Less ××%），则按此规定交货。

2）如信用证将"大约""近似"或类似意义的词语用于信用证金额、数量及单价，应解释为允许有 10% 的增减。

3）信用证未规定数量不得增减，货物数量仅以度量衡制计量单位表示，未计包装单位，也不是以个数计算，则在支取金额不超过信用证金额的前提下，交货数量可有 5% 的增减。

例如，外商向我方订购 10 万码全棉色织布，则我方实际交货数量可有 5% 的增减，但以总金额不超过信用证金额为限。又如，外商向我方订购 10 000 台全自动洗衣机，则我方只能出口洗衣机 10 000 台，而不适用 5% 机动幅度的规定。

（3）所备货物的包装必须符合出口合同规定，包括内外包装的方式方法、用料、重量等。由于运输公司按重量或体积计算运费，出口企业应尽量选择重量轻的小体积包装，以节省运输费用。

（4）运输包装的刷唛，要按买卖双方约定的式样，要求图形和文字清晰、醒目，位置适当，涂料不易脱落和防止错刷，如图 9-1 所示。唛头式样一般由卖方自行制定，并及时通知买方，或在合同上加以说明，以便及时刷唛和货到时提货无误。如果在合同上仅规定由买方决定，则要求买方在开出的信用证上注明或于发运前 10 ~ 15 天通知卖方，否则卖方可自行决定，并在货物运往装运港前刷唛完毕。

图 9-1　刷唛示意图

2. 报检

对于法定检验产品，在装运前必须要办理报检手续。

（1）一般工作程序

企业通过"互联网＋海关"及"单一窗口"报关报检合一界面录入报关报检数据向海关一次申报。同时，在海关申报项目整合完成前，允许企业根据使用习惯，对进口法检商品自主选择申报途径。对于通过"单一窗口"单独报关、报检界面或报关报检企业客户端申报的，企业先填写报检数据取得检验检疫编号，再填写报关数据，并在报关单随附单据栏中填写检验检疫编号；对于出口法检商品，取消填报原通关单代码和编号，企业申报时填写报检电子底账数据相关编号，据此实现检验检疫电子底账数据与报关单进行自动关联对碰。出口商品报检流程如图 9-2 所示。

```
                              ┌──────────┐
                              │  出口商品  │
                              └────┬─────┘
              ┌────────────────────┴────────────────────┐
       ┌────────────┐                              ┌──────────────┐
       │  法定检验商品  │                              │  非法定检验商品  │
       └──────┬─────┘                              └──────┬───────┘
       ┌──────────────┐                          ┌────────────────┐
       │ 报检人提供合同、信用证 │                          │ 报检人提供合同、信用证 │
       │  及有关单证资料   │                          │   及有关单证资料   │
       └──────┬───────┘                          └───────┬────────┘
      ┌───────┴────────┐                                 │
┌───────────┐ ┌────────────┐               ┌──────────────┐
│ 直接出口的向当地 │ │ 运往口岸或异地出口 │               │  到当地海关报检   │
│  海关报检    │ │ 的向产地海关报检  │               └───────┬──────┘
└─────┬─────┘ └─────┬──────┘                       ┌──────────────┐
┌───────────┐ ┌────────────┐               │  经当地海关报检   │
│ 经当地海关检验  │ │ 经产地海关检验  │               └───────┬──────┘
└─┬──────┬──┘ └──┬──────┬─┘                 合格 │ 不合格
 合格   不合格    不合格  合格
```

| 签发 | 签发不合格通知 | 报检人取得产地海关 | 签发电子底账册 | 签发不合格通知 |
| 电子底账册 | | 签发的电子底账册 | | |

```
┌────────┐
│ 放行证  │
└────────┘
```

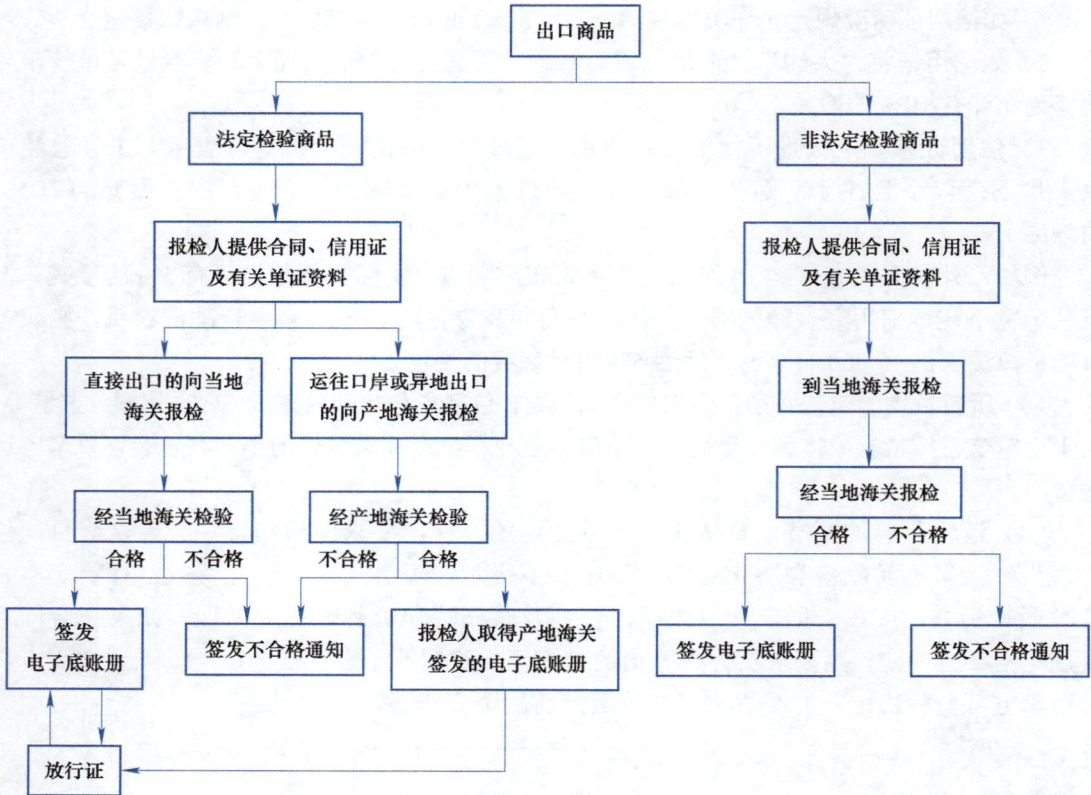

图 9-2　出口商品报检的流程

（2）报检条件、范围、时限和地点及应提供的单证

1）报检条件

①已经生产加工完毕并完成包装、刷唛、准备发运的整批出口货物。

②已经经过生产企业检验合格，并出具厂检合格单的出口货物。

③对于执行质量许可制度的出口货物，必须具有商检机构颁发的质量许可证或卫生注册登记证。

④必须备齐各种相互吻合的单证。

上述四个条件必须同时具备。

2）报检范围

①国家法律、行政法规规定必须由出入境检验检疫机构实施检验检疫的。

②对外贸易合同约定须凭检验检疫机构签发的证书进行结算的。

3）报检时限和地点

①出境商品最迟应在出口报关或装运前 7 天报检，对于个别检验检疫周期较长的货物，应留有相应的检验检疫时间。

②需隔离检疫的出境动物在出境前 60 天预报，隔离前 7 天报检。

③法定检验检疫货物，除活动物需由出境口岸检验检疫机构检验检疫外，原则上应坚持产地检验检疫。

4）报检时应提供的单证。2018 年 8 月 1 日起，报关单、报检单合并为一张报关单，关检业务实行整合申报。商品出境时，应填制和提供报关单，并提供外贸合同、销售确认书或订单，商业发票，装箱单，信用证或有关函电，生产单位出具的厂检结果单原件，检验检疫机构签发的出境货物运输包装性能检验结果单正本。下列情况报检时，应按要求提供相关物品和材料：

①凭样品成交的，还须提供样品。

②经预检的商品，在向检验检疫机构办理换证放行手续时，应提供该检验检疫机构签发的出境货物换证凭单正本。

③产地与报关地不一致的出境商品，在向报关地检验检疫机构申请电子底账册时，应提交产地检验检疫机构签发的出境货物换证凭单正本或出境货物换证凭条。

④按照国家法律、行政法规的规定实行卫生注册和质量许可的出境商品，必须提供经检验检疫机构批准的注册编号或许可证编号。

⑤危险商品出境时，必须提供出境货物运输包装性能检验结果单正本和出境危险货物运输包装使用鉴定结果单正本。

⑥特殊商品出境时，根据法律法规规定应提供有关审批文件。

9.1.3 办理货运手续、报关、投保

在落实信用证和完成备货后，出口企业应该按照买卖合同和信用证的规定，对外履行装运货物的义务。安排货物出运涉及的工作环节很多，如租船或订舱、报关、投保等事宜。

1. 办理货运手续

货物应在合同或信用证规定的最迟装期前出运。运输单据的签发日期即视作装运日期，不能迟于信用证或合同规定的最迟装期。安排装运的基本流程如图 9-3 所示。

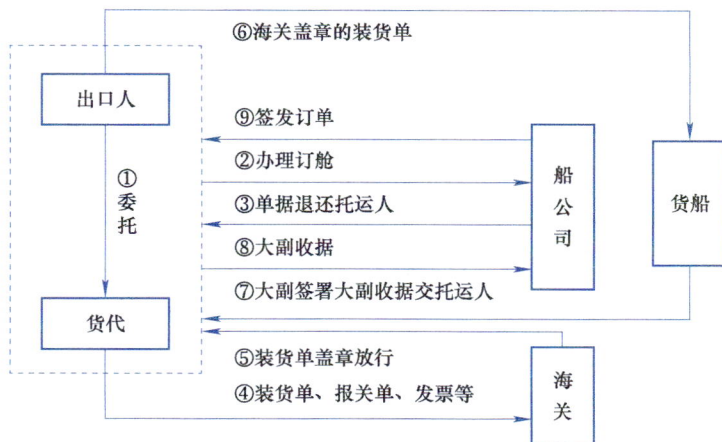

图 9-3 安排装运的基本流程

①出口企业，即货主在货、证齐全后，填制订舱委托书（Booking Note），随付商业发票、装箱单及其他必要单据，委托货代代为订舱。

②货代接受订舱委托后，缮制货物托运单，随同商业发票、装箱单及其他必要单据一

同向船公司办理订舱。

③船公司接受订舱后，在托运单的几联单据上编上与提单号码一致的编号，填上船名、航次，并签署，同时把配舱回单、装货单（Shipping Order）等退还给托运人。

④托运人办理货物报关手续。

⑤海关对货物进行查验，如同意出口，在报关单及装货单上盖章放行，并同意将其退还给托运人。

⑥托运人持海关盖章的装货单要求船长装货。

⑦装货后，由大副签署大副收据（Mate's Receipt），交托运人。

⑧托运人将大副收据向船公司换取正本已装船提单。

⑨船公司凭大副收据签发正本提单并交给托运人凭以结汇。

货物装运时／后，出口方应立即向进口方发出装运通知（Shipping Advice），以便对方及时办理投保（以 FOB/FCA、CFR/CPT 条件成交）或做好接货准备工作。

2. 报关

出口企业办理出口报关手续时，应填写出口货物报关单，一般在装货前 24 小时向海关申报。出口货物报关单是海关对出口货物凭以进行监管、查验、征税和统计的基本单据。申报人必须如实、正确、无误地填写报关单上的各项内容，并盖上向海关备案的报关专用章和报关员的名章，否则海关不予接受。在实际业务中，出口企业通常委托外运公司代理报关，也可自行报关，或委托专业报关公司报关。

一般进出口货物报关程序

海关根据国家有关政策规定，对提交的报关单据进行审核，对出口货物进行查验，以确定实际货物与报关单据所列内容是否一致。在审核单证、查验货物、办理纳税手续后，海关在报关单上盖"验讫"章，予以放行货物。

3. 投保

按 CIF/CIP 条件出口，出口企业要在货物装运前，根据合同或信用证的有关规定向保险公司办理投保手续，取得保险单据，并在保险单背面空白背书，将受益人的权利（向保险代理提出索赔的权利）转让给进口方。保险单上的保险条款与投保险别必须与信用证的规定相一致。若信用证未规定投保险别，则可依据合同规定的保险条款及其险别进行投保。保险金额通常为发票金额的 110%。如来证要求提高投保比例，也可以接受，但超额保险费应由进口方承担，否则应予以拒绝。

9.1.4 制单、结汇

出口企业在货物装运后，应立即按照信用证的要求，正确缮制各种单据，并在信用证规定的有效期和交单期内，将单据及有关证件送交银行，通过银行收取外汇，并将所得外汇出售给银行换取人民币，这个过程即为出口结汇。

1. 制单

（1）制单前的准备。制单前的主要准备工作是找全合同和信用证。在信用证付款的条件下，要分析判断信用证对单证的具体要求，并将有关内容一一列表，以便办理单证时查核，防止发生差错和遗漏；同时，要核查有关银行和当事人的名称、各种单证的份数等，还要核查有关单据有无抬头和背书等。

（2）制单的基本要求。在信用证付款的条件下，要求开证行审核单证与信用证完全相符，才承担付款的责任；如发现任何不符之处，均有拒绝付款的可能。因此，在制单时要慎之又慎。

对结汇的单据要求做到"正确、完整、及时、简明"。正确是指单证要符合合同和信用证的规定，同时也要符合有关国际惯例和法律的要求，做到"单证一致，单单相符"。外贸单证的齐全和完整是构成单证合法性的重要条件之一，完整即必须严格按信用证的规定提供所有的单证，单据的份数，每份单据的项目、内容必须完整无缺。及时是指各种单据的出单日期必须及时、有序、合理，要符合信用证规定的有效期限或按商业习惯的合理日期；另一方面，要在信用证有效期内将单据寄交议付行，以便银行及早出单，按时收汇。简明是指单证内容力求简洁明了，各项内容布局合理、层次分明，重点项目醒目突出，避免复杂烦琐。

（3）出口结汇的主要单据

1）汇票。填制汇票应注意汇票的编码一般与发票号码一致，汇票的出票日期同提单日期或晚于提单日期。应严格、规范地按汇票各栏目的要求填制汇票。

2）发票。发票的种类主要有商业发票、海关发票、领事发票、厂商发票、联合发票、形式发票及银行发票等。

3）提单。提单是各种单据中最重要的单据，必须十分严格地按信用证的要求填制。

4）保险单。所提供保险单的被保险人应是信用证上的受益人，并加空白背书，便于办理保险单转让；保险金额和保险险别应与信用证规定一致；保险单签发日期应早于或同提单日期。

5）其他单据。其他单据主要有普惠制产地证、原产地证明书、装箱单和重量单等。

2. 结汇

不同的付款方式，其结汇方式也有所不同。

（1）信用证（L/C）方式结汇。信用证方式结汇又包括两种情况：买单结汇和收妥结汇。

1）买单结汇。买单结汇又称出口押汇，即议付行在审单无误后，按信用证条款买入受益人的汇票和单据，按票面金额扣除从议付日到估计收到票款之日的利息，将净额按议付当日的外汇牌价折算成人民币，付给信用证的受益人。议付行买入跟单汇票后，就成为汇票的正当持有人（Bona-fide Holder），即可凭汇票向付款行索取票款。若汇票遭拒付，议付行有权向受益人追回票款，并加收利息。买单结汇的做法实为议付行向受益人进行资金融通，有利于出口企业的资金周转和对外贸易的不断扩大。

2）收妥结汇。收妥结汇又称先收后结，即议付行收到受益人提交的单据，经审核无误后，将单据寄交国外开证行或指定付款行索取货款，待收到付款行将货款转入议付行账户的贷记通知书后，议付行按当日外汇牌价折算成人民币，付给受益人。

（2）D/P、D/A 方式结汇。在托收情况下，出口方发货后按托收合同要求缮制全套单据交托收行，委托其通过国外代收行向进口方收取货款。但银行仅提供服务而不提供信用，能否收回合同款项完全取决于进口商的信誉。当然，托收行可以向出口商提供有追索权的融资。

（3）T/T 方式结汇。如采用前 T/T 付款，出口商在发货前就已收到足额的货款，没有任何收汇风险。但在全球买方市场的形势下，大多采用的是后 T/T，即国外客户收到我方出口货物后再履行其付款义务，则付款的主动权完全掌握在进口方手中。因此，出口方出货后应及时向进口方进行催款。

（4）保理方式结汇。在采用 D/P、D/A、O/A 等商业信用付款方式的情况下，出口方可采取国际保理方式来规避结算风险。出口方发货后，将全套单据交给出口保理商，即可获得 80% 及以上无追索权的融资款。出口保理商再将单据寄交进口保理商，由其进行财务管理，向进口方追讨应收账款。如进口商到期不付款，则由进口保理商从进口商应付款之日起算至第 90 天，扣除相关费用后将全部款项交付出口保理商，出口保理商扣除融资款及相关费用后将余额拨交出口方。但在保理业务中，保理商提供 100% 的付款保障担保是有条件的，即出口方必须在保理商核定的授信额度内出货，而且必须严格履行合同义务，按照合同要求保质、保量、按时出货，否则保理商即可解除对应收账款的坏账担保。

3. 出口收汇核销与出口退税

出口企业在办理货物装运出口及制单结汇以后，应及时办理出口收汇核销和出口退税手续。

（1）出口收汇核销。出口收汇核销是国家为了加强出口收汇管理，保证国家的外汇收入，防止外汇流失，指定外汇管理部门对出口企业贸易项下的外汇收入情况进行事后监督检查的一种制度。对于一般贸易、易货贸易、租赁、寄售、展卖等出口贸易方式，只要涉及出口收汇，都必须进行出口收汇核销。

（2）出口退税。出口企业应在规定的期限内，向国家税务机关提交出口货物报关单（出口退税专用联）、出口销售发票、出口购货发票（增值税发票）、银行结汇水单和出口收汇核销单，经国家税务机关审核无误后，办理出口退税。

9.2　进口合同的履行

进口贸易和出口贸易一样，也是通过合同的磋商、订立和履行实现的，所涉及的国际惯例及法律规则基本相同。由于在进口贸易中我方处于买方地位，因而要争取的条件、贸易的具体做法等与出口贸易有所不同。

一般来说，进口贸易的工作程序要比出口贸易复杂一些。我国的进口合同通常按 FOB、CFR 或 CIF 条件成交，以信用证方式结算，以海运方式运输货物。合同的履行一般要经过以下环节：对外开立信用证或预付款；租船或订舱、催装；办理保险；开证行审单付汇；进口方购汇付款赎单；进口报关、提货；办理进口商检；向用货单位拨交货物并结算货款；进口索赔及仲裁等。

现将进口合同履行所涉及的各项业务分述如下：

9.2.1　办理进口有关证件

如进口商品属于国家限制类的商品范围，则需要办理有关证件。除一般进口合同外，技术引进和重大设备进口合同必须经对外经济贸易主管部门或其授权批准的职能部门审查批准，合同才能生效。合同签署后由进口单位填写进口货物免税申请表，并附合同副本和项目审批机关的证明，向海关办理进口货物免税手续，申领进口付汇核销单。另外，机电产品进口还需申请进口配额等。

9.2.2　开证、改证及预付货款

签订进口合同后，根据合同规定办理开证手续。

1. 填写开立信用证申请书

首先填写开立信用证申请书（Application for Letter of Credit），向银行办理开证手续。进口商申请开立信用证，应向开证银行交付一定比率的押金（Margin）或抵押品，同时按规定向开证银行支付开证手续费。

申请开立信用证的注意事项如下：

（1）应满足"证同一致"的要求。最好不用"参阅 ×× 号合同"（As per S/C No.××）的规定，因信用证是自足文件，签发后就与买卖合同无关了。

（2）申请开证的时间要符合合同规定。信用证的开证时间应按合同规定办理，如合同规定由卖方确定交货期，买方应在收到卖方交货期通知后开证；如合同规定卖方获得出口许可证或提交履约保证金后开证，则买方应在收到卖方已领到许可证的通知或银行通知保证金已照收后开证。

由于信用证的开证时间会影响装运期，有时甚至直接影响出口方的加工生产，出口方只有在收到信用证后才可以放心地安排生产和装运，因此，进口方一定要在规定的装运期前开出信用证，以便出口方有足够的时间安排货物出运。

（3）开证申请书文字应力求规范、完整、明确。进口商要求银行在信用证上载明的事项，必须完整、明确，不能使用含糊不清的文字。应避免使用"大约""近似"或类似的词语。这样，一方面可使银行处理信用证或卖方履行信用证的条款时有所遵循，另一方面也可以保护自己的权益。

2. 开立信用证

在我国，中国银行为进口企业开立信用证时，还有以下规定和做法：

（1）不开立可转让信用证。一般情况下，开证行无法对第二受益人的情况进行调查，尤其是对跨地区或国家的转让活动，更难了解和掌握。在这种情况下，一旦信用证被转让出去，开证行就很难控制。

在实际业务中，如果存在大额货物涉及多家出口商时，中国银行可以在所开立的信用证中表明"汇票和单据若由某厂商提供可以接受"或"第三者出具的装运单据可以接受"，以表明厂商可以作为本证的受益人。

（2）接受由开证人或出口方指定通知行的信用证。信用证中的通知行是开证行在国外

业务的延伸，两家银行合作是信用证安全使用的基础。因此，一般银行在其他国家都有其相对固定的合作银行。中国银行在为国内进口企业开立信用证时，规定通知行由中国银行指定。如果国外出口方执意指定通知行，中国银行也接受进口企业在开证申请书上注明"该银行在中国银行选择通知行时供参考"。

（3）一般不接受开立他行保兑的信用证。保兑行通常由通知行兼任。保兑行对受益人独立负责，承担必须付款或议付的责任。

3．信用证常见的修改内容

（1）展证，即延长信用证的装运期和有效期。

（2）变更装卸港。

（3）对分批装运／转运的修改。

（4）增减货物数量或金额。

（5）修改受益人名称、地址。

9.2.3   入境货物报检

进口商在收到开证行转来的全套议付单据（进口商业发票、装箱单、汇票等）后，对其进行审核。如果审核无误，办理付款赎单手续。审单的原则、方法和出口审单的原则、方法相同，在此不再介绍。接下来，进口商将着手报关报检。如果是属于法定检验检疫的商品，则应在报关前办理报检手续，取得电子底账册。进口商可以自行报检，也可以委托货代公司代理报检。

9.2.4   进口货物报关

进口货物报关即进口货物的收货人或其代理人向海关交验有关单证，办理进口货物的申报手续。货到目的港后，进口企业要根据进口单据填写进口货物报关单，连同发票、货运单、装箱单或重量单、保险单及其他必要文件向海关申报，并在海关对货物及各种单据查验合格后，按国家规定缴纳税费。

进出口关税的计算

法定申报时限为自运输工具申报进境之日起 14 天内，超过 14 天期限未向海关申报的，由海关按日征收进口货物 CIF 或 CIP 价格的 0.5‰ 的滞报金。超过 3 个月未向海关申报的，由海关提取变卖。海关根据申报人的申报，依法进行验关。如货物符合国家的进口规定，即在货运单据上签章放行。未经海关放行的货物，任何单位或个人不得提取。

滞纳金和滞报金的计算

9.2.5   进口付汇核销

1．审单付汇

如采用信用证付款方式，国外出口人履行交货义务后，将汇票和全套货运单据经议付银行寄交开证行或付款行收取货款。开证行或付款行收到国外银行寄来的全套单据后，必须合理谨慎地根据"单证一致，单单一致"的原则审核信用证规定的所有单据，以确定单据是否表面上与信用证条款相符。如单据与信用证相符，即由开证行或付款行对外进行即期付款，或承担延期付款责任，或承兑受益人开立的汇票，到期付款等。开证行或付款行审单后的付款是终局性的，无追索权。如经银行审核后发现单证不符或单单不符，应根据情况分别对待：如市场情况对进口方不利，进口方可通过银行对外拒付；如市场情况对进口方有利，进口方还想要这批货，也可通过银行通知出口方更正单据或由国外银行书面担保后付款，还可以等到检验合格后付款。开证银行或付款银行对外付款后即要求进口方付款赎单。

根据《UCP 600》，开证行或保兑行（如有的话）或其他被指定银行决定拒绝接收单据，则必须在收到单据次日起 7 个银行工作日以内，以电信方式或其他快捷方式通知寄单银行或受益人，并说明银行据以拒收单据的所有不符点，还必须说明是持单听候交单人处理，或是退回交单人。

如采用托收支付方式，我国代收行在收到国外托收行寄来的全套单据后，会同进口方依据合同进行审核，在 7 个银行工作日内做出接受或拒收单据的通知。在 D/P 方式下，进口方付清全部货款后银行向其交单，凭以提货销售或转卖；在 D/A 方式下，进口方在银行承兑书上加以承兑便可获得整套单据，远期汇票则由银行保管，到期由银行再次向进口方提示时，进口方再履行付款的义务。如托收单据存在不符点，进口方可本着长期友好合作的态度仍然付款赎单，也可结合市场行情，酌情考虑拒付与否。但必须注意的是，进口方一旦拒付，便不能获得单据凭以提货。

2．进口核销

根据我国《贸易进口付汇核销监管暂行办法》，进口单位"应当在有关货物进口报关后 1 个月内向外汇局办理核销报审手续"。因此，在报关完后 1 个月内，进口商必须去外汇管理局办理进口付汇核销手续。

9.2.6　进口索赔

在进口业务中，如果出现卖方不交货或不按期交货、原装数量不足、品质低劣、规格与合同规定不符、包装不良使货物受损等情况，进口方应及时向出口方提出索赔；如果进口方收到的货物数量少于运输单据所载的数量，或运输单据是清洁的而由于承运人的过失造成货物残损、遗失，应向承运人提出索赔；凡属于自然灾害、意外事故、其他外来原因造成的货物损失，并且在保险公司的承保责任范围内，应及时向保险公司提出索赔。

进口索赔时应注意以下几个问题：

（1）备齐索赔证据，包括商检证书，港务局的理货报告，以及承运人的短卸、残损证明等。

（2）确定索赔金额。按照国际惯例，进口商向出口商索赔的金额与出口商违约所造成的实际损失相符，即按照商品的价值和损失程度计算。此外，还应包括商检费、装卸费、清关费用、税费、仓租、银行手续费、利息、合理的预期利润等。进口方向承运人和保险公司的索赔金额应按运输合同和保险合同规定的方法计算。

（3）索赔必须在规定的索赔期限内提出。向出口商索赔，应在买卖合同规定的索赔期限内提出。如果合同中未规定索赔期限，按照《公约》的规定：进口方行使索赔权的最长期限是自实际收到货物起不超过 2 年（如到货检验中不易发现货物缺陷的）；向承运人索赔的期限，为货物到达目的港卸离海轮后 1 年之内；向保险公司索赔的期限，为被保险货物在目的港全部卸离海轮后 2 年之内。

• 实训项目（Training Project）

根据信用证缮制汇票、商业发票、装箱单、提单

◯ 项目情境

1. 信用证资料

18AUG08 14:10:38	LOGICAL TERMINAL P005
	MT S700 ISSUE OF DOCUMENTARY CREDIT
	PAGE 00001 FUNC SWPR3
	MSGACK DWS765I AUTHENTICATION SUCCESSFUL WITH PRIMARY KEY
BASIC HEADER	F 01 BKCHCNBJA300 5976 662401
APPLICATION HEADER	O 700 1530 030807 MITKJPJTA××` 1368 960990 180808 *SAKURA BANK, LTD. , *（THE FORMERLY MITSUI TAIYO KOBE） *TOKYO
USER HEADER	BANK, PRIORITY 113： MSG USER REF 108：
SEQUENCE OF TOTAL	*27：1/1
FORM OF DOC. CREDIT	*40 A：IRREVOCABLE
DOC. CREDIT NUMBER	*20: 090-3001573
DATA OF ISSUE	*31 C：180804
EXPIRY	*31 D：DATE 080915 PLACE IN THE COUNTRY OF BENEFICIARY
APPLICANT	*50: TIANJIN-DAIAI CO., LTD, SHIBADAIMON MF BLOG, 2-1-16,SHIBADAIMON, MINATO-KU, TOKYO, 105 JAPAN
BENEFICIARY	*59: NINGBO HAIWEN IMP&EXP.CORP.,LTD 9FL, NO. 428, ZHONGSHAN EAST ROAD, NINGBO
AMOUNT	*32 B：CURRENCY USD AMOUNT 74,157.00
ADD. AMOUNT COVERED	39 C：FULL CIF INVOICE VALUE
AVAILABLE WITH/BY	*41 D：BANK OF CHINA BY NEGOTIAYION
DRAFTS AT…	42 C：DRAFT（S）AT SIGHT

（续）

DRAWEE	42 A : CHEMUS33 　　*CHEMICAL　BANK 　　*NEW YORK ,NY
PARTIAL　SHIPMENT	43 P : PARTIAL SHIPMENTS ARE ALLOWED
TRANSSHIPMENT	43 T : TRANSSHIPMENT IS NOT ALLOWED
LOADING　IN CHARGE	44 A : NINGBO, CHINA
FOR TRANSPORT TO…	44 B : KOBE/OSAKA, JAPAN
LATEST DATE OF SHIPMENT	44 C : 180831
DESCRIPTION OF GOODS	45 A : GIRL'S　T/R　VEST　SUITS ST/NO .353713　　　　　6 000 SETS.　　USD6.27/SET　　USD37,620.00 　　　　353714　　　　5 700 SETS.　　USD6.41/SET　　USD36,537.00 TOTAL:　　　　　　11 700 SETS.　　　　　　USD74,157.00
PRESENTATION　PERIOD	48: DOCUMENTS MUST BE PRESENTED WITHIN 　　15 DAYS AFTER THE DATE OF SHIPMENT
CONFIRMATION	*49: WITHOUT
REIMBURSEMENT BANK	53 A : CHEMUS33 　　*CHEMICAL　BANK 　　*NEW YORK , NY
INSTRUCTIONS	78: IN REIMBURSEMENT, NEGOTIATING BANK SHOULD SEND THE BENEFICIARY'S DRAFT TO THE DRAWEE BANK FOR OBTAINING THE PROCEED, NEGOTIATING BANK SHOULD FORWARD THE DOCUMENTS DIRECT TO THE SAKURA BANK, LTD.,TOKYO INT'L OPERATIONS CENTER P.O.BOX 766 ,TOKYO, JAPAN BY TWO CONSECUTIVE REGISTERED AIRMAILS
DOCUMENTS REQUIRED	*46 B: 　+SIGNED COMMERCIAL INVOICE IN 5 COPIES INDICATING IMPORT ORDER NO.131283 AND CONTRACT NO.18-09-403 DATED JUL.12,2013 AND L/C NO. 　+FULL SET OF 3/3 CLEAN ON BOARD OCEAN BILLS OF LADING MADE OUT TO ORDER OF SHIPPER AND BLANK ENDORSED AND MARKED "FREIGHT PREPAID" NOTIFY TIANJIN-DAIAI CO. ,LTD 6F, SHIBADAIMON MF BLOG. , 2-1-16 SHIBADAIMON, MINATO-KU TOKYO 105 JAPAN. TEL NO. 03-5400-1971, FAX NO.03-5400-1976. 　+PACKING LIST IN 5 COPIES 　+CERTIFICATE OF ORIGIN IN 5 COPIES 　+INSURANCE POLICY OR CERTIFICATE IN 2/2 AND ENDORSED IN BLANK FOR 110 PCT OF FULL TOTAL INVOICE VALUE COVERING ALL RISKS, WAR RISKS AS PER THE RELEVANT OCEAN MARINE CARGO CLAUSE OF P.I.C.C.DATED JAN.1ST, 2009. WITH CLAMS, IF ANY, PAYABLE AT DESTINATION 　+TELEX OR FAX COPY OF SHIPPING ADVICE DESPATCHED TO TIANJIN-DAIAI CO.,LTD.（DIV:1, DEPT:3 FAX NO.03-5400-1976）IMMEDIATELY AFTER SHIPMENT. 　+BENEFICIARY'S CERTIFICATE STATING THAT THREE SETS COPIES OF NON-NEGOTIABLE SHIPPING DOCUMENTS HAVE BEEN AIRMAILD DIRECTLY TO THE APPLICANT IMMEDIATELY AFTER SHIPMENT.

（续）

ADDITIONAL COND.	*47 B: 1）5PCT MORE OR LESS IN BOTH AMOUNT AND QUANTITY PER EACH ITEM WILL BE ACCEPTABLE. 2）BUYER'S IMPORT ORDER NO.131283 MUST BE MENTIONED ON ANY SHIPPING DOCUMENTS. 3）ABOVE CARGO SHALL BE CONTAINERIZED. 4）SHIPPING MARK OF EACH CARTON SHOULD INCLUDE BUYER'S IMPORT ORDER NO.131283 5）T.T. REIMBURSEMENT IS NOT ACCEPTABLE. 6）ALL BANKING CHARGES OUTSIDE JAPAN ARE FOR ACCOUNT OF BENEFICIARY.

ORDER IS <MAC: > <PAC: > <ENC: > <CHK: > <TNG: > <PDE: >

MAC : BF35294E

CHK : 6E452BBE2A45

DLM :

2．制单相关信息（关于其中第一批货物的装船情况）

S/C NO. 353713

发票号：CPU04140A　　　　发票日期：AUG. 10, 2018

提单号：50100289BUS　　　提单日期：AUG. 15, 2018

航次号：CKJ1545216

保险单号：RGS354554　　　产地证号：RQWT5525

船名航次：ULSAN V.501N　　HS 编码：5434.8764

商品数量：6 000 SETS　　　包装：@30 SETS / CTN

集装箱号：MTU7045319/KB846421/40′

　　　　　MTU7045320/KB846422/40′

　　　　　MTU7045321/KB846423/40′

　　　　　MTU7045322/KB846424/40′

毛重：@25 KGS / CTN　　　净重：@24 KGS / CTN

尺码：@0.236 CBM / CTN

➲ 工作任务

请根据上述信用证资料，替出口人缮制汇票、商业发票、装箱单、提单。

▼ 汇票

Drawn under		L/C No.	
Dated		Payable with interest　@_ %per annum	
No.	Exchange for		Place and date of issue

at sight of this FIRST of Exchange（Second of exchange being unpaid）

Pay to the order of

the sum of

Value received for　　　　　　　　　　of
（quantity）　　　　　（name of commodity）

To:		For and on behalf of
		（signature）

▼ 商业发票

ISSUER	**COMMERCIAL INVOICE**	
TO		
	INVOICE NO.	DATE
Transport Details	S/C NO.	L/C NO.
	Terms of Payment	

Marks and Numbers	Number and kind of package; Description of goods	Quantity	Unit Price	Amount

TOTAL:

SAY TOTAL:

Signed by:

▼ 装箱单

ISSUER							
				PACKING LIST			
TO							
				INVOICE NO.		DATE	
Marks	Number and kind of package Description of goods	Quantity	Package	G.W	N.W	Meas.
TOTAL:						
SAY TOTAL:						

▼ 提单

Shipper	
Consignee or order	SINOTRANS B/L No.
Notify address	中国对外贸易运输总公司 CHINA NATIONAL FOREIGN TRADE TRANSPORTATION CORP. 直运或转船提单 **BILL OF LADING** **DIRECT OR WITH TRANSSHIPMENT**

Pre-carriage by | Place of loading

Vessel | Port of transshipment

Port of discharge | Final destination

SHIPPED on board in apparent good order and condition (unless otherwise indicated) the goods or packages specified herein and to be discharged at the mentioned port of discharge or as near thereto as the vessel may safely get and be always afloat.

The weight, measure, marks and numbers, quality, contents and value, being particulars furnished by the Shipper, are not checked by the carrier on loading.

The Shipper, Consignee and the Holder of this Bill of Lading hereby expressly accept and agree to all printed, written or stamped provisions, exceptions and conditions of this Bill of Lading including those on the back hereof.

IN WITNESS Where of the number of original Bills of Lading stated below have been signed, one of which being accomplished, the other(s) to be void.

（续）

Container, Seal No. or Marks & Nos.	Number and kind of packages	Description of goods	Gross weight (kg)	Measurement (m³)

ABOVE PARTICULARS FURNISHED BY SHIPPER

FREIGHT & CHARGES			REGARDING TRANSSHIPMENT INFORMATION PLEASE CONTACT
Ex. rate	Prepaid at	Freight payable at	Place and date of issue
	Total Prepaid	Number of original B(s)/L	Signed for or on behalf of the master as Agents

能力迁移（Skill Transfer）

应 知 考 核

一、单项选择题

1．所谓"单证相符"的原则，是指受益人必须做到（　　）。

A．单据与合同相符　　　　　　　　B．单据和信用证相符

C．信用证和合同相符　　　　　　　D．修改后信用证与合同相符

2．国外来证规定："×× 货物 1 000kg，每千克 2 000 美元；总金额为大约 2 000 000 美元，禁止分批装运。"则卖方向银行支取金额最多应为（　　）美元。

A．2 000 000　　　　　　　　　　B．2 200 000

C．2 100 000　　　　　　　　　　D．2 150 000

3．托运人凭（　　）向船公司换取正式提单。

A．托运单　　　　　　　　　　　　B．装货单

C．收货单　　　　　　　　　　　　D．大副收据

4．一份 CIF 合同下，合同及信用证均没有规定投保何种险别，交单时保险单上反映出投保了平安险，该出口商品为易碎品，因此（　　）。

A．银行将拒收单据　　　　　　　　B．买方将拒收单据

C．应投保平安险加破碎险　　　　　D．银行应接受单据

5．商业发票的抬头人一般是（　　）。

A．受益人　　　　　　　　　　　　B．开证申请人

C．开证银行　　　　　　　　　　　D．卖方

二、多项选择题

1. 对于下列单据，（　　　）是银行有权拒收的。

    A. 迟于信用证规定的到期日提交的单据

    B. 迟于装运日期后 15 天提交的单据

    C. 内容与信用证不相符的单据

    D. 单据之间内容有差异的单据

2. 已装船提单的签发期为 7 月 15 日，信用证规定的有效期为 8 月 15 日，交单期限为装运日后的 15 天，如果信用证要求卖方提交保险单，则保险单的出单日期可以为（　　　）。

    A. 7 月 30 日　　　　　　　　　　B. 7 月 15 日

    C. 7 月 25 日　　　　　　　　　　D. 8 月 15 日

3. 我国出口结汇的方法有（　　　）。

    A. 不定期结汇　　　　　　　　　　B. 押汇

    C. 定期结汇　　　　　　　　　　　D. 收妥结汇

4. 审核信用证和审核单据的依据分别是（　　　）和（　　　）。

    A. 开证申请书　　　　　　　　　　B. 合同

    C. 整套单据　　　　　　　　　　　D. 信用证

应 会 考 核

三、英译汉

1. Application for Letter of Credit　　　2. Insurance Policy

3. Shipping Order　　　　　　　　　　4. Mate's Receipt

5. Certificate of Origin　　　　　　　　6. Packing List

7. PACKING/WEIGHT LIST IN QUADRUPLICATE MADE OUT IN THE NAME OF EURO IBERICA DE COMERCIO S.L., CAMINO DE LA LIOMA, 12, 46960 ALDAYA APARTADO CORREOS 65, VALENCIA, SPAIN CLEARLY SHOWING COLORS IN EACH CARTON AND ALSO N.WEIGHT AND G. WEIGHT.

8. SHIPMENT IS TO BE EFFECTED BY UNITED ARAB SHIPPING COMPANY VESSEL. IF SHIPMENT IS TO BE EFFECTED BY OTHER SHIPPING COMPANIES, A CERTIFICATE ISSUED TO THE EFFECT THAT THE CONCERNED STEAMER IS OF NOT MORE THAN 15 YEARS OLD IS REQUIRED.

四、请根据下列情境，完成工作任务

有一份 CIF 合同，出售一级大麦 1 000 M/T，合同规定"CIF 新加坡每公吨 1 800 元人民币，8 月装船。卖方在新加坡提交单据，由买方支付现金"。货物于 8 月 10 日装船，但卖方一直拖到 9 月 23 日才把单据交给买方。由于当时国际市场大麦降价，买方提出除非卖方赔偿损失，否则将拒绝接受单据。

任务 1：卖方有没有违约？

任务 2：卖方应该如何处理？

五、根据信用证资料缮制发票

◯ **项目情境**

——DC NO. : DC TST148986

——EXPIRY :APR.15, 2019

——APPLICANT: LEON INC.

　　　　1200 NEW YORK DRIVE

　　　　PASADENA, CA. 91108

——BENEFICIARY: ZHEJIANG TEXTILES IMP. & EXP. CORPORATION

　　　　165 ZHONGHE ZHONG RD, HANGZHOU, CHINA

——L/C AMOUNT: USD124 390.00

——LOADING ON BOARD/DISPATCH FROM: NINGBO PORT, CHINA

——FOR TRANSPORTATION TO: NEWYORK

——LATEST DATE OF SHIP: MARCH 31, 2021

——COVERING: LADIES' 80% VISCOSE 12% NYLON 8% KNITTED CARDIGAN

　　　　1) P.O.NO. 6199, 10 900PCS AT USD4.60 PER PC

　　　　2) P.O.NO. 6200, 19 800PCS AT USD3.75 PER PC

　　　　TOTAL 30 700PCS, USD124 390.00

　　　　SALES CONTRACT NO.03PA0010

　　　　DELIVERY TERMS: CIP NEWYORK

　　　　PACKING: PLASTIC, CARTON WITH MARK

　　　　6199/6200/03PA0010/NEWYORK

——DOCUMENTS REQUIRED:+ SIGNED COMMERCIAL INVOICE IN 4-FOLD

　　　　+--------------

——SPECIAL INSTRUCTIONS:+ ALL DOCUMENTS INCLUDING INVOICE MUST BE IN NAME OF ALANT CORPORATION, 111 AVENUE OF THE NEW YORK, NY 10036 U.S.A

　　　　+ INVOICE MUST INDICATE THE FOLLOWING:

　　　　1) OCEAN FREIGHT, INSURANCE COST AND FOB VALUE.

　　　　2) EACH ITEM IS LABELLED "MADE IN CHINA".

　　　　3) GOODS SHIPPED IN ONE 40 FOOT FCL.

◯ **工作任务**

请根据上述信用证资料，替出口方缮制发票（发票模板见本书第 255 页）。

备注：OCEAN FREIGHT 和 INSURANCE COST 分别按 USD3 000.00 和 USD124.39 计。

提示：制作时请注意发票抬头人及发票批注内容。

参 考 文 献

[1] 黎孝先，王健. 国际贸易实务 [M]. 7 版. 北京：对外经济贸易大学出版社，2020.

[2] 罗兴武. 报关实务 [M]. 4 版. 北京：机械工业出版社，2019.

[3] 吴百福. 进出口贸易实务教程 [M]. 上海：上海人民出版社，2004.

[4] 郑俊田，张红. 海关实务 [M]. 北京：对外经济贸易大学出版社，2006.

[5] 中国国际贸易学会商务专业培训考试办公室. 外贸业务理论与实务 [M]. 北京：中国商务出版社，2008.

[6] 张亚芬，陈明. 国际贸易实务与案例教程 [M]. 北京：高等教育出版社，2006.

[7] 张燕芳，史俊红. 国际贸易实务 [M]. 4 版. 北京：人民邮电出版社，2021.

[8] 余庆瑜. 国际贸易实务：原理与案例 [M]. 2 版. 北京：中国人民大学出版社，2019.

[9] 韩斌. 报关与报检实务 [M]. 2 版. 北京：中国人民大学出版社，2019.

[10] 盛洪昌. 国际贸易实务 [M]. 5 版. 北京：清华大学出版社，2020.

[11] 陈言国. 国际货运代理实务 [M]. 2 版. 北京：电子工业出版社，2017.

[12] 易露霞，方玲玲，陈原. 国际贸易实务双语教程 [M]. 3 版. 北京：清华大学出版社，2011.

[13] 夏合群，夏菲菲，胡爱玲，等. 国际贸易实务模拟操作教程 [M]. 4 版. 北京：对外经济贸易大学出版社，2020.

[14] 郭春祥. 进口货物贸易疑难问题解决方案 [M]. 北京：中国商务出版社，2008.

[15] 林冰，王康美. 国际贸易实务 [M]. 武汉：武汉理工大学出版社，2009.

[16] 刘春林，朱更生. 新编出口实务 [M]. 北京：机械工业出版社，2007.

[17] 冷柏军，段秀芳. 国际贸易实务 [M]. 3 版. 北京：北京大学出版社，2017.

[18] 李质甫，王艳丽. 国际贸易实务 [M]. 武汉：武汉大学出版社，2009.

[19] 肖文，应颖. 国际贸易基础知识 [M]. 2 版. 北京：高等教育出版社，2006.

[20] 芮宝娟. 进出口单证实务 [M]. 北京：中国人民大学出版社，2010.

[21] 张海燕. 外贸业务综合实训 [M]. 北京：高等教育出版社，2009.

[22] 陈平. 国际贸易实务 [M]. 3 版. 北京：中国人民大学出版社，2020.

[23] 叶红玉，王巾. 报关实务 [M]. 3 版. 北京：中国人民大学出版社，2019.

[24] 肖旭. 跨境电商实务 [M]. 北京：中国人民大学出版社，2015.

[25] 李鹏博. 揭秘跨境电商 [M]. 北京：电子工业出版社，2015.

[26] 丁晖. 跨境电商多平台运营 [M]. 北京：电子工业出版社，2015.

[27] 杨占林. 国际货运代理实务精讲 [M]. 2 版. 北京：中国海关出版社，2016.

[28] 童宏祥. 报检实务 [M]. 3 版. 上海：上海财经大学出版社，2014.